复合地层长大区间双模盾构机选型与施工关键技术

雷 军　于广明　陈　泽　等 著
邝利军　张鹏辉

人民交通出版社股份有限公司
北 京

内 容 提 要

本书依托深圳市城市轨道交通13号线留仙洞站至白芒站区间双模（TBM-EPB）盾构隧道施工项目，对复合地层长大区间双模盾构机选型与施工关键技术进行了全面研究，提出了一整套复合地层长大区间双模盾构机选型与施工关键技术，对安全、高效、经济施工起到了重要的支撑。

本书可供隧道工程专业技术人员及相关专业师生参考。

图书在版编目(CIP)数据

复合地层长大区间双模盾构机选型与施工关键技术 / 雷军等著. — 北京：人民交通出版社股份有限公司，2023.6
ISBN 978-7-114-18762-9

Ⅰ.①复… Ⅱ.①雷… Ⅲ.①地铁隧道—隧道施工—盾构法—研究 Ⅳ.①U231.3

中国国家版本馆 CIP 数据核字（2023）第 074319 号

Fuhe Diceng Changda Qujian Shuangmo Dungouji Xuanxing yu Shigong Guanjian Jishu

书　　名	复合地层长大区间双模盾构机选型与施工关键技术
著　作　者	雷　军　于广明　陈　泽　邝利军　张鹏辉　等
责任编辑	朱明周
责任校对	赵媛媛　魏佳宁
责任印制	张　凯
出版发行	人民交通出版社股份有限公司
地　　址	(100011) 北京市朝阳区安定门外外馆斜街 3 号
网　　址	http://www.ccpcl.com.cn
销售电话	(010)59757973
总　经　销	人民交通出版社股份有限公司发行部
经　　销	各地新华书店
印　　刷	北京建宏印刷有限公司
开　　本	787×1092　1/16
印　　张	13.5
字　　数	297 千
版　　次	2023 年 6 月　第 1 版
印　　次	2023 年 6 月　第 1 次印刷
书　　号	ISBN 978-7-114-18762-9
定　　价	69.00 元

(有印刷、装订质量问题的图书，由本公司负责调换)

前　言

随着我国城市地铁建设的快速发展及盾构施工技术的广泛应用，盾构施工过程中经常会遇到一些复合地质、复杂环境情境，若只采用单一盾构掘进模式，不仅无法满足施工要求，还给地铁施工带来巨大的风险。深圳市城市轨道交通 13 号线留仙洞站—白芒站区间项目，在国内较早将双模（TBM-EPB）盾构机应用于复杂地质条件的地铁隧道施工中。双模（TBM-EPB）盾构机"软硬兼吃"，具有应用范围更广、工效更高、更安全、更环保的特点，具有极大的研究意义和推广价值。

本团队针对深圳市城市轨道交通 13 号线留仙洞站—白芒站区间双模（TBM-EPB）盾构隧道施工项目进行了全面研究，于 2022 年底完成了"复合地质条件下长大区间双模（TBM-EPB）盾构机选型及施工关键技术研究"项目（CSCEC-2020-Z-49），提出了一整套复合地层长大区间双模盾构机选型与施工关键技术，对安全、高效、经济施工起到了重要的支撑，收到良好效果。本书总结了上述研究和实践的成果。此外，本书还吸纳了国家自然科学基金项目"海底隧道穿越断裂带区域的地震动效应及其围岩-海水-衬砌耦合力学模型研究"（编号：52161264）的部分工作，融合以往工程项目的经验，并借鉴了国内外相关研究成果。

本书是由中国建筑第五工程局有限公司、青岛理工大学、桂林理工大学等单位组成的团队编写完成的，参与本书编写工作的还有张树光、彭斌、李玉峰、杨子汉、罗伟庭、刘浩、徐长胜、丁红军、谭芝文、张立、肖友柯、苏赐从、邱琼、张琳、朱向飞、张永义、梁冠文、师启蒙、杨鑫汪、柏吟秋、李刚、陈熙、Mikhail Kovalenko、Irina Menshova 和 Alexander Kerzhaev 等。刘福顺教授、张春会教授、赵建锋教授、宋传旺副教授、王国艳副教授、路世豹博士、孟丹博士后、潘永战博士、李冉博士对本书提供了许多宝贵意见。在此一并表示衷心感谢！同时对国家自然科学基金委员会以及相关工程单位的大力支持表示衷心感谢！

由于作者的水平有限，书中难免有疏漏和不足之处，敬请同行和广大读者批评指正。

著 者

2023 年 5 月

目 录

第1章 概述 1
  1.1 研究目的与意义 1
  1.2 国内外研究现状 3

第2章 依托项目的概况 12
  2.1 工程概况 12
  2.2 地质条件 14
  2.3 施工难点 15

第3章 复合地层双模盾构施工"机-岩"协同映射原理及应用 27
  3.1 概述 27
  3.2 "机-岩"协同映射模型 27
  3.3 "机-岩"协同映射的基本理论和方法 28
  3.4 复合地层中"机-岩"相互作用机理 29
  3.5 "机-岩"协同映射的基本原理在双模盾构机选型和施工中的应用策略 31

第4章 复合地层长大区间双模盾构机选型及适应性评价 35
  4.1 概述 35
  4.2 复合地层双模盾构机选型和适应性 35
  4.3 深圳地铁13号线双模(TBM-EPB)盾构机选型 37
  4.4 深圳地铁13号线双模(TBM-EPB)盾构机适应性设计 41
  4.5 基于施工扰动控制的盾构机选型数值模拟验证 43
  4.6 复合地层双模(TBM-EPB)盾构机适应性工程验证 58

第5章 盾构模式快速转换工艺及安全控制技术 89
  5.1 概述 89
  5.2 盾构模式转换位置围岩四维稳定性实例分析 89
  5.3 双模(TBM-EPB)盾构机模式转换位置的选择与工程实例分析 123
  5.4 双模(TBM-EPB)盾构模式转换技术 129

第6章 盾构隧道穿越上软下硬地层时围岩变形及地表沉降分析 135
  6.1 概述 135

6.2 穿越上软下硬地层围岩应力理论分析	135
6.3 穿越上软下硬地层的数值模型	140
6.4 穿越上软下硬地层的数值模拟结果分析	143
6.5 数值模拟结果与工程监测数据的验证分析	169

第7章 复合地层双模盾构施工关键技术 174

7.1 概述	174
7.2 高强度硬岩（177MPa）地层双模盾构施工关键技术	174
7.3 极端软硬不均地层双模盾构施工关键技术	182
7.4 富水硬岩地层双模盾构施工关键技术	191
7.5 螺旋输送机防喷涌关键技术	194
7.6 长大区间电瓶车运输施工关键技术	198

参考文献 201

第 1 章 概 述

1.1 研究目的与意义

1.1.1 研究目的

随着世界人口的增加以及经济的发展,城市地面交通堵塞问题越来越严重,在给人们出行带来不便的同时,也造成了环境污染。为了缓解地面交通拥堵状况,为人们的出行提供便利,节省土地资源,建设绿色生态,我国政府大力支持并进行地下轨道交通建设。地铁凭借速度快、运量大的优势成为地下轨道交通的首选,并发展成为体现城市化水平的重要标志。

地铁在中国的发展起步晚,但伴随着中国经济的迅猛发展与科技水平的不断提高,地铁修建技术在不断发展与提升,地铁建设规模不断变大。地铁隧道作为一种地下工程构筑物,受地面建(构)筑物、地下市政管线、地质条件与周围环境的影响较大。为保证地铁施工的安全进行,需要进行地质勘察并针对各种地质情况与周围环境保护要求选用不同的地铁隧道修建技术。

目前,盾构法施工在地铁隧道修建中使用得最广泛。盾构法始于英国,发展于德国与日本。我国于1953年首次在阜新煤矿修建疏水管道时使用盾构法,我国的盾构法研究与应用就此开始。2003年,盾构技术被列入国家高技术研究发展计划;2009年至今,我国盾构技术发展得越来越成熟,实现了盾构技术的跨越式发展。我国盾构技术的发展大事记见图1-1。

盾构法施工的核心是盾构机,而盾构机必须针对具体工程定制,才能充分发挥出盾构机的优势,保证施工的安全与质量[1]。我国疆域广阔,各区域的地质条件具有独特性。为了满足城市居民的出行需求,地铁线路设计得越来越长,修建地铁隧道时更可能遇到不同的复杂地质,隧道施工穿越的建(构)筑物也越来越多,隧道建设的复杂程度越来越高。采用盾构法修建地铁隧道时,盾构模式一旦确定就不容易更改。单一模式的盾构掘进方式,在面对复杂多变的工程地质与周围环境时,不能充分发挥盾构施工的优势,甚至会带来施工风险,已经无法满足工程需要。

为了应对这一问题,研究出了既具备单模式盾构机特点与优势,又具有地层适应性广、施工成本低等特点的复合多模式盾构机[2]。南京地铁机场线下穿地质条件复杂的复合地层,且地层的强度跨度较大,分布不均匀,研发并应用 TBM-EPB 双模式互换的盾构机进行掘进,高效经济地完成施工;南宁地铁5号线五新区间地铁隧道建设也引入了双模盾构机,采用泥水-土压的双模式盾构机完成地铁隧道的掘进工作并顺利贯通;广州地铁6号线二期萝水区间投入三模式盾构机。由此可见,多模式盾构机未来在城市地铁隧道建设中的应用将会越来越普遍。

图1-1　中国盾构发展与应用

1.1.2　研究意义

目前,我国对于多模式盾构机的应用还处在初期阶段,在盾构机的选型、设计和施工控制等方面存在很多亟待攻克的技术难题,而且我国复杂的地质条件对盾构机的选型设计带来了极大的挑战。不同工程的施工路线穿越的地层性质不同,致使每个工程的施工难度与施工风险程度不同,故盾构施工方案以及盾构机的选型应该针对各个工程的特点确定,否则,可能引起工程事故以及造成经济损失,例如2005年,广州珠江底盾构施工的两台盾构机分别发生了较为严重的刀盘开裂与解体事故,影响了工程的施工效率,耽误了工期[3]。同时,如果盾构机的选型不合理,也会增加刀具的消耗与刀盘的磨损,影响工程进度,甚至引发地面塌陷。因此,为了保证盾构法施工能够适应复合地层条件下的地铁隧道建设,能够高效、经济且安全地完成地铁隧道工程建设,针对实际工程进行盾构机选型合理性分析以及盾构掘进的适应性评价研究十分必要。通过本文的研究,可为类似复合地层施工工程的双模盾构机选型以及双模盾构机掘进适应性评价提供一定的借鉴与指导意义。

地铁建设已经成为解决交通拥堵、节约土地资源的重要手段,盾构法施工以经济性好、对环境影响小的优点受到工程建设者青睐,广泛应用于城市地铁建设。盾构机作为盾构法施工的主要设备,对地质条件的适应性强弱会影响施工效率与施工安全,合理的盾构机选型与盾构适应性评价能促进施工效率的提高。

双模盾构机兼具全断面硬岩掘进机和土压平衡盾构机的特点,适用范围较广,尤其是对于软、硬岩交替出现的长大区间隧道工程,采用双模盾构机能够显著提高工程的施工效率和经济效益。

1.2 国内外研究现状

1.2.1 双模盾构机施工研究现状

陈贝贝等[4]结合福州地铁4号线林浦—城门区间隧道地质特点,分析土压平衡与TBM双模式盾构机的结构及技术原理,并对其施工效率进行分析。赖理春[5]从技术、工程施工等方面总结双模盾构模式的选取原则。钟礼亮[6]对盾构机选型进行分析,对隧道掘进段进行了掘进模式划分,提出了模式转换建议。叶蕾等[7]阐述了双模盾构机的技术特点,并总结了双模盾构机从单护盾模式转换为土压模式的流程。刘泽[8]对双模盾构机的设备选型与优化、工艺试验、模式转换等方面进行了研究。陈勇等[9]阐述了双模(TBM-EPB)盾构机从敞开模式转换为土压模式的流程;陈荣树等[10]阐述了双模(TBM-EPB)盾构机在两种模式下出渣的差异以及TBM模式转换为EPB模式的施工流程。姚平等[11]介绍了可拆卸的刮料装置和互换型承压隔板,为双模盾构机的设计提供了新思路。郑敏杰[12]为实现土压-敞开双模盾构机模式快速转换,对盾构机内部结构进行了优化,实现了螺旋机和皮带机在盾构机内部的共存。贾兴民等[13]对双模(TBM-EPB)盾构机管片拼装机结构设计关键技术进行了深入研究。管会生等[14]以新街矿区斜井隧道工程为例,通过分析EPB与单护盾TBM两种模式的关键掘进参数,对双模盾构机掘进过程中的参数配置提出建议。刘东等[2]以深圳地铁14号线TBM-EPB双模盾构机施工工程为例,从掘进效率分析盾构机设计与选型,并从技术和施工组织方面对复合地层中双模盾构机施工遇到的问题提出设想与建议。

然而,由于双模盾构机应用实例有限,对于双模(TBM-EPB)盾构机施工的理论研究不够深入,尤其是双模(TBM-EPB)盾构机选型及其适用性研究、双模盾构机模式转换技术研究、双模盾构机模式转换位置处围岩稳定性研究以及穿越上软下硬复合地层施工关键技术的相关研究均较少,且无可靠的理论作为依据。

1.2.2 双模盾构机选型研究现状

1.2.2.1 盾构机选型及其合理性分析研究

随着国内对隧道施工安全性与时效性要求的提高,盾构法在地铁隧道工程中深受工程建设者青睐。目前,我国处于盾构技术的跨越发展时期,盾构技术已经相当成熟。为了适应我国各地区独特的地质条件,盾构机的形式越来越多样。目前,常见盾构机的形式及特点如图1-2所示。

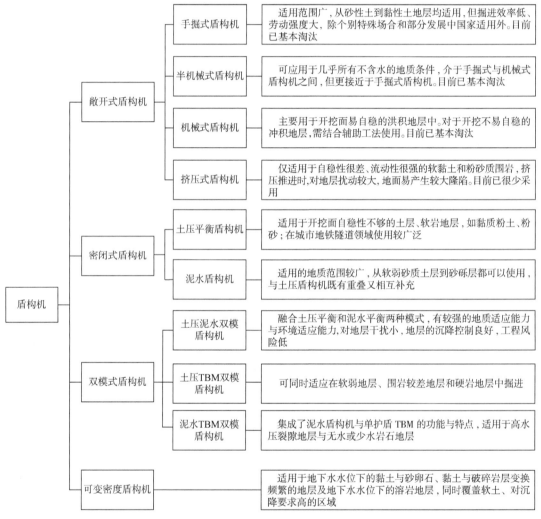

图 1-2 盾构机的形式及特点

不同盾构机的特点及适用范围各不相同,而地铁隧道施工工程的盾构机选型正确与否直接关系到施工进度与安全,所以盾构机选型工作应该受到高度重视。众多学者针对盾构机的选型问题进行了重点分析[15-18]。房兴红[19]结合南京—高淳城际快速轨道机场段工程施工情况,提出盾构机选型直接影响地铁施工的安全及进度。杨洲[20]等以长春市地铁6号线工程为例,介绍了适用于工程施工的盾构机选型所需要考虑的因素以及步骤。范海龙[21]提出盾构机选型还需要综合考虑工程环境、竖井周围环境、安全性和经济性等因素,才能确定更为匹配的盾构模式、盾构机结构与施工辅助设备。江华等[22]基于现场掘进试验数据,对北京地铁9号线穿越相似地层、但采用不同形式刀盘施工的两个标段的盾构机掘进效能、盾构机关键参数的地层适应性与刀具的磨损情况进行对比分析,确定在大粒径卵砾石地层使用辐条式刀盘结构施工的效率更高。龚旭东[23]以西安地铁2号线试验段区间工程为例,结合工程实际的地质、水文条件以及不同盾构机形式的特点,最终完成土压平衡盾构机的选型工作,并针对特殊的黄土地质探讨了后配套设备的选择。耿坤等[24]以淮安东站地铁隧道工程为例,针对富水砂层的地质特征、富水砂层的物理特性、工程地质条件以及经济因素,比选并确定使用土压平衡盾构机施工。王凯等[25]以南昌市地铁3号线国青盾构区间工程为例,分析、总结了适用于上软下硬复合地层的盾构机选型方案,为同类工程盾构机选型提供依据。Kourosh等[26]针对岩土工程风险最小的岩石地层TBM选型问题,提出了一种基于决策理论的决策分析方法,并根据新提出的方法,对Nosoud输水隧洞的盾构机选择进行评估。Xue等[27]提出了一种利用最佳能量选择硬岩TBM掘进参数的新方法,并以银汗集围引水工程为依托,通过对实际隧道参数与最优隧道参数的比较,验证该方法的合理性。对于穿越地质条件多变的复合地层的地铁隧道工程,施工风险大,选用合适的多模式盾构机相当重要。王百泉等[28]以南宁市地铁5号线一期工程为例,阐述并介绍了EPB-SPB(泥水平衡)双模盾构机的工作原理、双模盾构机的特点与适用范围,结合工程条件做了一系列适应性设计,提高了工程施工的安全性,便于对地表沉降进行控制,并提出EPB-SPB双模盾构机具有地质适应强、设备利用率高且施工成本低的特点。占传忠[29]以采用SPB-EPB双模盾构机施工的广州地铁6号线二期工程为例,基于实际盾构掘进数据,采用统计回归分析的手段,分析不同地层盾构掘进参数间的相互关系,为双模盾构机选型以及掘进参数间的匹配与调整提供参考。刘泽等[8]以青岛地铁8号线工程为例,针对国内首次采用双模TBM掘进穿越海域地层的情况,开展设备选型与优化改造研究。

1.2.2.2 盾构机适应性及其评价研究

1) 盾构机适应性研究

在地铁隧道建设中,盾构机掘进的适应性影响施工的安全与效率。王焰[30]以广深港客运专线狮子洋隧道为例,对泥水平衡盾构机穿越软土地层、软硬不均地层、全断面硬岩地层、断层破碎带共4种地层的适应性进行分析,得出软土地层更适合使用泥水平衡盾构机的结论。郭家庆[31]以成都地铁1号线盾构4标段为例,分析泥水平衡盾构机与土压平衡盾构机的适应性,提出土压平衡盾构机适用于地表要求不太严格的情况,泥水平衡盾构机适用于地表要求高、场地较大的情况。冯振鲁等[32]以北京地铁8号线王前盾构区间为例,验证了泥水平衡盾构机在北京地区深埋富水地层的适用性。程池浩等[33]以沈阳地铁10号线盾构区间为例,针对如何提高泥水平衡盾构机在砂卵石地层中的适应性问题,在掘进参数的匹配、泥浆配比以及刀盘刀具配置等方面提出了针对性建议与要求。Hassanpour等[34]基于两种传统的硬岩隧道掘进机性能预测模型提出新的 TBM 性能预测模型,并通过对已施工的隧道数据进行统计分析,指出地质参数与穿透指数之间高度相关。张志奇等[35]以南京宁高城际轨道交通二期工程盾构隧道为例,使用定量分析与回归分析的方法,得到了复杂地层盾构掘进速率、刀盘扭矩的回归模型,并依据工程施工参数验证了回归模型的地层适应性。龚姝华[36]以深圳地铁 5 号线民五区间和上海地铁 18 号线沈梅路—繁荣路区间为例,通过对实际盾构掘进参数进行数理统计以及采用数值仿真手段模拟隧道开挖,分析并验证了不同工程地质条件下的盾构掘进参数适应性规律。邓铭江等[37]针对北疆供水二期工程试掘进段集群 TBM 对各类围岩、不良地质的适应性与掘进稳定性问题,对掘进月进尺、工程塌方、涌水事故、盾构机故障等进行统计分析,为后续安全、高效施工提出了优化改造措施。罗勇、黄舰[38-39]以青岛地铁 2 号线为例,采用对比分析方法研究双护盾 TBM 在城市地铁隧道中的适应性及应用效果。何川等[40]以采用土压-泥水双模盾构机施工的南宁市 5 号线五新区间为例,针对双模盾构机的适应性问题,依据现场掘进参数,分析在不同地质段和不同模式段的掘进参数变化与能源消耗情况,得出复合地层应用双模盾构机施工能够提高施工效率、降低能源消耗的结论。

2) 盾构机适应性评价研究

盾构机适应性评价对于提高盾构机在特定线路地质条件下的性能有积极影响,国内外学者对此进行了相关研究。齐红军等[41]以苏州地铁 3 号线工程为例,通过对盾构机刀盘、刀具布置、后配套系统等影响盾构机适应性的构件、设备的分析,评价工程区间盾构机选型的合理性与适应性,并针对施工过程中存在的问题进行改进。姚乐[42]以深圳地铁 11 号线车公庙红树湾和南山前海湾盾构区间为例,针对土压平衡盾构机施工适用性评价提出模糊综合评价法,并结合实际盾构施工情况,验证了该适应性评价方法的有效性。吕瑞虎[43]以重庆轨道交通 6 号线一期 TBM 试验段为例,提出采用 TBM 进行地铁隧道施工的适应性评价准则,考虑不同工程具有独特性,建议在工程应用中对适应性评价准则进行调整、完善。陈川、高岩[44-45]利用 AHP(The Analytic Hierarchy Process,层次分析法)与模糊数学的综合评判理论构建了盾构掘进适应性评价模型,并结合实际工程验证评价模型的合理性。詹金武[46]针对复杂地质条件下 TBM 的选型与掘进适应性评价问题,构建了基于人工智能的 IEDSS-TBMSAT 系统的体系框架及结构,并以实际工程验证了该系统评价结果的正确性。齐祥[47]针对深部复合地层的 TBM 盾构机选型与掘进适应性评价问题,基于模糊综合评价理论与层次分析法构建了评价模型,开发了"选型与适应性评价专家系统"专业评价软件,并结合辽西北供水工程、重庆轨道交通 6 号线等多个工程验证了该评价软件的准确性与实用性。

1.2.3 双模盾构机模式转换研究现状

1.2.3.1 双模盾构机模式转换位置研究

双模盾构机在复杂地层条件下施工时,其掘进模式需要根据具体的地层条件完成一次或多次转换。模式转换作为双模盾构机施工的关键环节,已成为双模盾构机研究的一大热点问题。陈伟国[48]对双模盾构机的工作原理、盾构机刀盘及配套的设计、模式的适应范围和模式转换的具体位置进行了详细的阐述。刘东[49]对双模盾构机在复合地层中的施工技术进行了较为全面的总结,并提出了基于工程经验的双模盾构机模式转换的最佳位置。喻畅英[50]根据地质补勘、地面调查以及进舱检查等确定 TBM 模式转土压平衡模式的位置,详细阐述双模盾构机从 TBM 模式转换为土压平衡模式的3个施工阶段。宋天田[51]等详细阐述了双模盾构机模式双向转换的工艺流程,并对拆螺机工装进行优化。唐崇茂等[52]针对煤矿斜井工程,对模式转换位置的选择和施工风险进行分析,详细介绍了模式转换的施工方案并进行了模拟试验。目前,关于双模盾构模式转换的相关研究,主要是从模式的适用范围、模式转换位置的选取、模式转换流程、双模盾构机的设计优化、模式转换的安全保障措施等方面展开,对模式转换位置围岩稳定性的研究成果较为缺乏。关于 TBM/EPB 模式转换位置的部分研究如表 1-1 所示,模式转换位置的选取多是基于工程经验,且大多数研究只给出了模式转换时隧道距软、硬岩交界面垂直距离的经验值,对转换位置距顶板、底板以及侧墙硬岩的最小安全厚度未做系统的理论分析。

关于模式转换位置选择的部分研究 表 1-1

研 究	模式转换类型	转 换 位 置
陈伟国[59]	EPB 转 TBM	盾构机进入硬岩段长度为 20~25m
	TBM 转 EPB	盾构机位于硬岩段且距离软、硬岩交界面 10~15m
刘东[60]	双向转换	盾构机位于硬岩段且距离软、硬岩交界面 10~15m
唐崇茂[63]	EPB 转 TBM	盾构机进入硬岩段长度至少 20m
钟礼亮[51]	双向转换	盾构机位于硬岩段且距离软、硬岩交界面 10~20m

1.2.3.2 隧道围岩稳定性研究现状分析

隧道开挖后围岩应力的重新分布是一个动态变化的过程。对于双模盾构机,无论是 TBM 模式转 EPB 模式,还是 EPB 模式转 TBM 模式,模式转换时盾构机均无土仓压力,盾构机前盾无成形的管片,对隧道围岩无支护作用,模式转换期间围岩应力、变形仍然随时间不断变化,且此时围岩应力分布情况更为复杂。

国内外关于围岩稳定性的研究很多,研究方法及内容非常丰富,形成了一系列研究成果。葛传峰[53]以地质学为基础,综合分析了影响隧道围岩稳定性的地质因素及人为因素。康石磊等[54]将强度折减法引入刚体平动运动单元上限有限元,针对椭圆形毛洞隧道围岩稳定性和破坏模式开展计算分析,得到了围岩安全系数与抗剪强度参数、隧道埋深、跨度之间的关系。孙辉等[55]基于强度折减法,初步量化了围岩自承载结构在洞室围岩稳定中所起的作用。张顶立等[56]基于地层岩土体的结构性和工程扰动特点,建立了复合隧道围岩结构模型,提出了围岩结构稳定性及其荷载效应的计算方法,实现荷载结构模型与地层结构模型的耦合。张昱辉[57]基于块体理论建立了基于节理特征的隧道地层模型,实现节理特征的精细化描述,并利用块体理论分析了有、无支护条件下隧道临空面潜在的关键块体,分析了滑移形式和安全系数。

在围岩稳定性研究方面,由于地质条件的复杂性,众多学者根据工程特点给出了隧道不同位置围岩稳定性的判据。李云龙等[58]运用有限差分软件FLAC^{3D}建立隧道数值模型,分析围岩的侧压力系数变化过程中拱顶岩体的应力场与位移场的变化规律。吴永波等[59]采用模型试验和数值模拟手段对软弱岩体拱顶塌方破坏机理开展了研究。张自光等[60-61]采用有限元强度折减法对不同软弱地层厚度和开挖跨度下的地铁隧道安全覆岩厚度进行研究,得到了地铁隧道临界安全覆岩厚度与软弱地层厚度间的数学拟合方程,并绘制了隧道拱顶覆岩临界安全厚度、软弱地层厚度与开挖跨度的三维空间分布图。李廷春[62]通过分析隧道开挖后围岩的应力分布、变形规律、塑性区分布等,得出隧道顶板的最小厚度。臧守杰[63]根据荷载传递线的理念,提出了岩溶隧道底板最小安全厚度的半定量评价方法,并采用弹性理论建立了基于岩体按抗拉强度准则和抗剪强度准则的岩溶隧道底板岩层的最小安全厚度的理论公式。宋战平等[64]对岩溶隧道底板的失稳机理进行分析,并提出了不同条件下岩溶隧道底板稳定性分析的力学模型及底板岩层最小安全厚度的计算公式。徐钟等[65]对岩溶隧道突涌水机制进行分析,结合强度准则推导了裂隙带的分布范围,提出防涌水所需岩壁最小安全厚度的理论模型和计算公式。张军伟等[66]采用隔水关键层原理对断层段岩盘突水的力学机理进行了理论分析,建立了溶腔位于隧道侧面时的断层突水力学模型,推导了岩溶隧道断层段岩盘最小安全厚度的计算公式,并结合工程实例对岩盘最小安全厚度的确定进行了讨论。Jiang Haiming等[67]分析了溶腔压力对隧道掌子面防突厚度的影响。吴祖松等[68]基于统一强度理论推导出防突岩盘在简支和固支条件下安全厚度的解析解,并推导了当防突岩盘的厚度一定时作用于防突岩盘后的溶腔压力。Gregor Idinger等[69]探究了不同上覆压力作用下隧道掘进过程中掌子面的破坏模式及掌子面支护压力的变化。陈泽龙等[70]采用数值模拟和工程验证的方法,建立了考虑围岩力学参数、渗流参数、隧道参数和断层带参数的数值模型,分析了各因素对临界安全厚度的影响规律,建立了多因素预测公式,并结合工程实例对公式进行了验证。

在具体工程实践中,盾构机可能会因为各种原因停机,停机期间围岩变形及应力分布规律不断变化。学者们对围岩稳定性随时间的变化规律展开了研究。周楚良[71]推导了新的流变数学力学模型,得到的结果与试验、现场实测成果有较好的拟合性。周德培[72]通过理论分析和模型试验研究了圆形隧道衬砌上围岩变形压力的时间效应,得出作用在隧道衬砌上的围岩变形压力的大小及其分布形式都具有明显的时间效应。范鹏贤[73]将围岩应力、应变的时间效应分为卸载阶段和应力松弛阶段,考虑了岩体内部缺陷处应力集中的影响和卸载的时间效应,通过逐步逼近法分别求解了围岩的应力和变形的近似解析表达式。何栋梁[74]建立了考虑时空效应的隧道围岩变形修正计算公式,确定了不同衬砌变形及围岩变形达到稳定所需要的时间。孙元春[75]分析了围岩变形3个阶段的特点,对围岩变形的空间效应和时间效应进行了分析。王学滨[76]对逐步卸荷条件下圆形断面巷道围岩中应力波传播、压缩位移控制加载条件下圆形断面及矩形断面巷道围岩的变形-开裂-垮塌过程进行了模拟。杨军平[77]通过物理模型试验,得出在洞室开挖和衬砌支护条件下的围岩应力-时间响应曲线,并对施工过程中围岩随时间及空间的力学响应及行为表现进行了分析。

综上所述,在围岩稳定性方面,对围岩稳定性在空间三个维度上的规律均有相关研究,但没有将空间上三个维度统一起来考虑并形成理论体系;现有的少部分研究成果考虑了时间对围岩稳定性的影响,但没有将其与双模盾构机模式转换过程联系起来,也未与空间三维的研究成果充分结合。针对上述问题,本研究对双模盾构机模式转换位置围岩的四维稳定性问题展开研究。

1.2.4 双模盾构机穿越上软下硬地层关键技术研究现状

1.2.4.1 隧道穿越上软下硬地层时围岩稳定性研究

由上软下硬地层基本概念[78]可知:在上软下硬地层中进行隧道施工时,开挖面及开挖延伸地层的岩土体存在一定的非均匀性,其物理力学性质差异较大,该情况下的隧道围岩极易产生失稳现象,严重时甚至会产生隧道塌方等现象。因此,研究上软下硬地层隧道围岩失稳破坏机理与特征已成为国内外学者的研究重点和热点之一。

Lei、Swoboda[79]等人通过有限元模拟软件对隧道开挖所遇软/硬岩层交界面进行分析,结果表明交界面附近支护结构的剪力及变形均呈现出增大的趋势。Yassaghi[80]等人利用UDEC软件分析了软/硬复合地层的隧道围岩及掌子面的塑性区分布位置。王伟等[81]通过数值模拟手段分析了上软下硬地层隧道的围岩稳定性,结果表明:在隧道开挖卸荷影响下,软/硬岩交界面处的围岩存在明显的不协调变形与应力集中现象,围岩塑性区主要分布在软/硬岩交界面和软岩地层。张自光等人[82]采用现场监测与数值模拟相结合的方法研究了上软下硬地层围岩稳定性,并根据围岩变形难易程度提出了"难区域(R_{D1})、易区域(R_E)、难区域(R_{D2})"三度区域的概念。吴波等[83-86]通过数值模拟等手段研究了上软下硬地层隧道围岩破坏特征和围岩稳定性量化评价标准,确定了围岩稳定性判别的双重指标,建立了围岩稳定量化评价体系。Sterpi[87]等人通过室内试验和数值模拟等手段分析了隧道围岩渐进性破坏规律。任松[88-89]等人利用Ansys中的非线性接触分析方法,考虑层理效应对围岩稳定性进行分析。李长城[90]通过总结青岛地铁施工期围岩变形与地表沉降监测数据,研究了软硬复合地层围岩变形规律。何祥凡[91]等人依托深圳地铁工程实例,研究了上软下硬地层由硬入软段与由软入硬段的力学特性,并根据研究成果对掘进参数进行相应的控制。张顶立[92-93]等人采用模型相似试验、数值模拟以及现场监测数据相结合的方法,对上软下硬地层隧道围岩渐进性破坏特征、围岩失稳机理以及围岩失稳范围进行了研究。李静[94]研究了软/硬地层不同倾角以及不同围岩类别情况下的围岩破坏机理及破坏特征。陈红军[95]等人以重庆某公路隧道为研究背景,对软硬复合地层进行了关于倾斜程度的围岩破坏过程模型试验。杨仁树[96]等人采用理论分析与数值模拟相结合的方法,对复杂岩层大断面硐室的围岩破坏特征和机理进行分析,并在此基础上分析了硐室开挖对周围巷道围岩应力和塑性区分布范围的影响。李元海[97]等人通过相似材料试验法,研究了隧道穿越上软下硬地层时不同支护条件下的围岩应力、围岩变形与地层效应之间的关系。赵文娟[98]等人通过有限元数值模拟的手段,研究了上软下硬地层隧道围岩稳定性量化评价指标。张霞[99]等人研究了复合地层围岩变形的基本原理。杜建明[100]采用透明岩土试验与数值模拟手段相结合的方法,深入分析了上软下硬复合地层隧道围岩内部变形演化规律。郑世杰[101]等人采用现场监测数据和数值模拟相结合的方法,研究了上软下硬地层隧道围岩变形特征。刘五一[102]等人以长沙地铁4号线黄—砂区间为工程背景,对盾构隧道穿越上软下硬地层时不同支护方式对围岩稳定性的影响进行研究。何小辉[103]等人依托南昌地铁工程,研究了在上软下硬地层中进行隧道施工时的围岩变形特征。赵先鹏[104]研究了盾构机穿越上软下硬地层时的围岩动态变形过程。武科[105]等人采用数值模拟和现场监测相结合的方法,对隧道施工穿越上软下硬地层时引起的围岩变形及地表沉降规律进行了研究。王文[106]等人依托青岛地铁2号线工程,研究了隧道穿越上软下硬地层引起的围岩变形规律。王俊[107]通过模型盾构机开展了室内试验,分别研究了隧道穿越软岩、硬岩、上软下硬地层时围岩变形特征及地层扰动效果。刁志刚[108]等人通过数值模拟和施工监测数据相结合的方法,研究了不同施工方法对上软下硬地层围岩变形的影响。

综上所述,国内外学者对于复合地层围岩稳定性的研究主要采用相似模型试验、数值模拟以及现场监测数据相结合的方法,其研究内容多为复合地层围岩稳定性破坏机理、破坏特征以及塑性区的发育情况等方面,由此可以说明通过数值模拟与现场监测数据相结合的手段对隧道围岩稳定性进行研究是具有可行性的。

1.2.4.2 岩层交界面倾角对围岩稳定性影响的研究

在隧道施工过程中,岩层间的交界面并不一定处于水平状态。当隧道穿过倾斜状岩层时,倾斜面处岩体在切向方向与法向方向的力学特性差异较大,极易对隧道围岩稳定性产生不利影响。因此,学者们针对岩层交界面倾角与隧道围岩稳定性间的关系进行了大量研究。庞伟军[109]等人基于岩层与隧道的走向倾角对围岩变形特征进行研究,得出不同倾角条件下围岩变形规律存在一定的差异。柳厚祥[110]等人通过有限元数值模拟手段,研究了不同倾角条件下层状岩体对隧道围岩稳定性的影响规律。刘红兵[111]通过FLAC3D分析了岩层倾角对隧道围岩稳定性的影响规律。邵远扬[112]利用数值模拟手段研究了岩层倾角对隧道围岩稳定性及破坏模式的影响规律。李烁[113]等人利用有限元模拟软件对不同岩层倾角条件下的围岩受力与变形特征进行分析,总结出岩层结构面不同倾角条件下围岩应力与位移的变化规律。王晓[114]利用数值模拟手段,研究了断层破碎带倾角对隧道结构受力和变形的影响规律,并依据上述研究成果评价了隧道结构的安全性。杨清浩[115]基于不同的侧向压力系数,分析了层理面倾角变化对隧道结构内力的影响程度,结果表明竖向与水平向地应力越接近,倾角对隧道结构内力的影响越显著。王敏[116]采用数值模拟、理论分析以及现场监测相结合的方法,研究了复杂地质条件下节理倾角对隧道围岩变形的影响规律。赖天文[117]等人通过数值模拟手段分析了顺层硬岩组合围岩在不同岩层倾角下的开挖损伤变形规律。陈高奎[118]分析了不同岩层倾角条件下的数值模拟结果,总结了岩层倾角对层状岩体围岩稳定性的影响规律。周星[119]为研究不同角度下的隧道围岩力学性能与破坏模式,分别用0°、30°、60°、90°的角度对岩层进行取芯操作,并在此基础上分别进行单轴与三轴压缩试验,从而得出不同倾角条件下的层状岩体力学特性及破坏模式。王志杰[120]等人依托蒙华铁路阳城隧道工程,采用数值模拟、室内试验、现场监测相结合的方式研究了岩层倾角对复合地层隧道围岩稳定性的影响,结果表明隧道拱顶处围岩破坏模式受倾角的影响较大,隧道左拱腰与右拱腰处围岩的差异性呈现出随着倾角的增大而越发显著的趋势。杨超峰[121]依托隧道实际工程,利用3DEC离散元软件研究了岩层倾角与隧道围岩稳定性之间的关系。王睿[122]等人依托大梁峁隧道实际工程,采用离散元软件 UDEC 分析了不同岩层倾角条件下隧道围岩松动圈的影响范围及分布规律。刘科[123]分析了不同岩层层面倾角条件下隧道围岩应力、变形、塑性区分布规律以及数值变化情况,得出岩层倾角对隧道围岩稳定性影响较大的结论。李天勇[124]依托四面山隧道工程项目,利用离散元软件 PFC2D 研究了岩层倾角对软硬互层隧道围岩的裂隙扩展特征及变形破坏机理的影响程度。

综上所述,在隧道施工过程中,岩层倾角对隧道围岩稳定性影响较大,因此对其展开研究,对于保证上软下硬地层隧道安全施工具有重要意义。

1.2.4.3 上软下硬地层中隧道施工地表沉降研究

在隧道施工过程中,地表沉降一方面与隧道埋深、隧道断面尺寸以及隧道施工方法息息相关,另一方面与隧道穿越地层的性质有关,特别是隧道穿越上软下硬地层时软/硬岩交界面不同倾角条件下的地表沉降存在较大的差异,故国内外学者针对上软下硬地层隧道施工引起的地表沉降问题进行了相应的研究。

1969年,Peck[125]整理并总结了隧道开挖引起的地表沉降的监测数据,研究发现地表沉降曲线近似呈正态分布,并推导出隧道施工引起地表沉降的预测公式:

$$S(x) = S_{\max} \exp\left(-\frac{x^2}{2i^2}\right) \tag{1-1}$$

$$S_{\max} = \frac{V_i}{i\sqrt{2\pi}} \approx \frac{V_i}{2.5i} \tag{1-2}$$

式中:$S(x)$——地表横向沉降量;

$S_{\max}$——隧道开挖过程中横向的最大沉降量;

V_i——单位长度上的地层损失,$V_i = \pi R^2 V_l$,其中V_l为地层损失体积率;

i——沉降曲线的反弯点到隧道中心线的距离。

刘重庆[126]等人采用数值模拟与现场监测相结合的手段,研究了盾构隧道穿越上软下硬地层时地表沉降的变形特征规律,并指出软/硬地层占比对地表沉降的影响较为显著。王文[127]等人采用FLAC3D有限差分软件对隧道穿越上软下硬复合地层时的地表沉降变化规律进行研究。朱洪威[128]等人以广州地铁4号线南延段资讯园站—塘坑站区间为工程背景,采用数值模拟手段对上软下硬地层中盾构机掘进引起的地表横向沉降变化规律进行了预测。周力军[129]等人以广州佛莞城际铁路长隆站—番禺大道站隧道区间为工程背景,研究了软硬岩复合高度比对地表横向沉降的影响规律。

第 2 章 依托项目的概况

2.1 工程概况

深圳地铁 13 号线跨南山区、宝安区、光明区,覆盖深圳市中部偏西地区南北向交通需求走廊,连接深圳湾、后海、南山科技园、石岩片区等区域。线路南起深圳湾口岸,主要沿中心路—科苑大道—同发路—沙河西路—宝石路—田心大道,终于上屋北站。据深圳地铁集团的规划,深圳地铁 13 号线二期将分别向南、北延伸。深圳地铁 13 号线一期线路如图 2-1 所示,全长 22.434km,全部为地下线,设车站 16 座,其中换乘车站 11 座。

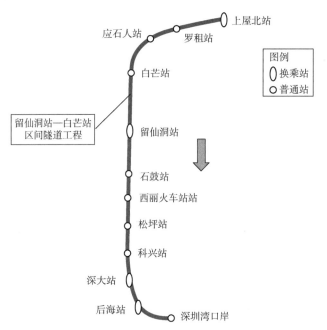

图 2-1 深圳地铁 13 号线平面示意图

* 本图经变形处理,不作为实际测量依据

留仙洞站—白芒站区间(简称"留—白区间")位于深圳市南山区,该区间隧道为左、右线分修的单洞单线盾构隧道。主要穿越的地层为中微风化黑云母花岗岩、中微风化混合花岗岩,局部穿越硬塑砾质黏性土、全强风化黑云母花岗岩、全强风化混合花岗岩,地质情况复杂,属于典型的复合地层,因此项目采用 4 台 EPB-TBM 双模盾构机,以适应复杂的地层情况。盾构机由留仙洞站大里程端头及白芒站小里程端头的盾构始发井分别始发,由中间风井吊出,其中,留仙洞站—中间风井区间右线(YDK10+078.435～YDK12+297.629)全长

2220.790m,左线（ZDK10+078.435~ZDK12+299.462）全长2229.264m,区间共长4450.054m;白芒站—中间风井区间右线（YDK14+654.5~YDK12+332.237）全长2346.991m,左线（ZDK14+654.500~ZDK12+334.068）全长2350.792m,区间共长4697.783m,如图2-2所示。区间左、右线均由6个曲线段和7个直线段构成,平面最小曲线半径为650m,且左、右线的线路纵坡均为2‰~28.0‰,隧道拱顶埋深为10.6~49.6m。隧道间距处于11.0~17.3m范围内。隧道拱顶埋深为10.6~49.6m。区间范围内存在给水、雨水、污水、路灯、供暖、通信、燃气、供电等管线,地下管线主要沿线路两侧及路中绿化带敷设。隧道结构设计年限为100年。结构安全等级为一级。隧道洞径约为6.7m,盾构机刀盘开挖直径为6.98m,盾体外径为6.95m。钢筋混凝土管片外径为6700mm,管片内径为6000mm,管片厚度为350mm,环宽1500mm。管片混凝土为C50高强混凝土,抗渗等级为P12,采用错缝拼装方式,每环管片分为6块,包括1块小封顶块、2块邻接块和3块标准块。

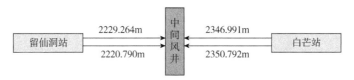

图2-2 盾构掘进施工筹划图

区间线路卫星影像图如图2-3所示。由图可知,留—白区间线路出留仙洞站后,沿同发路前行,下穿同发路人行天桥、深圳市职业技术学院运动场后转入沙河西路,沿沙河西路先后下穿深港花卉中心地块、侧穿西丽互通L匝道桥桩基、下穿西丽水库—铁岗水库引水隧道、旁穿西丽水库饮用水水源保护区,于沙河西路与丽康路交叉口西侧进入白芒站。经过上述建筑物,对隧道施工的安全性提出更加严格的控制要求。

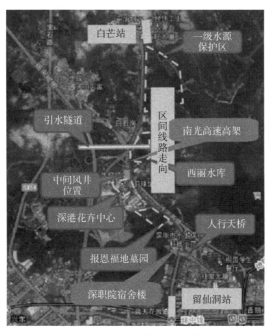

图2-3 留—白区间卫星影像图

2.2 地质条件

2.2.1 工程地质条件

深圳地铁13号线留—白区间地层结构较复杂,岩土体种类较多,岩土层埋深、厚度及自身性质变化较大。隧道穿越的地层主要包括填土层、硬塑质土、全风化花岗岩、强风化花岗岩、中风化花岗岩、微风化花岗岩,如图2-4所示。围岩等级为Ⅲ~Ⅴ级,其中:Ⅲ级围岩主要分布在ZDK10+544~ZDK10+561段,拱顶及周围岩体主要为微风化花岗岩,围岩基本保持稳定;Ⅴ级围岩主要分布在ZDK10+565~ZDK10+589段,拱顶及周围位置为强风化、全风化花岗岩,拱底位置为微风化花岗岩,拱顶在无支护条件下较易发生局部破坏现象。

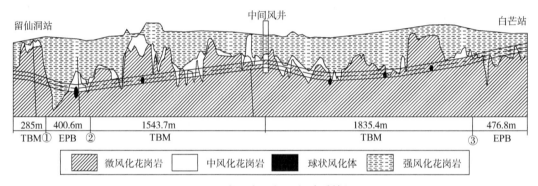

图2-4 留—白区间工程地质简图

2.2.2 工程水文条件

留—白区间分布F3和F4断裂。F3属于洞尾山断裂,位于西部洞尾山一带。走向北西290°~310°,倾向北西,倾角70°,穿行于前震旦系混合花岗岩、变质岩及早白垩系花岗岩中。延伸长度为4.5km,宽度为1.5m,局部10~12m。表现为硅化碎裂岩带,突出地表,并发育密集劈理化带、裂隙带等。石英脉沿北西向裂隙贯入。断裂具压扭性质,成于早白垩世后。F4属于应人石断裂组,发育在中心村单元花岗岩中。延伸长度小于2km,宽度为0.5~1m,表现为挤压破碎带,构造岩为蚀变花岗岩,具压碎构造,蚀变为绿泥石。节理发育,并见石英脉充填,成于早白垩世后。该断裂自YCK11+700~YCK12+700与线路近似平行展布,相交于YCK12+100。部分钻孔受其影响,岩芯蚀变明显,绿泥石化明显。

台地或台地间冲沟区(深大站至终点)第四系孔隙水主要赋存于冲洪积砾砂及沿线砾(砂)质黏性土层中,砂层具微承压性。地下水初见水位埋深为1.75~15.80m,稳定水位埋深为2.30~16.20m。局部基岩埋深较浅,以基岩裂隙水为主。

隧道沿线两侧分布有西丽水库、铁岗水库,地表水主要为西丽水库水体。西丽水库位于深圳市南山区,建于1960年,集雨面积为29km^2,总库容为3238.81万m^3。根据地下水的赋存条件,沿线地下水主要有两种类型:一是松散土层孔隙水,二是基岩裂隙水。松散土层孔隙水又分为黏性土层中的潜水和沙砾层中的承压水。基岩裂隙水主要赋存于岩石强、中等风化带的各种节理裂隙中。根据地质资料及当地经验,该区域松散土层中的承压水水位峰值较雨季滞后1个月左右,年水位变幅不大,一般为 0.5~3.5m;基岩裂隙水一般埋藏较深,且其补给源较充沛,再加上地下水循环较深,故水量比较稳定,水头变化一般小于 0.5m。地下水初见水位埋深为 1.75~15.80m,稳定水位埋深为 2.30~16.20m,局部基岩埋深较浅,以基岩裂隙水为主。由于该区间海拔较低,地势较低平,地下水没有天然的排泄区,地下水径流主要受地形地貌控制,主要向附近海湾以地下潜流的方式向大海流动。

2.3 施 工 难 点

2.3.1 高强度硬岩地层双模(TBM-EPB)盾构机施工难点

2.3.1.1 刀具异常磨损、刀箱严重变形

刀盘是盾构机上的关键零部件之一,主要功能是开挖掘进、稳定掌子面以及搅拌渣土等。盾构机刀盘上通常会配备具有破岩功能的滚刀。在机械破岩方法中,滚刀破岩效率高,是最常用的破岩刀具。由于安装刀盘的滚刀须可拆卸、更换方便等,滚刀和刀盘结构件之间需要设置刀箱。刀箱与滚刀之间为可拆卸连接,刀箱与刀盘结构件之间多采用焊接的方式连接。在盾构机掘进过程中,刀具直接与土体岩层接触,不可避免地会受到磨损。当刀具磨损严重时,不仅大大增加换刀的施工成本,且频繁的开仓换刀极易引发其他工程事故。盾构机刀具的磨损问题已然成为制约盾构工法优越性的一个重要障碍。滚刀的使用寿命是影响掘进效率的重要因素。滚刀刀箱作为滚刀的"夹具",其变形、开裂等异常损坏会直接影响滚刀的使用寿命,甚至造成滚刀掉落。

当盾构机在高强度硬岩地层掘进时,掘进受到多种复杂因素的影响,例如地层强度特征、水土压力、刀盘扭矩、千斤顶顶推力等。在长距离掘进硬岩地层时,刀具的破岩效率、刀具的磨损情况是制约盾构施工效率的两个最为关键的因素。这两方面因素并非是互相独立的,而是涉及复杂的"机-岩"相互作用问题,盾构机刀具破岩是盾构机械对岩体的作用,称为"正作用"。刀具破岩过程中岩体对刀具产生的磨损,称为"反作用"。研究盾构机"机-岩"相互作用是对盾构施工进行优化控制的前提,也是协同盾构机破岩效率和刀具磨损程度的关键。

盾构机刀盘上所安装的刀具并非一成不变,需要结合岩体的性质,适当地改变刀具形式以及刀具布置。这也体现了"机-岩"协同效应。当盾构机开挖硬岩地层时,多采用盘形滚刀进行破岩掘进;当推进地层为较软岩时,多采用齿刀;而当地层为破碎软岩或软土地层时,多采用刮刀(切刀)切削前方掌子面土体。

留—白区间穿越的地层复杂多变且分布不均,区间内存在高强度硬岩地层,因此刀盘上

图 2-5 盾构掘进过程中所遇到的孤石

刀具的布置以盘形滚刀为主。施工过程中的取样送检结果显示该掘进地层岩石最高强度达到 177MPa，且掘进区域存在大量的孤石，如图 2-5 所示。从左线 152 环开仓情况发现，刀盘前端存在的孤石，在掌子面与刀盘间产生相对滑移，导致掘进速度缓慢，刀具磨损加剧。

高强度岩石会造成刀具的严重磨损，导致掘进效率低，停机开仓换刀时间长。当盾构机掘进至孤石时，易出现刀具偏磨、刀圈崩裂等现象。当盾构机在全断面高强度硬岩地层掘进时，掘进时间延长，刀箱磨损严重，出现变形，导致刀具拆装困难、严重影响换刀效率等严重后果。刀箱变形与刀具异常磨损分别如图 2-6、图 2-7 所示。留—白区间掘进过程中，刀具拉紧块松动、掉落的问题时有发生。刀具松动、掉落会对盾构产生较为严重的影响，如加剧二次磨损及异常磨损、需要捞仓、开仓时间增加等。

图 2-6 刀箱变形

图 2-7 刀具异常磨损

如何通过盾构机刀盘上刀具布置的优化、刀具规格的优化，达到破岩最优以及刀具磨损程度最小两方面的要求，是本工程所要解决的关键问题之一。当然，正如前文所述，这两个问题不是相互独立的，而是盾构掘进过程中同一问题的正反面，因此只有清楚地了解盾构机与岩体的相互作用，基于一定的假定建立相应的模型，较为准确、全面地描述盾构机与岩体的相互作用关系，才能真正解决"破岩-磨损"这一工程问题，使得这两方面达到工程所要求的最优解。从机理上去解释发生这些问题的原因，有助于提出针对性的措施以解决或改善这些问题。目前，国内外学者对于"机-岩"协同作用的研究成果较少，因为盾构机与岩体的相互作用问题涉及岩土、机械等领域，是一个交叉问题。随着盾构隧道朝着更大直径、更长距离的方向发展，系统、准确地研究"机-岩"协同问题是当下盾构隧道领域研究的重中之重。

2.3.1.2 出渣系统磨损严重

双模盾构包括两种出渣模式：土压平衡模式和 TBM 模式。

土压平衡模式下，渣土输送系统由螺旋输送机和皮带输送机组成，螺旋输送机将掘进产生的渣土从土仓输送到皮带输送机进料端,皮带输送机将渣土转运到渣土车。螺旋输送机由螺旋轴、连接筒体、伸缩节、出渣节、驱动装置组成。

TBM模式下,渣土输送系统由主机皮带机和后配套皮带机组成。主机皮带机将掘进产生的渣土从土仓输送到后配套皮带输送机进料段,后配套皮带输送机将渣土转运到渣土车。

通常,出渣系统的耐磨设计主要包括叶片耐磨设计和筒体耐磨设计。

①叶片耐磨设计:叶片轴前部外圆镶焊合金耐磨块,在螺旋叶片迎渣方向推焊耐磨网格。

②筒体耐磨设计:前盾螺旋输送机筒体内套表面贴有耐磨复合钢板,前端两节筒内表面贴复合耐磨钢板。驱动/密封系统采用中心驱动方式,主要包括液压马达、减速机、轴承、密封等。螺旋轴采用驱动端固定、另一端浮动的支撑形式,螺旋输送机采用唇形密封保护驱动装置。

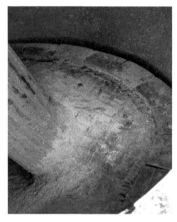

图2-8 螺旋机叶片磨损情况

在施工过程中发现,出渣系统磨损严重。在富水地层条件下,土仓内大量的水和残余渣土通过螺旋输送机输送到后配套皮带上,再通过电瓶车运出。螺旋输送机叶片耐磨块磨损严重(磨损大于5cm),筒壁时常发生贯穿性磨损,皮带输送机皮带及滚筒磨损严重,如图2-8所示。高强度硬岩地层岩石平均强度高,皮带刮泥板损耗较快,严重影响工序衔接。

2.3.1.3 盾构机易卡机

盾构机卡机是目前地下施工项目面临的较大危险源之一,也是破坏双模盾构机施工系统协同性的因素之一。盾构施工事故中,卡机的所占比例最高。一旦发生卡机事故,势必给工程带来不可估量的损失。因此,为了减轻此种不协调因素对"机-岩"相互作用的影响,有必要对其产生的原因及方式进行分析,进而采取科学的措施进行调控。

盾构机卡机主要包括刀盘被卡、护盾被卡和姿态偏差造成卡机三种类型。刀盘被卡发生在掌子面处,护盾被卡主要在复杂地质条件下出现。

1) 刀盘被卡

刀盘被卡是盾构机在施工中由于刀盘被卡住,不能转动,掌子面处围岩挤出,进而导致盾构机无法前进直至被卡死。主要原因如下:

①盾构机掘进过程中,对掌子面处围岩造成扰动,破坏了围岩原本的平衡状态,导致岩体产生应力重布,使得围岩的强度降低、自稳能力变差,岩石破碎并向自由面发生坍塌,盾构机内的渣土来不及运出,破碎岩体在掌子面处越堆越多,直至大量围岩将刀盘与掌子面之间空隙填满,将刀盘卡死。

②当掌子面处围岩极为破碎、自稳性能力差、强度非常低且遇水极易软化时,掌子面处容易发生坍塌;若地层中地下水较多,且在临空面处夹带泥沙涌出时,将形成涌砂现象,淹没盾构机刀盘,致使刀盘无法转动。

2) 护盾被卡

护盾被卡的本质是围岩与护盾发生接触并产生挤压、摩擦的相互作用,盾构机开挖卸载后,围岩相继进入损伤扩容和破裂碎胀状态,进而导致围岩发生挤压大变形,当隧洞围岩收敛变形超过机身护盾与开挖洞壁之间的间隙时,隧洞洞壁与机身护盾接触,对护盾产生挤压力,护盾受到来自围岩的摩擦力;当盾构机前移,推进系统所提供的推力不足以克服护盾所受的摩阻力时,便发生护盾被卡。主要原因如下:

①围岩坍塌,将盾壳卡死。当隧洞围岩破碎、稳定性极差时,在盾构隧道施工中围岩容易发生坍塌,在掌子面及前盾附近形成临空面,直至在护盾上方形成自由拱,进而导致盾壳上部岩体将护盾掩埋,致使盾壳被卡死。

②围岩收敛,将盾壳抱死。这种现象主要发生在软岩、断层带和风化岩等软弱围岩中。由于地应力较大,围岩受到开挖扰动而发生快速的塑性变形并超过护盾与围岩之间的预留变形量,护盾受到强烈挤压,在盾构机还未通过该段围岩时,围岩收敛值已大于隧洞开挖轮廓与盾壳间距,从而将盾壳抱死。

3) 姿态偏差造成卡机

当盾构机的姿态偏离设计位置时,易导致后续管片无法有效安装,盾构机无法继续掘进,同时围岩收敛变形持续发生,最终造成盾构机被卡。

造成盾构机卡机的原因大都与地质条件、施工方法有关,且往往并不单一,有时可能是几种原因综合作用的结果。因而,应根据施工方法和地质条件的不同对卡机原因进行分析,利用如超前地质预报或建立预测模型等手段对可能出现的卡机现象进行预测,并采取相应的措施进行预防,从而降低盾构机卡机的风险。

2.3.1.4 管片上浮不易控制

盾构隧道掘进施工过程中,如果盾构施工参数与地层性质不匹配,会导致管片出现整体上浮的情况,主要表现为错台、开裂以及隧道偏离设计轴线等,特别是刚脱出盾尾的管片在注浆浆液的作用下发生上浮。盾构机盾壳外径大于管片衬砌外径,导致管片与围岩之间存在环形间隙,这一环形间隙是管片衬砌出现上浮现象的外部条件。如果这个环形间隙不能及时被注浆浆液填充或注浆工艺和注浆浆液质量不达标使得浆液的凝结时间较长,浆液在很长一段时间内是未完全凝固的流体,使得管片脱离盾尾之后受到地下水、注浆浆液、泥水混合物等包裹管片所产生的上浮力。如果此时管片所受的上浮力大于自身重力,就会出现上浮的现象,如图2-9所示。

富水硬岩段地层盾构施工时,管片可能出现上浮现象。为确保后期管片垂直姿态在规范值以内,在不对盾构姿态进行预警的前提下,提前为管片上浮预留一定的空间。因此,盾构机在富水硬岩段推进时,控制盾构垂直偏差在 $-49 \sim -40$ mm 之间。留一白区间富水硬岩地层占比较高,盾构掘进施工时,因部分浆液被水

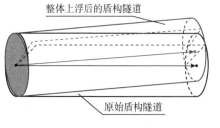

图 2-9 管片上浮示意图

流带走致使浆液填充不饱满等原因,易造成管片上浮,进而导致管片垂直姿态超限。

从白芒站—中间风井区间始发到 2020 年 9 月 8 日期间,白芒站—中间风井区间共掘进施工 500 环,其中左线管片上浮 38 环,右线管片上浮 29 环,上浮量均在 30~40mm 之间,管片存在上浮现象的占比为 13.4%。经过施工现场调查、分析、事后检查总结,对造成管片上浮的原因进行统计,如表 2-1 所示。

管片成型姿态影响因素统计表　　　　　　表 2-1

序号	项目	频数	累计频数	频率	累计频率
1	浆液配合比	40	40	22.73%	22.73%
2	原材料	45	45	25.57%	48.30%
3	二次注浆	78	78	44.32%	92.62%
4	管片拼装	10	10	5.68%	98.30%
5	测量误差	2	2	1.14%	99.44%
6	其他	1	1	0.56%	100.00%
	合计	176	176	100.00%	100.00%

由上表可知,"浆液配合比""原材料""二次注浆"占比合计为 92.62%。因此,要降低长距离全断面硬岩富水地层盾构成型管片上浮率,应主要从上述三个方面入手解决。区间不同位置的上覆土层厚度、隧道预设位置、周边环境等因素在设计期均已确定,在施工期较难改变。但施工期管片均存在较大上浮的两区间隧道周边上覆、下卧地层的特性较为相似,而施工期的浆液配合比、二次注浆、掘进参数与地层参数不匹配及原材料保护不当等问题对施工期管片上浮的影响尚可解决,故施工期控制管片上浮主要从浆液配合比、二次注浆、掘进参数控制和原材料保护四方面展开。

如图 2-10 所示,对所有影响管片上浮的影响因素进行归纳,可分为六大类主要影响因素,分别是施工人员、施工材料、测量方法、施工方法、掘进环境、施工机械。其中,施工方法是造成管片上浮的主要影响因素,通过控制掘进参数、同步注浆量、二次注浆浆液配比等,可以有效抑制管片衬砌上浮,实现管片衬砌与周围岩体的相互协同,达到稳定支护的效果,减少管片上浮引起的诸多不利影响。

2.3.1.5　EPB 模式下,土仓底部积渣导致刀具二次磨损严重

在实际施工过程中,刀盘前方开挖面岩石被滚刀切削、剥离形成岩渣后,将从开挖面与刀盘面板之间的空隙下落,堆积在刀盘与开挖面之间间隙的下半部,经铲斗刮入溜槽滑,向出渣系统排出。当土仓底部出现积仓后,岩渣的堆积将变严重,导致外周滚刀对岩渣进行重复破碎,此外下落的岩渣也会使滚刀产生二次磨损。滚刀安装半径越大的区域,岩渣散落越多,滚刀磨损就越严重。基于此,工程中有"一次破碎"与"重复破碎"的概念。一次破碎指开挖面岩石受到刀具切削,从岩体剥离形成岩屑的过程,这个过程对刀具造成的磨损被称为"一次磨损"。重复破碎指刀具一次破碎切削下来的岩屑未能及时排出,部分岩屑散落在

刀盘面板与开挖面之间,使刀具对散落岩屑进行二次破碎或多次破碎,由此对刀具造成的磨损被称为"二次磨损"。

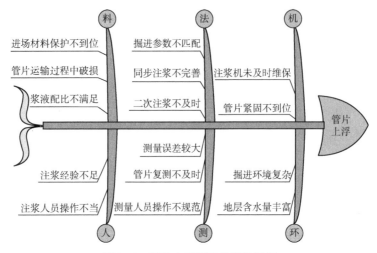

图 2-10 管片上浮原因分析鱼骨图

图 2-11 EPB 模式下土仓底部积渣

在白芒站—中间风井区间,盾构区间地层岩石强度较高,最高可达 177MPa,地层以微风化黑云母花岗岩为主,全断面硬岩占比达到 70%。因此,切削的渣土主要表现为碎石伴有岩石粉末,其特点为岩石粉末遇水后黏性较强。盾构机原有土仓隔板的搅拌装置无法搅动沉积在土仓底部的石粉,且要依靠仓内渣土压力才能通过螺旋输送机进行出渣。这就导致了在硬岩中掘进时,土仓积仓严重,如图 2-11 所示。外周滚刀会对土仓积仓内的岩渣造成重复破碎,同时未能及时排出的岩渣也会对滚刀造成二次磨损。刀具的二次磨损会导致盾构掘进参数控制困难,积仓后总推力增大,进而加剧刀具磨损。

2.3.1.6 低 RQD(岩石质量指标)值地层大石块压死皮带机

由于组成岩体的岩石性质、组织结构不同以及岩体中结构面发育情况的差异,致使岩体的力学性质相当复杂。为了在工程设计和施工中区分岩体质量的好坏,需要对岩体进行合理的分类。

岩石质量指标分类是 Deere 于 1964 年提出的。它根据钻探时的岩芯完好程度来判断岩体的质量,对岩体进行分类,将长度在 10cm 以上(含 10cm)的岩芯累计长度占钻孔总长的百分比称为岩石质量指标(Rock Quality Designation,RQD):

$$RQD = \frac{10cm 以上(含10cm)岩芯累计长度}{钻孔长度} \times 100\% \quad (2\text{-}1)$$

根据岩石质量指标,将岩体分为 5 类,详见表 2-2。

岩 石 质 量 指 标　　　　　　　　表2-2

分类	很差	差	一般	好	很好
RQD	<25%	25%~50%	50%~75%	75%~90%	>90%

RQD值越低,岩石的质量和完整性越差。留仙洞站—中间风井区间左、右线经过多条断层破碎带,如图2-12所示,岩石的质量和完整性较差,钻探时的部分岩芯样品如图2-13所示。

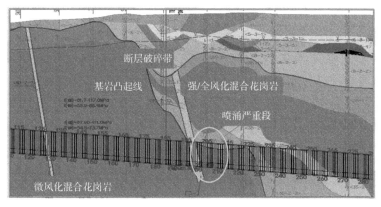

图 2-12　深圳地铁 13 号线所穿越的断层破碎带

以TBM模式穿越断层破碎带(RQD值较小的地层)时,因双模盾构机开口率比单一TBM开口率偏大,经常有大石块砸到主机输送皮带机上,导致主机皮带损坏、滚筒变形等问题,影响掘进连续性,如图2-14所示。

图 2-13　部分岩芯样品　　　　图 2-14　低 RQD 值地层大石块
　　　　　　　　　　　　　　　　　　掉落砸坏主机皮带

2.3.2　极端软硬不均地层双模(TBM-EPB)盾构机施工难点

2.3.2.1　带压开仓换刀频繁

极端软硬不均地层由两种或两种以上强度相差悬殊的地层组成。其中,最典型的就是"上软下硬"地层,即隧道断面上部是软土层,下部是岩石层;或上部是软弱岩层,下部是硬岩层;或硬岩中夹软岩。盾构机在软硬不均地层掘进,会遇到出土难以控制、易发生喷涌、地面沉降控制难度大等问题,但更为棘手的是刀具异常磨损严重、换刀频繁以及换刀作业难度大。基于此,需要加强盾构掘进控制和刀具更换管理,以保证盾构机顺利、安全施工。

依托深圳地铁 13 号线盾构隧道工程,通过数理统计的方法对盾构机总推力、刀盘扭矩以及掘进速度进行参数分析,发现掘进参数的稳定性受岩体均匀性和岩体强度均匀性的影响,岩体强度越均匀,盾构机的推力和扭矩越稳定。深圳地铁 13 号线留—白区间存在极端软硬不均地层,上部为强风化砂层,下部为高强度硬岩地层(平均抗压强度超过 120MPa),此区间存在盾构掘进参数难以控制的问题。当盾构掘进参数不合理时,开挖期间易在刀盘处形成泥饼,如图 2-15 所示,滚刀的稳定工作状态受到影响,存在偏磨情况。此外,在硬岩地层中,岩石强度较高,最高可达 177MPa,地层以微风化黑云母花岗岩为主,切削下的渣土主要为片状石块,碎且尖锐,刀具磨损非常快,如图 2-16 所示,基本上每日都需要开仓检查刀具,刀具更换十分频繁。开挖面顶部覆盖软土时,会导致土仓压力难以维持稳定。若开仓位置不当,易导致地表出现大面积沉降,难以实现安全施工的目标。

图 2-15 刀盘"结泥饼" 图 2-16 极端软硬不均地层导致的刀具异常磨损

2.3.2.2 盾构机姿态不易控制

盾构机掘进过程中,盾构机施工姿态与隧道设计轴线偏差的大小对确保盾构机顺利掘进和管片拼装质量至关重要。现阶段,施工中的盾构机姿态调整主要依靠盾构机司机凭借经验进行操控。盾构机姿态控制理论缺乏,远落后于实践,已有的相关研究成果也很难应用于实际工程。因此,盾构机在均一地层中掘进时,依靠盾构机司机的经验进行盾构机掘进控制较为容易;但在极端软硬不均地层中掘进时,盾构机姿态的控制就会变得困难。

盾构主机具有"头重脚轻"的特点,在软土地层中体现得更为明显。掘进过程中,主机所提供的推力和工作面摩擦力相对有限,易发生盾构机失稳现象。针对此情况,常采取加大盾构机下部推进力的方法,以促使盾构机平稳向前推进。但当地质条件复杂、具有软硬不均的特点时,推力和扭矩的波动幅度较大,盾构主机向较软侧偏移,严重时出现卡机问题。深圳地铁 13 号线留—白区间存在典型的软硬不均地层,盾构机推进参数不易控制,会导致盾构机姿态控制困难。

若要研究盾构机姿态的控制、完整地描述盾构机在地层中的掘进状态,除了需要得到盾构机所受荷载大小,还需要知道盾构机所处的位置、掘进速度、刀盘转速、盾构机直径等参数。这些状态参数中的一个发生变化,其他状态参数也会联动着发生变化,宏观表现为盾构机姿态的变化。因此,在极端软硬不均的特殊地层条件下,由于盾构机推进参数难以控制,如图 2-17、图 2-18 所示,使得无论是经验方面的盾构机姿态控制还是理论方面的盾构机姿态力学模型的建立都变得相当困难。若把盾构机视为一个刚体,在掘进过程中,盾构机上任意两点间的距离保持不变,则需要 6 个参数描述盾构机姿态,即刀盘中心坐标 (x_0,y_0,z_0)、盾构横摆角 α、盾构俯仰角 β、盾构扭转角 Ω。但由于留—白区间极端软硬不均地层的复杂性,导致盾构机四周所受的作用力无法被精确计算和表达,使得"机-岩"协同的力学模型的建立异常困难。

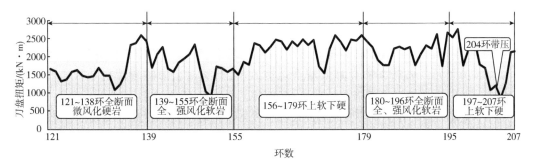

图 2-17 深圳地铁 13 号线上软下硬地层刀盘扭矩变化

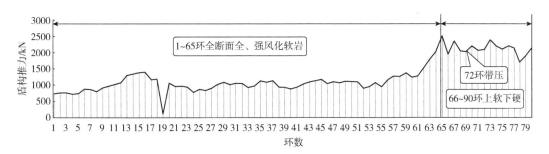

图 2-18 深圳地铁 13 号线上软下硬地层盾构机推力参数变化

2.3.2.3 含孤石的软硬不均地层双模盾构机掘进困难

大量工程实践表明,在含有孤石的地层中进行隧道施工时,孤石的存在将会破坏地层的单一性与均质性,诱发地层变形程度加剧,导致围岩产生较大变形,严重时可能诱发地面沉降、周边建筑物损伤等问题,危及人民群众的生命财产安全,破坏盾构施工过程中"机-岩"相互作用系统的协同性。孤石的存在与否对隧道施工引起的塑性区分布规律有着明显的影响,具体如下:其一,当孤石存在时,隧道在垂直方向上的塑性区分布范围有明显的增大,这是由于孤石在自重应力作用下会垂直向下移动,挤压隧道上方的岩体介质,进而引起拱顶下沉值增大,且孤石下沉的过程中,会带动其上方的岩土体产生相应的下沉位移,在此位移与增加的拱顶位移的共同作用下,造成隧道施工竖向位移量增加、隧道在纵向方向上的围岩塑性区分布范围增大;其二,孤石的存在亦会使围岩塑性区横向分布范围增大,孤石在增大隧道围岩塑性区纵向分布范围时,由于岩土体泊松比的存在,隧道围岩的横向变形也会相应增大,且孤石在下沉的过程中,并不一定会沿着隧道中心线移动,有可能会发生向左或向右的偏移,进而造成围岩塑性区横向分布范围增大,导致围岩产生较大变形,给盾构施工造成极大的困难。

2.3.3 富水地层双模(TBM-EPB)盾构机施工难点

2.3.3.1 皮带漏渣严重

在富水地层条件下,当盾构机完成一环的掘进后进行管片拼装时,来自掌子面的水会通过刀盘上的开口汇入土仓内;当管片环拼装完成后再次掘进出渣时,停机时汇积在土仓内的大量水和残余渣土通过螺旋输送机输送到后配套皮带上,再通过电瓶车运出。在此过程中,由于后配套皮带布置在螺旋输送机下方且与螺旋输送机之间存在一定的角度和空隙,同时输送皮带具有一定的运转速度,当渣土中的液体太多时,皮带上的渣土会溢出,造成皮带漏渣,如图 2-19 所示。皮带漏渣会降低渣土运输效率,严重时会影响管片拼装及电瓶车轨道铺设作业,漏出的浆液影响隧道内的环境,降低管片外观质量,增加工程成本。

目前,通常采用打开土仓下部球阀放水的方式来排出盾构机停机时土仓内的积水,但球阀容易被土仓内残余的渣土堵塞,且排出的水会直接流到隧道内,堵塞的球阀以及排入隧道的泥浆需要人工处理,降低了施工工效,增加了工程成本,影响了文明施工,未从根本上解决问题。

2.3.3.2 EPB 模式带压掘进条件下螺旋输送机喷涌严重

土压平衡盾构机喷涌是指盾构机掘进时,渣水混合物从螺旋输送机出土口喷或涌出的现象,在盾构穿越富水地层时容易发生。喷涌往往会引起土仓压力波动较大,可能导致地面沉降、塌陷,而且喷涌出的渣水混合物易撒落在盾尾,清理非常麻烦,严重影响盾构掘进的连续性,如图 2-20 所示。

图 2-19 隧道内皮带漏渣

图 2-20 隧道内螺旋输送机喷涌

当盾构穿越的地层含水量较大时,开挖面压力水头过高,高压力水头的渣土从土仓进入螺旋输送机。因螺旋输送机出渣口位于无压、敞开的隧道内部,如果渣土运输到螺旋输送机出渣口时的压力水头没有减小到零或者接近于零,则有压力水头的渣土会在出渣口喷涌而出。出渣口渣土的压力水头越大,喷涌现象越严重。

2.3.3.3 断层破碎带区域地表沉降不易控制

隧道施工会打破地层的原始应力状态,引起拱顶沉降、隧道围岩变形、地表房屋塌陷等。当隧道穿越断层破碎带时,隧道围岩应力变化和沉降更难控制,容易导致更多不可预测和不可控制的危害。因此,在断层破碎带处施工,控制好隧道围岩变形和地表沉降量是关键。

目前,国内外学者对隧道施工穿越断层破碎带时隧道围岩变形和地表沉降规律的研究很少。在断层破碎带处施工,隧道围岩变形更加复杂,地表沉降难以控制。根据地勘资料,留—白区间穿越8条断层破碎带,而且双模盾构机TBM掘进模式采用敞开式,无法形成压力平衡掌子面,施工过程中极易导致出土过多,造成地面沉降甚至塌陷,也可能造成盾构机被埋。

2.3.4 盾构机洞内模式转换施工难点

2.3.4.1 有限空间内32t螺旋输送机安拆风险大

在盾构施工中,盾构机的组装技术是盾构施工的基本条件,对工程进度和质量起着关键作用。同时,其组装效果的优劣对盾构机工作性能有着直接的影响。盾构机造价昂贵,如果盾构机的组装和调试出现了质量问题,不但会影响后续的施工进度,而且还会缩短盾构机部件的使用寿命,直接增加盾构施工成本。因此,施工现场的组装和调试对盾构施工来说必不可少。

双模盾构机模式转换、安拆螺旋输送机时,一般利用人仓底部固定吊点、盾尾顶部固定吊点、拼装机焊接的门字架固定吊点完成螺旋输送机的安拆运输工作。但是,在实际的施工过程中,因吊点数量少,吊点切换的安全性低;并且,上述吊点均为固定吊点,螺旋输送机前移或后退十分困难,动作幅度不易控制,尤其是在吊装条件受限的地下狭窄空间内进行螺旋输送机安拆时,移动更加困难。因此,亟须设计一种在盾构机模式转换时能够灵活、安全地在狭窄的地下空间内对螺旋输送机进行安拆的吊装系统。

2.3.4.2 长时间停机安全风险大

在进行模式转换的过程中,盾构机处于长时间停机状态。盾构机停机过程会对周边环境造成较明显的附加扰动。经归纳整理,影响主要有以下两个方面:

①停机阶段,盾构机在掘进期间所保持的土仓内土压力、刀盘前方地层土压力以及刀盘后出土速率之间的动态平衡不复存在。由于两侧排水通道是畅通的,尺寸固定的土仓内的土体开始自然固结,进而导致土仓所提供的掌子面土压力下降,其与刀盘前方土压力的平衡关系被破坏,导致掘进面前方土体应变场的产生。

②停机阶段,由于盾构机身的单位长度重量大于拼装完成后管环的单位长度重量,停机

位置机身下方土体将承受超出常规的固结压重及相应的固结时间。由于机身下方土体被压缩固结,机身将随之产生超过常规掘进段的整体下沉,进而导致机身上方地层损失增加。因此,若在此期间无法对盾构机长时间停机及复推采取安全控制措施,容易发生停机区域地面塌陷、盾尾砂浆包裹、盾构复推困难、复推姿态不受控等施工风险。

盾构机准备长时间停机时,应从地质条件、地面环境影响等方面进行综合考虑。盾构机停机期间,由盾构机操作手通过定期注入膨润土的方式进行保压。刀盘区域的岩土体长时间浸泡,变得软糯。盾构机复推时,盾体整体沉陷,容易造成盾构机掘进姿态较预定路线向下偏移。停机前,盾构机姿态稍向上抬以补偿恢复推进时的姿态下沉;但在上软下硬或下部岩层较硬地段,可适当保持盾构机低头趋势,以防止复推后盾构机姿态较预定路线的向上偏移。在留—白区间极端软硬不均地层施工时,盾构机停机时的姿态难以通过以往的经验进行确定,稍微上抬可能会导致复推后盾构机姿态向上偏移,稍微低头可能会导致复推时盾构机姿态向下偏移。

在考虑对地面环境影响的基础上,要尽量避开建(构)筑物、交通要道、河流等敏感区域。然而,深圳地铁13号线留—白区间建(构)筑物密集,水库等风险源较为集中,因此对于盾构机停机时的安全性提出更加严格的控制要求。

2.3.5　长大区间电瓶车运输施工难点

2.3.5.1　电瓶车脱轨不易控制

传统的电瓶车从始发竖井运输材料进入盾构机操作室,每天需要频繁往返。但当电瓶车进出盾构机后配套设施时,经常由于土斗位置不正,导致碰撞台车,造成土斗偏移、重心不稳,严重时会导致电瓶车跳轨或者台车跳轨,对于电瓶车运输和稳定造成一定的安全风险,还非常影响盾构掘进的工序衔接和工期。

2.3.5.2　电瓶车运输耗时长,易发生故障

长大区间为两站间距超过3km的区间。此类区间较长,电瓶车在区间的运行时间长,且由于交叉施工作业多,发生故障时进行调整的难度大。

第3章 复合地层双模盾构施工"机-岩"协同映射原理及应用

3.1 概　　述

目前,我国对于多模式盾构机的应用还处在初期阶段,在盾构机的选型、设计和施工控制等方面存在很多亟待攻克的技术难题。"机-岩"相互作用研究的主要任务就是研究盾构隧道施工过程中盾构机与岩体的相互作用关系,进而分析盾构机高效掘进、减少磨损、安全穿越、避免灾变等一系列衍生问题。因此,为了保证盾构法施工能够适应复合地层条件下的地铁隧道建设,实现高效、经济且安全,对复合地层双模盾构施工"机-岩"协同映射原理的研究十分必要。

本章首先介绍"机-岩"协同映射模型的概念及意义;其次介绍"机-岩"协同映射的基本理论以及"机-岩"相互作用机理,基本理论方面主要包括"机-岩"相互作用系统的构成以及系统的自组织性,阐述盾构机与岩体的相互作用特征和规律;最后结合双模盾构机选型和施工具体问题,初步介绍了"机-岩"协同映射基本原理的应用策略。

本章为后续章节的盾构机选型、盾构机设计以及施工关键技术的研究提供了指导思想和理论方法。

3.2 "机-岩"协同映射模型

3.2.1 "机-岩"协同映射模型的概念

"机-岩"("机"是指盾构机,"岩"是指掌子面及盾构机周围岩土体)协同是指在复合地质条件下,采用TBM-EPB双模盾构模式,协调盾构机机械参数与岩体的力学参数,协同一致地实现掘进效率高、刀具磨损小、岩体稳定与施工安全的工程目标。"机-岩"映射是指盾构机机械参数与岩体力学参数之间的非线性关系。

"机-岩"协同映射模型即为:盾构机在复合地质条件下掘进时,采用TBM-EPB双模盾构机,在考虑"机-岩"相互作用条件下,建立盾构机机械参数与岩体的力学参数之间的相关关系模型,通过调整盾构机机械参数使之与岩体的力学参数相协调,从而协同一致地实现盾构掘进效率高、刀具磨损小、岩体稳定与施工安全的工程目标。

3.2.2 "机-岩"协同映射模型的意义

由于盾构机与围岩的相互作用在盾构隧道施工中的重要作用,该方面的研究一直以来备受关注。目前,关于盾构机刀具破岩机理以及磨损机理的研究已经取得了较重要的进展,但是随着我国隧道及地下工程的发展,盾构机将遇到越来越多的复杂地层。因此,针对复合地质条件建立"机-岩"协同映射模型可为复合盾构技术在复杂地质条件下提升工程的安全性、高效性、经济性提供参考。

3.3 "机-岩"协同映射的基本理论和方法

3.3.1 "机-岩"相互作用系统及其子系统

"机-岩"相互作用过程在隧道施工中一直存在,双模盾构机隧道施工中的"机-岩"相互作用系统由相互制约的各子系统协同而成,见图3-1。作为施工过程中相互作用的主体,盾构机、围岩以及风险因素可定义为"机-岩"相互作用系统的子系统。各主体之间地位独立,相互制约,相互影响,形成竞争机制。同时,各个主体在施工过程中为完成同一目标而进行协同,采取同步行为,随即产生协同机制。

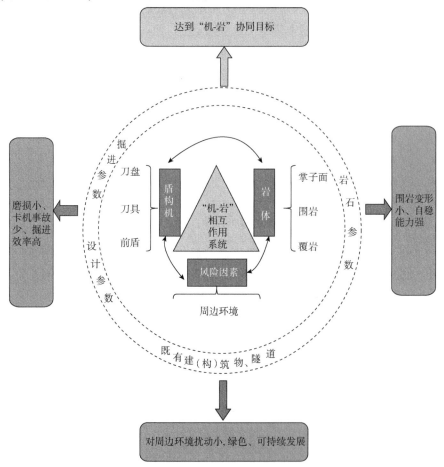

图 3-1 盾构隧道施工中的"机-岩"相互作用系统

3.3.2 "机-岩"相互作用系统的自组织理论

系统进行自组织的过程就是系统从无序到有序的演化过程。"机-岩"相互作用系统中的自组织就是盾构机、围岩以及风险因素实体在序参量的驱动下以自组织的方式形成功能有序的有序空间。"机-岩"相互作用系统的协同是指组成系统的各要素在发展过程中彼此之间的和谐一致,这种和谐一致的程度就是"机-岩"相互作用协调度。协同的作用及协调的程度决定了"机-岩"相互作用系统由无序走向有序的趋势。

3.3.3 "机-岩"相互作用系统的有序空间

在系统的演化过程中,可能会产生几个参变量。在这些参变量的驱动下,通过子系统彼此之间的竞争与协同,最终一个或几个参变量取得主导地位,促使系统形成更高层次的有序结构。主导"机-岩"相互作用系统的参变量就是序参量。因此,利用相关性,从影响盾构机的掘进效率、围岩的稳定性、既有结构的扰动情况等的众多参变量中找出与"机-岩"相互作用协调度相关系数较大的,定义为该模型的序参量。

"机-岩"相互作用系统在序参量的驱动下,会向协同设计方向演化,出现子系统协同的有序状态。这种有序状态在隧道施工过程中表现为掘进效率高、设备磨损小、围岩稳定与施工安全。

3.4 复合地层中"机-岩"相互作用机理

3.4.1 "机-岩"相互作用特征

相互作用是指当一部分物质对另一部分物质发生作用(直接接触或通过场)时,必然要受到另一部分物质对它的反作用。在盾构施工的"机-岩"相互作用问题中,"机"指盾构机,"岩"指岩体(主要包括掌子面、围岩与覆岩)。盾构机在驱动系统和推进系统的共同作用下对岩体产生扭矩和推力,使岩体破碎,在盾构机破碎岩体的同时,岩体挤压刀圈表面,使刀圈产生细微变形,刀具转动产生的重复的挤压作用使得刀圈正面磨损,见图3-2。

3.4.2 "机-岩"相互作用规律

盾构隧道施工过程中,"机-岩"相互作用有利也有弊。"机-岩"相互作用的"利"在于增加地下空间的使用率,实现经济资源可持续;提高行车的速度与安全,实现人类生活质量提升;减轻对环境的污染,实现绿色发展。盾构法作为一种地下工程暗挖施工方法,其具有的施工快速、高效、安全与环保的特点,可最大限度地发挥"机-岩"相互作用的"利"。同时,盾构法可在地下组装机械设备的特点,使得施工对地面建筑和城市的正常功能影响较小。在不良地质条件下进行长距离隧道掘进,对进尺和地面沉降有严格要求时,盾构法相对其他方法在技术上更合理、更经济。

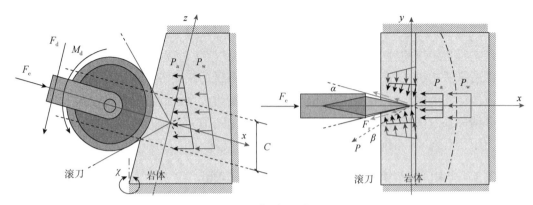

图 3-2 "机-岩"相互作用图示

F_c-滚刀所受正压力;F_d-滚刀所受切向力;F_r-岩体抵抗滚刀侵入时产生的贯入阻力;M_d-滚刀所受扭矩;α-刀刃角;β-破岩时岩体碎渣滚出方向;P-滚刀切入岩石时岩体碎渣对滚刀产生的作用力;P_a-岩体对滚刀的作用力;P_w-地层中的水体对滚刀的作用力;C-滚刀与岩体接触的最大面积剖面长

盾构施工中"机-岩"相互作用的"弊"主要包括三个方面:第一方面是对盾构机本身而言,盾构掘进过程中,岩体挤压盾构机,造成设备的磨损,频繁地开仓换刀对工期影响较大,而当刀箱变形严重时,刀具拆装困难,严重影响换刀效率与施工进度;第二方面是施工过程中对地层产生扰动,引起周围土体的应力和应变状态产生改变,从而引起地层变形和地表沉降,地表沉降达到一定程度时,往往又会引起地上或地下邻近结构物的开裂、倾斜、沉降等问题,对周围建筑物的正常使用和安全造成影响;第三方面是在掘进过程中,若遇到断层、破碎带、岩溶含水体等不良地质体,在隧道施工的扰动下极有可能诱发突水突泥、盾构机卡机甚至塌方等严重的地质灾害,给隧道施工带来严重的隐患。盾构施工中"机-岩"相互作用的"弊"贯穿于整个掘进过程中,"弊"就是施工风险因素,其主要影响因素包括:①设备因素;②地层因素;③环境因素;④人为因素。因此,针对盾构施工过程中风险、事故频发的特点,预测盾构施工中风险发生的趋势、提高风险应对精准度、规避"机-岩"相互作用的"弊"产生的施工风险,已成为目前盾构施工风险管理的重要任务。

3.4.3 "机-岩"相互作用机理

3.4.3.1 滚刀破岩机理

滚刀侵入岩石时,初始阶段岩石内部微小裂隙闭合,接触面下方的岩石发生局部压缩变形。随着荷载增加,滚刀正下方出现一个压碎区(压力核),滚刀通过此区域向周围岩石传递荷载,一般认为压碎区处于静水压力状态。随着载荷的进一步增加,在压碎区外形成径向裂纹,裂纹逐渐扩展、贯通,最终导致内部径向裂隙和岩片的形成。切割岩石时,滚刀受到三个方向的作用力:垂直于岩石表面的法向力、沿切割方向的滚动力和垂直于滚刀刀圈平面的侧向力。

3.4.3.2 切刀切削机理

切刀的结构相对较简单,主要适用于软土、软岩地层。对切削机理的研究最早是参考农具切削土体的过程。切刀的运动是一个旋转运动和一个直线运动的合成,切刀在刀盘推力的作用下贯入开挖面,刀盘自转的同时,切刀沿着刀盘旋转的切线方向切削土体,并对开挖面土体产生轴向剪切力。当岩土在切削刃的切削作用下达到极限强度时,与母体分离,沿着前刀面流出,形成土渣。切刀切削岩土的过程中,刀具主要做两个方面的运动:一是沿开挖面起分离岩土作用的运动,二是切入开挖面起改变切削厚度作用的运动。

3.4.3.3 刀具磨损机理

基于摩擦理论,可将磨损机制分为磨粒磨损、黏着磨损、疲劳磨损和扩散磨损。实际磨损过程通常不是以单一形式出现的,而是几种不同的磨损形式的综合表现。磨损计算方法的建立必须考虑磨损现象的特征,这些特征与通常的强度破坏不相同。

刀具磨损主要来源于金属-岩块相互作用和金属-压碎区相互作用,相应的刀具磨损可分为直接磨损和二次磨损。直接磨损指刀具与完整岩块相互作用时产生的磨损,属于两个表面粗糙峰直接咬合引起的黏着磨损。二次磨损指夹在两个表面之间的破碎颗粒造成的刀具磨损,属于磨粒磨损中的三体磨损;以及滚刀破岩过程中,与相对滚动的摩擦表面接触形成的循环变化应力作用下的疲劳磨损。磨损机制中的扩散磨损主要由高温场下化学元素的交互运动引起,合金刀具工作温度相对较低,分子在界面间的交换比较缓慢,扩散磨损在刀具磨损中所占比例可以忽略。

因此,刀具的磨损主要表现为:①岩土体中的硬质磨粒对刀刃表面进行磨削,在刀刃表面形成犁沟,表面产生多次变形,最终导致表面材料脱落;②硬质磨粒被垂直荷载压入刀刃表面,产生塑性变形并形成黏着点,在切向荷载的作用下黏着点被剪断,导致表面材料脱落;③刀具与岩土接触时交变接触应力作用下的疲劳磨损断裂或脱落。因此,认为刀具磨损主要由磨粒磨损、黏着磨损和疲劳磨损组成。

3.5 "机-岩"协同映射的基本原理在双模盾构机选型和施工中的应用策略

3.5.1 "机-岩"协同映射理论

协同学是从系统演化的角度,在研究事物从旧结构转变为新结构的机理的共同规律上形成和发展的,它的主要特点是通过类比,对从无序到有序的现象建立了一整套数学模型和处理方案,并推广到广泛的领域。协同学认为对于由大量子系统组成的系统,在一定条件下,由于子系统相互作用和协作才使系统发展、演变,应用协同论方法,可以找出影响系统变化的控制因素。因此,将盾构隧道施工看作一个不断与外界进行能量和物质交换的开放系统,在盾构机与围岩的共同作用、协同扩展下,表现出明显的非线性相互作用,并最终达到平衡态。

协同学认为,影响系统演化的因素包括控制变量和状态变量两类。状态变量的变化一般可用一组微分方程表示,微分方程中状态变量的系数即为控制变量,状态变量也即通常所说的序参量。

3.5.2 "机-岩"协同映射分析方法

双模盾构施工过程分为三个阶段,即 TBM 段、转换段、EPB 段,由于这三个阶段面临的地质条件与风险因素各有不同,因而应根据不同的施工阶段分析"机-岩"协同映射的特征与规律。

TBM 模式适合在硬岩中掘进,在软岩地层中掘进的风险较大。在硬岩地层中,由于岩石的强度较高、岩石的完整性较好,因此在施工过程中应合理调整机械参数来适应该类地层,如选择宽刃、选择硬度较高的刀圈、适当增大盾构机的总推力、合理增大刀盘扭矩与刀盘转速、选择合适的土仓压力,来提高盾构机的掘进效率,同时保证施工过程的安全性。当 TBM 模式盾构机在硬岩中掘进时突遇软弱围岩、断层破碎带、涌水或漏水严重地带时,由于此时仓门还未关闭,当上部土体产生冒顶现象时,很容易掉落土仓内,导致盾构机卡机而无法工作,不仅会降低掘进速率,还会带来掌子面喷涌、坍塌等施工安全风险。TBM 模式盾构机施工过程中的协同性见图 3-3。

EPB 模式适合在土层、软岩地层中掘进,在硬岩地层中功效低。当盾构机在硬岩地层中掘进时,由于岩石的强度较低、岩石的完整性较差,因此可选择窄刃以及硬度较低的刀圈、适当减小盾构机的总推力、合理降低刀盘扭矩与刀盘转速来适应该类地层。同样,当 EPB 模式盾构机在掘进过程中突遇硬岩、上软下硬地层时,不仅会严重影响施工进程,而且会给施工过程带来不可估量的风险。当 EPB 模式盾构机在掘进过程中突遇高强度硬岩时,刀盘磨损加速,硬岩破碎不完全,导致机身震颤以及螺旋输送机堵塞,从而降低盾构机掘进效率。当 EPB 模式盾构机在掘进过程中突遇上软下硬地层时,因上部软土容易进入密封土仓,而下部岩体不易破碎,一旦密封土仓出现土压失衡,上部土体过量切削进入土仓,很容易造成土体流失,进而引发地面沉降甚至地面坍塌,从而降低掘进效率,给施工过程带来极大的安全威胁。EPB 模式盾构机施工过程中的协同性见图 3-4,双模转换过程中的协同性见图 3-5。

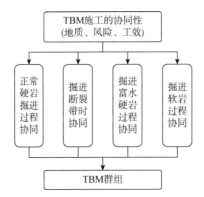

图 3-3 TBM 模式盾构机施工过程中的协同性

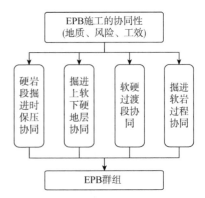

图 3-4 EPB 模式盾构机施工过程中的协同性

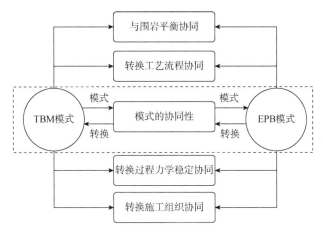

图 3-5 双模转换过程的协同性

3.5.3 "机-岩"协同在双模盾构机中的体现

双模盾构机综合了 TBM 和 EPB 的优点，既可以在硬岩段掘进，又可以在软岩中掘进，使得盾构掘进机可以与地层条件完美适应，体现了"机-岩"协同工作的优势。双模盾构机可以采用两种模式出渣，且可以在洞内转换模式，适用范围较广，尤其是对于软岩、硬岩交替出现的长大区间隧道，其施工效率和经济效益更为突出。双模盾构机的主要特点是其对地层条件适应性好，可以根据地质条件改变掘进方式，在软岩、土层以及对沉降敏感的地层采用 EPB 模式掘进，保证施工的安全，有利于沉降控制和建筑物及地下管线的保护；在全断面硬岩或围岩比较完整、自稳能力强且沉降控制要求不高的地层采用 TBM 模式掘进，采用敞开式掘进（空仓掘进），避免了渣土对刀具的二次磨损，延长了刀具的使用寿命。和复合土压平衡盾构机相比，效率相对较高。所以，双模盾构机适用于大部分为全断面硬岩、局部存在软土地层的盾构区间。

3.5.4 "机-岩"协同映射原理在双模盾构机选型和施工中的应用策略

采取双模盾构施工技术，是为了主动适应地质条件，将协同学理论引入盾构施工过程，研究"机-岩"相互作用问题，建立双模盾构施工过程的"机-岩"协同映射模型，对解决盾构机参数与地层条件不协调、掘进效率低、施工成本高等问题具有积极作用。

首先，对现场资料、数据进行统计分析，通过工程思考，初步确定双模盾构施工过程两种模式下"机-岩"协同映射模型系统中影响协调度的序参量；其次，结合现场资料，建立相关序参量的样本数据，基于力学思考，针对各序参量对"机-岩"协同映射模型系统协调度的影响规律及特征进行力学分析；最后，通过对相关序参量样本数据的整理分析，进行更深层次的力学研究，从而揭示各序参量对协调度的影响特征与规律呈现出的力学机理，如图 3-6 所示。盾构机选型协同性的影响因素应主要从地质条件、风险因素和工效三方面考虑，如图 3-7 所示。

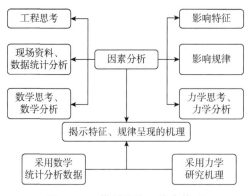
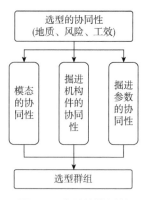

图 3-6 双模盾构施工技术体系　　　图 3-7 选型的协同性

①盾构机模态的选择应与地层条件相匹配。TBM 适用于硬岩地层,在软岩地层中安全风险高;而 EPB 适用于软土、软岩地层,在硬岩地层中掘进效率低下。不仅如此,上软下硬复合地层中,上部软岩层具有不稳定性,而下部硬岩层又具有很高的强度,在盾构机推进过程中,土仓压力及出土量不易控制,极易造成地表沉降,严重时甚至会导致地面塌陷。因此,单一的盾构掘进模式在复合地层中不仅无法满足施工的效率问题,而且会给隧道施工带来极大的风险。双模盾构模式结合了 TBM、EPB 两种模式的优点,应用范围更广,施工工效更高,可有效规避 TBM 在长距离软岩地层中的施工风险以及 EPB 在长距离硬岩地层掘进的效率低下问题。

②盾构机机械参数(设计参数、掘进参数)的选择应与地层条件相匹配。对盾构隧道施工过程产生影响的机械参数分为两部分:一是盾构机的设计参数,其中包括刀圈刃宽、硬度、启动扭矩等;二是盾构机的掘进参数,一般包括总推力、贯入度、刀盘扭矩、刀盘转速、土仓压力、注浆量。在复合地层中,地质变化繁复,兼有硬岩、软岩、软硬不均等地层,掘进参数的选择尤为困难。而机械参数的合理选择对提高掘进效率、减轻刀具磨损、控制围岩稳定、保证施工安全等有着至关重要的作用。因此,在盾构掘进过程中,机械参数应随着地质条件的改变不断进行调整。

通过分析可知,双模盾构施工过程中"机-岩"协同映射模型的序参量可从三个子系统进行选取,见图 3-8:①从分析盾构机子系统的掘进效率角度,选择盾构机的掘进速度和刀盘刀具磨损量两个指标作为系统的序参量;②从分析围岩子系统的稳定性角度,选择开挖扰动后围岩特征点位移量、特征点应力变化以及隧道围岩收敛值三个指标作为系统的序参量;③从分析风险因素实体子系统的扰动结果角度,选择既有结构的应力变化值和沉降量两个指标作为系统的序参量。

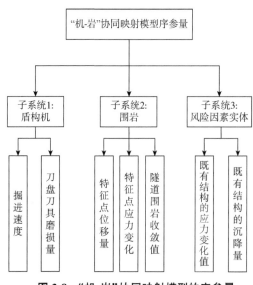

图 3-8 "机-岩"协同映射模型的序参量

第4章 复合地层长大区间双模盾构机选型及适应性评价

4.1 概　　述

不同地区的复杂地质条件对盾构机的选型设计带来了极大的挑战。不同工程的施工路线穿越的地层性质不同,致使每个工程的施工难度与施工风险程度不同,故盾构施工方案以及盾构机的选型应该针对各个工程的特点确定,否则,可能引起工程事故、造成经济损失;如果盾构机的选型不合理,也会加重刀具的消耗与刀盘的磨损,影响工程进度,甚至引发地面塌陷。因此,为了保证盾构法施工能够适应复合地层条件下的地铁隧道建设,能够高效、经济且安全地完成地铁隧道工程建设,针对实际工程进行盾构机选型合理性分析以及盾构掘进的适应性评价研究十分必要。

本章针对复合地层双模盾构机选型合理性及工程适应性问题,主要进行以下研究:其一,针对盾构机选型合理性问题,剖析留—白区间复合地层特点,提取该区段地质参数,利用数值仿真软件建立上软下硬复合地层隧道开挖模型,根据围岩变形与地层竖向位移计算结果,从隧道施工对地层、地表以及各类建(构)筑物的扰动角度分析选型的合理性;其二,基于工程中的盾构施工掘进数据,分析在全断面硬岩、全断面软岩、上软下硬三种地层以及不同盾构模式下施工时,盾构机推力、刀盘扭矩、推进速度、刀盘转速的波动规律;其三,根据盾构适应性影响因素筛选并确定评价指标,建立一种基于熵权法和模糊集合度量法的双模盾构机掘进适应性评价模型,并结合实际施工情况验证评价模型的合理性。

4.2 复合地层双模盾构机选型和适应性

盾构机选型包括盾构机类型、盾构机构件及配置等的选择,会直接影响盾构施工效率及施工安全,而且盾构机的机型一经选定,工程开工后便很难再调整。因此,必须重视工程开工前的盾构机选型工作。

4.2.1 双模盾构机选型

土压/敞开双模式盾构机,集成了土压平衡盾构机、单护盾TBM的设计理念与功能,可以采用两种模式出渣,且可以在洞内进行两种模式之间的转换。土压平衡模式出渣(螺旋输送机出渣)适用于软土地层;敞开模式出渣(主机皮带机出渣),刀盘切削、溜渣、输渣机理与单护盾 TBM 完全相同,刀盘通过刮渣板将刀盘切削下的渣土通过溜渣槽传送至主机皮带机,然后通过主机皮带机转送到后配套皮带机运出洞外。

两种掘进模式的主要区别是出渣方式不同。TBM 模式下采用皮带输送机出渣,岩体经刀盘刀具破碎后进入土仓,通过刮渣板集中至溜渣槽,再由皮带机输送;EPB 模式下采用螺旋输送机出渣,通过调整刀盘转速、推进速度、螺旋机转速来调整切削土量和出土量,并保持土舱压力,使之与开挖面土压力保持平衡,从而维持围岩稳定。双模盾构模式转换主要包括两个可逆的过程:TBM 转 EPB,EPB 转 TBM。根据两种掘进模式的特点,模式转换时的主要工作是进行土仓的改造及出渣装置的调整。

4.2.2 选型的一般性原则

盾构机选型是盾构隧道能否安全、环保、经济、优质建成的关键之一,是隧道施工能否顺利完成的重要一环[130-131]。因此,盾构机选型要充分考虑施工环境、盾构设备的性能及局限性。参考国内现有的盾构工程实例以及相关规范可知,盾构机选型必须满足安全可靠性、技术先进性、工程适用性与工程经济性四个原则(简称"4P"原则),并以安全可靠性为首要原则;同时,针对隧道穿越复合地层的盾构机选型问题,必须将工程地质与水文地质视为重点考虑对象,满足"四适应"要求(简称"4A"要求),如图 4-1 所示。"四适应"要求具体内容如下:

①要求盾构机适应施工标段隧道所穿越岩土层的条件,在具备破硬岩能力的同时,能够保证盾构机在断裂带、上软下硬等特殊地层掘进时开挖面稳定,在掘进过程中不发生围岩坍塌、开挖面失稳、管涌等事故。

②要求盾构机适应施工长度、设计路线、隧道埋深等要求,能解决"稳得住、掘得进、排得出、耐得久"四个基本问题。

③要求后配套装置、始发设施等施工设备适应盾构机开挖能力。

④要求盾构机施工适应区间范围内周边环境保护要求。

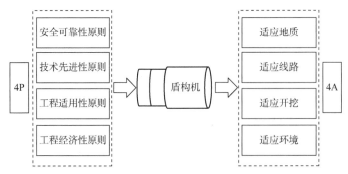

图 4-1 盾构机选型的一般性原则

4.2.3 盾构机选型的主要步骤

盾构机选型应遵循前述一般性原则。结合国内外类似工程的盾构机选型经验、地铁隧

道盾构施工及盾构技术应用经验,盾构机选型的主要步骤为:

①根据实际工程隧道穿越地层的岩土体强度、岩土体自稳性及地下水情况,对敞开式与密闭式盾构机进行比选。

②若确定使用密闭式盾构机,根据实际工程隧道穿越地层的特性,考虑施工对周围环境的影响与工程经济性要求,比选土压平衡盾构机与泥水平衡盾构机。

③若单一模式的盾构机不能满足安全、高效、经济施工的要求,考虑采用不同类型的盾构机或多模式盾构机。

④盾构机类型确定后,根据工程地质详勘资料、隧道设计要求、周边环境要求以及隧道施工计划,选择盾构机整机及主要的功能构件,并确定盾构机主要技术参数。

⑤根据盾构机设计性能、设计参数,考虑盾构掘进辅助工法,选择更适用于实际工程施工以及盾构机整机的后配套设施。

盾构机选型步骤如图4-2所示。

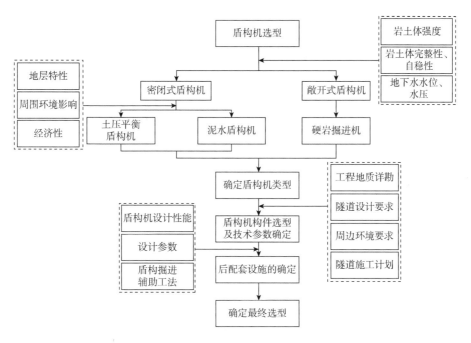

图 4-2 盾构机选型步骤

4.3 深圳地铁13号线双模(TBM-EPB)盾构机选型

本节从盾构机选型的科学内涵及原则出发,根据深圳地铁13号线留—白区间工程勘察资料与工程地质详勘报告,针对区间工程复合地层特点,考虑工程场地地质条件、周围环境影响等因素确定双模盾构机型号,并综合考虑双模盾构施工的安全、高效、经济要求,对复合地层双模盾构机的参数设计进行研究。

4.3.1 盾构机类型的影响因素

根据深圳地铁 13 号线工程条件、地质特点、工期、施工要求及始发站点盾构机后配套场地情况,结合国内外类似工程的盾构机选型经验以及地铁施工和盾构机应用经验,留—白区间存在长距离硬岩地层和软土地层,并且硬岩地层和软土地层分界面明显,选用土压/敞开双模盾构机进行本区间施工任务,可以有效提高掘进效率并且减少刀盘刀具的消耗。

盾构机按照掘进模式,分敞开式与密闭式两种。敞开式盾构机适用于在岩土体自稳性好的地层施工;密闭式盾构机适用于在地下水丰富、岩土体自稳性差的地层施工[132]。根据深圳地铁 13 号线留—白区间地质勘察报告可知,区间隧道穿越长距离硬岩地层,岩体较坚硬,单轴抗压强度最大达到 133MPa,为保证施工的高效性与经济性,更适宜使用敞开式 TBM 掘进;但区间隧道还穿越长距离软岩、破碎断裂带等自稳性较差的岩土层,敞开式 TBM 掘进可能引起隧道上部软弱围岩坍塌,存在施工风险,故需使用带护盾的密闭式盾构机。密闭式盾构机有土压平衡盾构机与泥水平衡盾构机两种。两种盾构机的特点及适应的地层条件不同,施工对环境的影响、成本的要求也不同,在进行盾构机比选时主要考虑的因素有:

1)地层颗粒级配

相关研究与工程实践结果表明,地层颗粒级配影响盾构机类型的确定。根据土压平衡盾构机与泥水平衡盾构机的特点可知,土压平衡盾构机更适用于在细颗粒含量高的地层施工,其他颗粒级配更适宜使用泥水平衡盾构机。然而,随着盾构技术的发展,渣土改良和环流系统的优化使两种盾构机对地层颗粒级配变化的适应性有所提高,地层颗粒级配对于两种盾构选型限制的影响减小。

2)地层渗透性

地层渗透性与地层颗粒级配相关。地层的细颗粒含量越高,地层渗透率越小;反之,地层渗透率大,透水性好。当地层渗透率大且水量充足时,渣土为流体状,无法实现土仓内压力的建立,螺旋机也不能形成土塞,容易发生堵仓。相关研究及工程实践表明:土压平衡盾构机适用于粗砂、渗透率为 10^{-4} m/s 以下地层的掘进任务;泥水平衡盾构机适用于细砂、渗透率为 10^{-7} m/s 以上的地层掘进任务;当地层渗透率在 $10^{-7}\sim10^{-4}$ m/s 范围内时,两种盾构机均适用。

3)地下水压力

相关研究与工程实践结果表明,泥水平衡盾构机适用于地下水压在 0.3MPa 以上的地层。若在高水压条件下使用土压平衡盾构机,螺旋输送机闸门处易发生渣土喷涌,导致开挖面坍塌,引起工程事故;而在高水压条件下使用泥水平衡盾构机,密闭管道出渣方式不怕出现渣土喷涌,且浆液和悬浮液的润滑作用会减轻对刀具的二次磨损,相较于土压平衡盾构机,节省刀具,经济性更好。

4)环境保护及经济

土压平衡盾构机、泥水平衡盾构机在软土地层掘进时,在环境保护及经济方面存在差异,如表 4-1 所示。

environment保护、经济方面的比较 表4-1

比较内容	土压平衡盾构机	泥水平衡盾构机
适用地层	黏土、砂和硬岩地层	黏土、砂、软土地层
占用场地	4000~5000m²	需泥浆处理厂,施工场地较大
环境影响	有污染	有污染,噪声大
地表沉降	小	小
洞内作业环境	好	好
施工成本	高	高
施工效率	较高	较高
设备成本	低	较高

留—白区间为城市已建成和规划发展区域,沿线有居民区、学校、工业园、交通干线,还穿越对环境要求较高的水库区域。区间隧道埋深10.6~37.6m,穿越全~强风化岩、强~中风化糜棱岩等地层,多段里程存在基岩裂隙水,地层渗透率在 $1.388 \times 10^{-5} \sim 9.259 \times 10^{-5}$ m/s 之间。综合考虑施工场地占地、环境影响以及工程经济性要求,该区间的软岩地层段使用土压平衡盾构机更有优势,硬岩地层段选用敞开式TBM效率更高、更经济。因此,深圳地铁13号线留—白区间更适合选用TBM-EPB双模盾构机。

4.3.2 盾构机参数设计的影响因素

工程地质、水文地质、隧道设计、周围环境与工程经济性等因素均会影响盾构机选型与盾构机参数设计的合理确定。结合留—白区间工程条件,分析各因素对TBM-EPB双模盾构机参数设计提出的要求。

4.3.2.1 工程地质因素

工程场区岩土体种类多,存在长距离硬岩段、长距离软岩段、长距离大坡度段、上软下硬复合地层、软硬过渡段以及破碎断裂带,某些地段还存在孤石、花岗岩球状风化体,属于地质条件较复杂的复合地层。考虑区间复杂的地质条件,盾构机参数设计需满足以下要求:

①硬岩地层主要为花岗岩,岩体质地坚硬,不易破除,盾构掘进存在破岩效率低、刀具消耗大等问题,要求盾构机刀盘、刀具具备较强破岩能力,并满足TBM高转速的掘进要求。

②隧道穿越中、微风化岩地层,由于风化岩地层对刀盘、刀具、螺旋机等的磨损较大,会产生大量刀具消耗,引起施工过程中换刀频繁及换刀困难等问题,故要求盾构机刀盘、刀具、螺旋机等具备高强度、高耐磨性。

③长距离大坡度段施工,大坡度使盾构姿态较难控制,容易造成超挖,引起地层围岩产生大变形,要求盾构机能满足转向、纠偏顺利的需求。

④软岩段掘进可能发生堵仓滞排、刀盘结泥饼问题,使刀具失去切削作用,影响施工效

率,故要求盾构机刀盘具有较大开口率,并配置解决刀盘结泥饼问题的构件和配套系统。

⑤软硬过渡段与破碎断裂带地层加剧对刀具、螺旋输送机和皮带的磨损,出渣困难。为减轻对盾构机构件的磨损并改良渣土流动性,要求盾构机配备渣土改良系统。

⑥孤石及球状风化体的存在,可能造成螺旋输送机卡机以及加剧刀盘、刀具磨损,要求盾构机刀盘、刀具、螺旋输送机扇叶等具有耐冲击性与耐磨性。

4.3.2.2 水文地质因素

留—白区间沿隧道线路分布的地表水主要为西丽水库水体,地下水主要为松散土层孔隙水与基岩裂隙水,且局部基岩埋深较浅,以基岩裂隙水为主。考虑区间水文地质,盾构机参数设计需满足以下要求:

①要求盾构机具备较强的抽排能力。在坡度大、覆土厚区间,地下水土压力也会较大,要求盾构机有较好的密封性,并应加强对盾构机的防漏措施与盾尾油脂的压注工作。

②区间有丰富的地下水,且存在岩土体透水性较好的破碎断裂带,若渣土改良不到位,盾构施工可能发生喷涌,导致土仓失压,引起地表沉降,因此要求配置渣土改良系统。

4.3.2.3 隧道设计因素

留—白区间隧道右线全长约4.611km,左线全长约4.606km,左右线均存在曲线段,线路纵坡为2‰~28.0‰,隧道拱顶埋深为10.6~49.6m。考虑隧道设计要求,盾构机参数设计需满足以下要求:

①盾构机设计掘进里程应满足隧道路线长度要求,有较长的使用寿命;区间含有曲线段,掘进过程中隧道轴线容易偏离设计轴线,需要及时调整掘进方向,要求隧道内部预留足够的空间进行盾构机纠偏、转向等工作。

②隧道埋深大,隧道上部土压力大,要求盾构机盾体具备足够的承载能力。盾构机的掘进深度、土体强度以及刀具切深均会影响盾构机推力。为提高盾构掘进效率以及满足施工工期要求,盾构机需具备较大的推力与扭矩。

4.3.2.4 周围环境与工程经济性因素

工程场地范围内地面有众多建(构)筑物,地下存在各种市政管线,为避免盾构施工对建(构)筑物、管线等造成损伤,需要将地表沉降控制在规定的允许范围内。考虑周围环境及工程经济性,盾构机参数设计需满足以下要求:

①软岩地层掘进,为防止开挖面失稳坍塌,引起地表发生沉降,要求盾构机配置可进行地质超前钻探以及地层加固的装置或配套系统;同时,围岩稳定与盾构施工的出土量关系密切,需要配置能够实时监测出渣量的系统,严格控制出土量。

②由于注浆工艺、盾构机姿态等原因,管片拼装时可能出现管片上浮或错台现象,而且管片拼装完成后,管片与土层之间存在间隙。为及时、有效地控制地表沉降,应快速注浆填充,故要求配置同步注浆系统。

③对于穿越水库、给水管道等的特殊场区,要求注浆材料及原材料对环境无污染,满足环保要求。

4.4 深圳地铁13号线双模(TBM-EPB)盾构机适应性设计

4.4.1 适应性概念

适应性是指事物在实践场合应对客观条件与内外部环境变化的能力。在生物学中,适应性指生物体经过长期的自然选择而表现出与环境相适合的现象;在系统科学中,适应性指系统主体适应外界环境,并与之保持一致、协调发展的能力。

深圳地铁13号线留—白区间隧道穿越的地层较复杂,单一模式的盾构机不能满足工程施工要求,需要采用双模盾构机以适应复杂的地质条件与环境控制的要求。因此,依据系统科学的适应性理念,提出"双模盾构机适应性"的概念。

双模盾构适应性是指双模(TBM-EPB)盾构机在复合地层掘进时能够与其相关影响因素之间相互适应,保证整个盾构施工满足工程经济性与施工安全性要求,并按照预先设定的工程指标,规避盾构掘进风险,按时且保质保量地完成隧道掘进任务。

4.4.2 盾构机构件的适应性设计

盾构机掘进时,刀盘、刀具、盾体是与岩土体率先接触的构件,其对工程地质条件的适应性强弱决定盾构施工能否正常进行,决定构件耗损情况,影响掘进效率。此外,盾构机的主驱动与后配套系统也是决定掘进效率的重要因素。因此,针对留—白区间 TBM-EPB 双模盾构机构件对地质条件的适应性问题,对刀盘、刀具、盾体、主驱动与渣土输送装备进行适应性设计。

4.4.2.1 刀盘适应性设计

刀盘结构设计需全面分析与考虑隧道穿越的地质条件,否则,盾构施工过程中可能出现故障、损坏,影响正常施工。针对地质条件进行刀盘适应性设计不仅能减少刀盘故障的发生,还可以提高施工效率。刀盘故障与地质条件的关系如图4-3所示。

为提高刀盘破岩效率,减轻掘进过程中的刀盘磨损,防止刀盘结泥饼、堵仓,保证渣土流动性,同时考虑硬岩地层刀盘的疲劳强度与软土、风化岩地层掘进的通用性问题,留—白区间刀盘结构的适应性设计有:

①刀盘设计兼顾在粉质黏土、中微风化混合岩、上软下硬等地层掘进,采用6主梁+6副梁的辐条+面板式的双模盾构刀盘,且刀盘可双向旋转、双向出渣;设计6组刮渣板和溜渣板,并均匀布置12个渣口,避免敞开模式单向旋转导致的主机、管片滚转,保证进渣流畅。

②为保证刀盘有较好耐磨性以及在硬岩地层有较长使用寿命,并有效提高刀盘结构的刚度、强度与盾构掘进效率,刀盘中心使用整体厚板焊接,正面贴焊12mm厚的碳化铬耐磨复合钢板,主梁做加厚加强设计。

③刀盘面板整体开口率设计为30%,布置8路喷水(土压模式下可喷泡沫),并在土仓中

心配置4路高压水冲刷,刀盘背部布设4根搅拌棒,以解决敞开模式刀具温度过高、土压模式刀盘结泥饼问题,减少掘进时产生的灰尘。

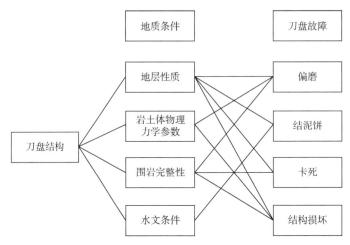

图4-3 刀盘故障与地质条件关系图

4.4.2.2 刀具适应性设计

刀具是盾构施工破岩的关键,刀具的配备、布置与地层条件的适应性情况决定工程施工的效率与经济性。留—白区间刀具的适应性设计有:

①为适应工程区间硬岩地层、软岩地层、断裂带等复杂的复合地层,盾构机配备有利于破硬岩的滚刀,适用于软岩掘进的刮刀,以及中心双联滚刀、边刮刀、超挖刀。其中,刮刀61把,宽度为200mm,边刮刀12组,刮刀背部均焊接保护块,提高刀具的耐冲击性。

②为提高刀盘破岩能力,刀盘上共布置50刃滚刀,中心刀间距设置为90mm,正面刀间距设置为75mm,且为增强滚刀耐磨性与抗冲击性,滚刀均采用高合金钢材质。

③为保证隧道开挖直径满足要求,在刀盘最外轨迹布置2把滚刀;同时,配置1把最大超挖量为40mm(半径)的仿形刀,为软岩地层最外边刀的更换提供空间,满足软岩地层盾构机调向要求,解决上软下硬复合地层主机上漂问题。

4.4.2.3 主驱动适应性设计

主驱动是盾构机的"心脏",是盾构机动力输出的主要部分,但随着盾构掘进里程的增加以及对地质条件的不适应,主驱动功能将会减退,在施工过程中对结构复杂的主驱动进行维修比较困难,所以要求盾构机主驱动及构件设计的使用寿命能满足线路里程要求,并具有较高的稳定性。留—白区间主驱动的适应性设计有:

①为满足花岗岩地层掘进的高转速需求,兼顾复合地层大扭矩要求,主驱动设计功率为1575kW,额定扭矩为6080kN·m,脱困扭矩为7300kN·m,最大转速能达到5.5r/min。

②使用电机驱动,主轴承采用双排圆柱滚子结构,保证在复合地层中主轴承能承受较大的轴向载荷及偏载,并满足TBM模式和EPB模式转换的要求,为主机皮带机安装预留空间。

4.4.2.4 盾体适应性设计

盾构机盾体能够对已施工、还未施作衬砌的隧道段提供支护力,承受周围水、土压力,有临时支护作用,保护内部施工人员安全,保障施工安全。留—白区间的盾体适应性设计有:

①为适应深埋隧道所需承受的土压力要求,盾体需具备较高的强度和承压能力,盾构机前盾、中盾、尾盾的壳体厚度分别为60mm、50mm、50mm,且满足隧道设计直径的要求。

②主机采用主动铰接的方式来保证盾构机转向、纠偏工作的顺利进行;同时,为安全换刀、降低在硬岩地层掘进时盾体翻滚的概率,在前盾上半部对称布置两个稳定器,在中盾上半部对称布置两个撑靴。

③在盾构机土仓内设计配置过滤网的抽水仓,以满足该区间丰富的地下水对盾构机抽排能力的要求,防止发生喷涌;另外,盾体采用3排密封刷+止浆板密封,防止注浆材料和水漏进盾体内部。

④在盾体斜向布置8个超前注浆管,前盾正面布置7个水平超前注浆孔,根据工程需要进行地层超前加固;在土仓顶部配置可视化耐压摄像头,盾尾布置5路间隙传感器,实时掌握掌子面及土仓内情况,实现实时测量、自动报警、自动存储,保证安全掘进,满足对地表沉降的控制性要求。

4.4.2.5 渣土输送装备适应性设计

渣土输送机对于盾构机功能的正常发挥有着十分重要的影响,TBM模式与EPB模式的渣土输送装备不同,分别为主机皮带机和螺旋输送机。留—白区间的渣土输送装备适应性设计有:

①考虑主机皮带机输送能力与推进速度和后配套皮带机输送能力相匹配要求,设计皮带机带宽度为800mm,采用液压滚筒驱动,并设计能够实现正反转和无级变速,进而提高渣土输送效率;安装皮带渣土称重和体积扫描系统,实时监测出渣量,控制盾构施工超挖、欠挖情况,保证施工安全。

②软岩地层及断裂带地层会使螺旋输送机产生较大磨损,为保证螺旋输送机的使用寿命,提高耐磨性,在螺旋叶片轴前部镶焊高铬合金材质的耐磨块,对迎渣方向的螺旋叶片堆焊耐磨网格,并在前盾螺旋输送机筒体内套表面贴复合耐磨钢板。

③为提高盾构机在富水地层的适应性,预防施工过程中出现喷涌,采用轴式螺旋输送机,并将出渣闸门设计为双闸门,在螺旋输送机的筒体外壁设置渣土改良口以及可连接泥浆管出渣的保压泵接口,减小螺旋输送机的喷渣压力,保证施工安全。

4.5 基于施工扰动控制的盾构机选型数值模拟验证

根据深圳地铁13号线留—白区间工程地质条件、水文条件、周围环境、工程经济性要求等进行了盾构机类型确定与盾构机构件适应性研究,并最终确定盾构机选型。为了进一步验证盾构机选型的合理性,本节以深圳市地铁13号线留—白区间为依托,从保护工程区间建(构)筑物安全的角度,选取隧道埋深、隧道洞径、衬砌厚度、岩土体物理力学参数等,利用 Midas GTS NX 软件建立隧道开挖模型,进行隧道穿越上软下硬复合地层的数值模拟计算,研究隧道盾构施工引起的围岩变形及地层竖向位移规律,分析该区间盾构机选型对控制围岩变形和地层竖向位移引起的风险与保护建(构)筑物的效果,验证盾构机选型的合理性。

4.5.1 盾构机选型数值模拟验证的必要性

盾构机选型数值模拟验证是指在针对工程特点的盾构机选型工作结束后、盾构机投入工程施工前,为保证盾构机选型满足工程施工要求、减少地铁隧道施工的安全隐患而进行的基于数值模拟的分析验证工作。

盾构机是盾构法施工的主要设备,在不同地层条件下发挥的功效不同,影响施工进度与工程造价。若盾构机选型合理,则能够充分发挥盾构机的效能,高效且经济地完成隧道工程建设,保护工程区间建(构)筑物的结构安全。因此,进行盾构机选型的数值模拟验证是一项十分必要的工作。由于盾构机选型以安全可靠性为首要原则,安全性也是工程施工的第一要求,深圳地铁 13 号线留—白区间隧道穿越区域有众多重要建(构)筑物与地下管线,为保证盾构施工扰动对建(构)筑物安全产生较小影响与减少不必要的经济损失,本章从保护工程区间建(构)筑物与周围环境的角度,分析盾构机选型的合理性,盾构机选型合理性分析如图 4-4 所示。

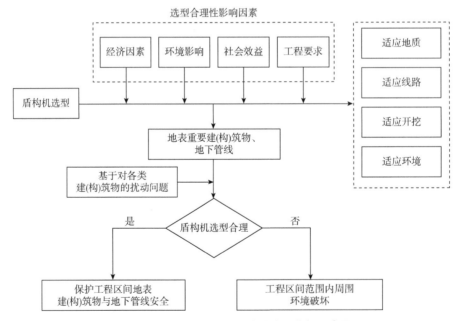

图 4-4 留—白区间盾构机选型验证分析示意图

4.5.2 盾构隧道穿越上软下硬地层的施工扰动分析

留—白区间存在隧道穿越上软下硬复合地层段,由于开挖面软、硬岩强度相差较大,盾构施工容易造成围岩受力不均,造成超挖并引起大变形,尤其是 TBM 施工遇到穿越短距离上软下硬复合地层的情况时,进行模式转换会花费较大的人力、物力,影响施工进度并造成经济损失,一般不转换,但敞开式 TBM 不能为上部软弱岩土体提供支护力,若衬砌支护不及时,容易发生坍塌,引起施工风险。因此,本节采用数值仿真手段分析隧道穿越上软下硬复合地层时盾构施工引起的围岩变形与地层竖向位移。

4.5.2.1 隧道穿越上软下硬复合地层围岩变形机理

地下原始围岩的初始应力处于自然平衡状态,隧道开挖会扰动周围岩土体,且这种扰动会向盾构前方一定范围内扩散,打破原始围岩初始应力的自然平衡状态,使围岩内部应力开始不断调整,引起围岩变形。当隧洞内壁应力值超过围岩强度极限值时,围岩变形增大并开始松动、塌落,形成塌落区,然后隧道上部地层岩土体受重力作用不断下落填充塌落区,引起地层产生位移,最终表现出地表沉降,直至围岩应力达到新的平衡,地层位移趋于稳定[132]。由于隧道开挖卸载以及隧道盾构施工对隧道纵断面与横断面方向上的围岩产生的扰动作用,使地层发生横向位移与竖向位移,进而引发上部地层呈现三维空间变化特征,且最终地表沉降表现为盆地状。随着地铁隧道的不断发展,地铁隧道的长度越来越长,而地质条件具有复杂性与多变性的特点,使隧道盾构施工会不可避免地遇到开挖面同时含有软岩与硬岩两种不同岩性土体,且不同位置处软、硬岩占比也不同的上软下硬复合地层,隧道位置及软硬地层分界如图 4-5 所示,为了分析方便,定义开挖面软弱岩土层相对厚度系数 a,计算公式[133]为:

$$a=\frac{H-\delta}{D} \tag{4-1}$$

式中:H——软弱岩土层厚度;

D——隧道开挖面高度;

δ——隧道拱顶上覆岩土层厚度。

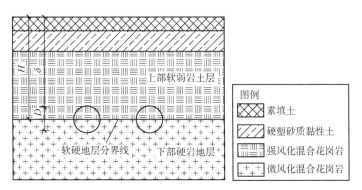

图 4-5 隧道位置及地层软硬分界

根据公式可知,当 $a\leq 0$ 时,隧道完全处于硬岩地层中;当 $0<a<1$ 时,隧道开挖面上部为软弱岩土层,下部为硬岩地层,且 a 越大表示隧道开挖面中软弱岩土层相对厚度越大;当 $a\geq 1$ 时,隧道完全处于软弱岩土层中。

岩土体性质是影响岩土层变形及破坏的重要因素,自立性差的岩土层容易受施工扰动发生大变形,当隧道穿越上软下硬复合地层时,隧道开挖面上部是强度较低且较软弱的岩土层,下部是硬度大且强度高的岩层,盾构施工容易对开挖面上、下部岩土体产生不同程度的切削,且盾构机姿态很难控制,容易造成隧道上部软弱岩土层超挖,导致隧道拱顶位置处围岩变形增大,引起上部岩土体坍塌,产生较大地表沉降。同时,开挖面软弱岩土层相对厚度对隧道施工引起的围岩变形也有较大影响,开挖面软弱岩土层相对厚度越大,开挖面越容易失稳,隧道施工引起的围岩变形也越大。本书依托留—白区间工程实例,区间隧道洞身穿越地层具有岩性多变、岩面起伏变化大的特点,在不同隧道施工段或同一开挖断面存在上软下硬的现象,且上部软弱岩土层主要为强风化混合花岗岩、下部硬岩主要为微风化混合花岗岩,当开挖面上部的强风化混合花岗岩相对厚度越大时,越容易出现岩土体向开挖面涌入的情形,隧道拱顶围岩产生的变形越大,引起的最终地表沉降越大,围岩发生崩塌、地表出现裂缝与地表发生坍塌的概率也越高,甚至可能造成地表建(构)筑物与地下管线破坏。留—白区间隧道穿越上软下硬复合地层的纵向地层性质变化情况如图4-6所示,沉降范围根据隧道上覆地层岩土体性质确定。

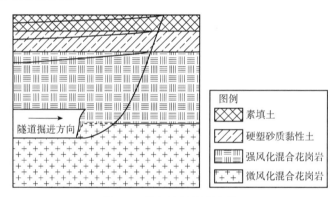

图4-6 纵向地层性质变化

4.5.2.2 隧道穿越上软下硬复合地层数值模型的建立

1) 工程原型基本条件

深圳地铁13号线留—白区间隧道穿越地层的岩土层种类多,地质复杂,采用盾构法施工。区间隧道是两条分修的隧道,断面为单心圆断面。在隧道穿越上软下硬复合地层段,从地表向下,岩土体依次为素填土、硬塑砂质黏性土、强风化混合花岗岩、微风化混合花岗岩,隧道主体位于强、微风化混合花岗岩中,隧道直径为6m,拱顶埋深为约30m,左右线间距为11.0~17.3m;管片材料采用C50混凝土,衬砌厚度为0.35m,宽度为1.5m。

2) 数值计算

使用Midas GTS NX有限元数值仿真软件,建立隧道穿越上软下硬复合地层的隧道开挖模型并进行数值计算与分析,模型建立与数值计算流程如下:

(1) 材料基本参数的选取及属性定义

考虑到土的应力-应变关系呈非线性与弹塑性的特征,而Mohr-Coulomb模型是理想弹塑性模型,用于岩土体的非线性分析能得到较可靠的结果[134-135]。因此,在数值模型建立过程中,为使计算结果可靠,使用 Mohr-Coulomb 本构定义岩土体,使用三维实体单元模拟岩土体,使用二维的板单元模拟管片,使用各向同性的弹性本构进行设定。数值模型材料物理力学参数如表 4-2 所示。

数值模型材料物理力学参数表　　　　　　　　　　　　　　　表 4-2

岩土层及结构	弹性模量/MPa	重度/(kN/m³)	黏聚力/kPa	内摩擦角/°	泊松比
素填土	40	18	12	8	0.20
硬塑砂质黏性土	41	18	28	20	0.30
强风化混合花岗岩	600	22	30	27	0.25
微风化混合花岗岩	20000	26	2000	58	0.20

(2) 几何模型的建立

实际工程中,岩土层的厚度、性质变化较大,若完全根据实际的地层、施工条件建立模型并计算分析,不仅建立的模型尺寸大、单元网格划分数量多,还会影响数值计算效率,故对数值计算模型进行简化。在研究中,为简化数值计算模型主要做了以下假定:

①假定地层是半无限空间体,将岩土层概化为连续、均质的各向同性材料,不考虑节理、裂隙等特殊地层造成的不连续。

②模型计算只考虑自重应力,注浆压力等荷载设为固定值,不考虑盾构机自重。

③假定施工不改变掘进方向,均为直线段掘进。

④假定地表为水平面,不发生高程变化。

因本节主要研究盾构施工引起的围岩变形与地层竖向位移问题,主要研究对象是隧道与隧道周围岩土体,基于以上 4 个假定,并考虑区间两线路间距、隧道拱顶埋深、管片宽度及隧道开挖对周围岩土体存在 3~5 倍洞径的影响范围[136]等因素,最终建立的几何模型尺寸($x×y×z$)为 80m×45m×60m,数值计算几何模型如图 4-7 所示。

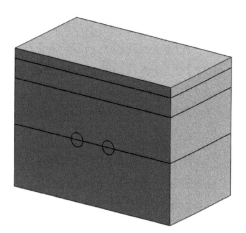

图 4-7　数值计算模型图

(3) 网格划分及边界约束的设定

几何模型网格划分要保证网格的均匀性、合理性,同时为保证模型的计算精度、提高模型的耦合度以及节约计算时间,将隧道网格边长大小控制为 1m,地层岩土体网格边长大小控制为 2m,并使用混合网格生成器进行均匀划分。由于岩土体为半无限空间体,盾构施工会扰动岩土体并引起变形,为保证数值模型计算结果收敛且对实际工程有参考价值,在网格划分完成后,对整个模型施加自重,自重取 $g=9.807\text{m/s}^2$;在管片外侧施加 30kPa 的注浆压力;在模型底面与四周分别施加 z 向约束与法向约束,并将模型上表面设定为自由面。几何模型三维网格划分及边界约束分别如图 4-8、图 4-9 所示。

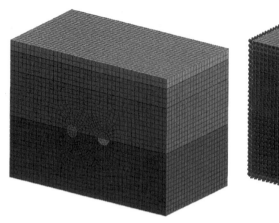 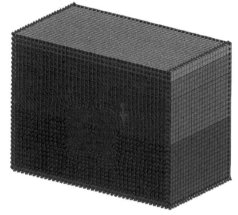

图 4-8 几何模型网格划分　　　　图 4-9 几何模型边界约束图

(4) 施工阶段设置

实际工程中,先开挖左线隧道,后开挖右线隧道,盾构机以管片宽度(1.5m)为一个进尺进行掘进,当开挖面土体被移除后,立即进行管片安装并注浆,然后进行下一个进尺的开挖。在数值模拟过程中,通过对不同单元及边界条件进行钝化与激活来实现这种施工循环。本数值模型中,隧道长度为 45m,共掘进 30 环,为简化计算步骤,取每掘进 5 环为一个施工阶段。具体的数值模拟过程如下:

① 计算初始应力场,激活全部岩土层、隧道开挖区域、边界约束与重力荷载,并将位移清零。

② 开挖左线隧道 1~5 环,钝化相应隧道土体,激活相应的管片与注浆压力。

③ 开挖左线隧道 6~10 环,钝化相应隧道土体与 1~5 环注浆压力,激活相应管片与注浆压力;然后重复该步骤,依次完成 11~15 环、16~20 环、21~25 环、26~30 环隧道土体钝化、管片与注浆压力的激活,以及相应的前一施工阶段注浆压力的钝化。

④ 钝化左线 26~30 环注浆压力,完成左线隧道施工。

⑤ 同左线隧道开挖步骤相同,对右线隧道土体、管片、注浆压力进行钝化与激活,直至完成右线隧道施工。

共设置 15 个施工阶段。模拟的第 1 个施工阶段为初始应力场计算,施工阶段 2~8 为左线隧道开挖,施工阶段 9~15 为右线隧道开挖。

4.5.2.3 开挖面软弱岩土层相对厚度对围岩变形的影响

隧道穿越上软下硬复合地层时,岩土层复杂且多变,开挖面软弱岩土层相对厚度不断改变。针对开挖面软弱岩土层相对厚度对围岩变形的影响问题,保证隧道埋深、隧洞大小、岩土体物理参数等不变,仅以开挖面软弱岩土层相对厚度为变量建立数值计算模型,设定 a 分别为 0、0.25、0.5、0.75、1,分别对应工况一~工况五,并选取沿模型 y 正方向 15m 位置处作为研究截面,如图 4-10 所示,分析不同工况左线隧道(先行隧道)不同特征点位置处的位移。

隧道开挖引起的围岩竖向位移与水平位移,统称为洞周收敛变形,可分别通过模拟计算结果中的 z 向位移与 x 向位移进行分析。由于左线隧道贯通后,各工况围岩竖向位移、水平位移变化形式大致相同,故仅选取 $a=0.5$ 时左线隧道贯通后的围岩位移云图进行分析,如图4-11所示。

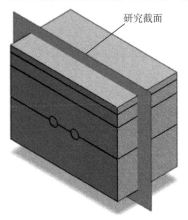

图4-10 研究截面位置

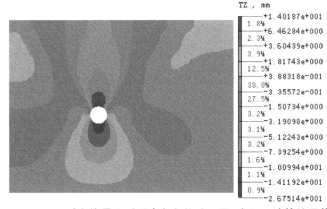

图4-11 $a=0.5$ 时左线贯通后围岩竖向位移云图(有限元计算结果截图)

根据图4-12可知,隧道开挖引起的围岩竖向位移主要发生在隧道拱顶与拱底,水平位移主要发生在隧道左、右拱腰。因此,选取隧道拱顶、拱底与拱腰作为围岩变形研究关键点,并提取左线隧道不同施工阶段研究截面位置处拱顶与拱底的竖向位移结果与左右拱腰水平位移结果,分别如表4-3、表4-4所示。

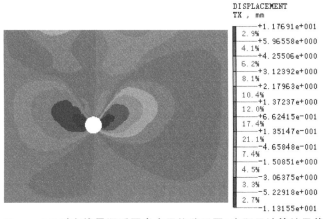

图4-12 $a=0.5$ 时左线贯通后围岩水平位移云图(有限元计算结果截图)

左线隧道不同施工阶段研究截面拱顶与拱底竖向位移（单位：mm） 表4-3

a	位置	施工阶段							
		1	2	3	4	5	6	7	8
0.00	拱顶	0	−0.01586	−0.01199	−8.12677	−21.81772	−20.66043	−20.85016	−20.81086
	拱底	0	0.01109	0.26029	5.67541	13.40690	13.11500	13.32456	13.38984
0.25	拱顶	0	−0.04425	−0.04678	−13.67678	−24.78282	−23.79508	−24.02947	−23.99032
	拱底	0	0.01625	0.39024	6.14496	13.63361	13.28078	13.40122	13.47460
0.50	拱顶	0	−0.13613	−0.26978	−20.36336	−27.51185	−26.43773	−26.56977	−26.52393
	拱底	0	0.00433	0.59226	6.89120	13.60047	13.37239	13.54713	13.61927
0.75	拱顶	0	−0.31995	−1.04183	−24.31331	−30.19178	−29.26794	−29.40187	−29.35191
	拱底	0	−0.05335	0.67670	9.18012	14.05735	13.92482	14.17560	14.24685
1.00	拱顶	0	−0.51974	−2.07039	−27.93761	−33.40833	−32.82914	−33.007	−32.95544
	拱底	0	−0.10791	0.77453	12.12140	14.72835	14.26392	14.36111	14.43156

左线隧道不同施工阶段研究截面拱腰水平位移（单位：mm） 表4-4

a	位置	施工阶段							
		1	2	3	4	5	6	7	8
0.00	左拱腰	0	−0.00001	−0.06739	−1.86764	−6.39776	−7.75762	−7.89486	−7.88127
	右拱腰	0	0.05596	0.18884	2.03906	6.66788	8.12128	8.35884	8.36682
0.25	左拱腰	0	−0.01840	−0.10047	−2.32882	−7.27602	−8.79808	−8.98455	−8.97429
	右拱腰	0	0.07425	0.24184	2.57777	7.60800	9.20892	9.50404	9.51406
0.50	左拱腰	0	−0.04518	−0.25310	−4.24274	−7.69784	−9.29101	−9.41060	−9.39925
	右拱腰	0	0.10576	0.37848	4.41180	7.94443	9.62954	9.82634	9.83283
0.75	左拱腰	0	−0.14106	−0.72828	−6.88202	−9.31225	−11.12278	−11.20979	−11.19629
	右拱腰	0	0.23546	0.86729	6.96429	9.45899	11.34639	11.49509	11.49709
1.00	左拱腰	0	−0.25567	−1.23923	−9.65466	−12.07218	−14.01098	−14.10512	−14.08697
	右拱腰	0	0.38055	1.45811	8.29843	10.66851	12.72840	12.89021	12.88637

根据表4-3与表4-4可知：①当a从0变化到1时，研究截面隧道拱顶的最大竖向位移值由21.82mm增大到33.41mm，拱底的最大竖向位移值由13.41mm增大到14.73mm，增幅分别为53.1%、9.8%，说明隧道拱顶围岩竖向位移受开挖面软弱岩土层相对厚度的影响比拱底更大；②当a从0变化到1时，研究截面左拱腰的水平位移最大值由7.89mm增大到14.11mm，右拱腰水平位移最大值由8.37mm增大到12.89mm，增幅分别为78.3%、54.0%。

为进一步清晰分析各工况隧道开挖过程中研究截面围岩竖向位移与水平位移情况,根据表4-3与表4-4的围岩竖向位移结果和水平位移结果制图,如图4-13~图4-16所示。

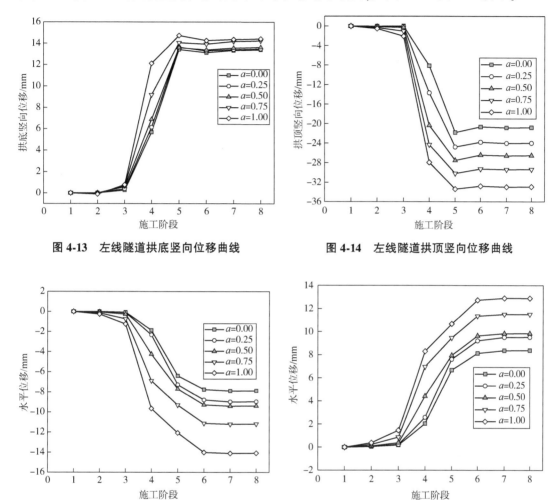

图4-13 左线隧道拱底竖向位移曲线　　图4-14 左线隧道拱顶竖向位移曲线

图4-15 左线隧道左拱腰水平位移曲线　　图4-16 左线隧道右拱腰水平位移曲线

根据上图看出,仅左线隧道开挖时,研究截面隧道关键点围岩位移变化主要表现为:①开挖面软弱岩土层相对厚度系数 a 不同时,隧道相同位置受隧道开挖影响产生的位移变化趋势基本相同;②同一工况下,研究截面拱顶下沉量、拱底隆起值以及拱腰的水平位移值均随隧道施工的进行而增大,且围岩位移均在施工阶段4出现急剧变化,这是因为研究截面的隧道岩土体在施工阶段4被移除并形成临空面,岩土体卸载,开挖面处约束解除,隧道周围岩土体向隧道内部移动以及隧道下部基岩应力释放,使围岩产生急剧变形;③同一工况下,拱顶下沉量、拱底隆起值以及拱腰的水平位移值均在施工阶段6开始趋于稳定,这是因为隧道穿越并远离研究截面一定距离后,隧道开挖对研究截面围岩的扰动变小,衬砌结构对上部围岩有支护作用,此时的围岩变形主要来自土体固结,而土体固结量较小。

4.5.2.4 开挖面软弱岩土层相对厚度对上覆地层竖向位移的影响

隧道开挖卸荷引起围岩变形,在隧道拱顶表现为沉降;同时,隧道上覆地层岩土体会受重力作用下落,填充因拱顶沉降而产生的塌落区,进而引起地层发生竖向位移,而隧道上覆地层竖向位移是评价隧道稳定的重要指标之一。因此,选取埋深分别为 0m、4m、9m、15m、21m、26m 处的竖向位移值,分析开挖面软弱岩土层相对厚度系数 a 不同时,隧道开挖引起的竖向位移及地表沉降规律。选取的不同埋深位置如图 4-17 所示,各埋深位置岩土层特性如表 4-5 所示。

根据前文对围岩变形特征的分析可知,开挖面软弱岩土层相对厚度改变时,隧道开挖引起的拱顶沉降量发生改变,进而改变隧道上覆地层竖向位移。为清晰分辨开挖面软弱岩土层相对厚度对上覆地层竖向位移的影响,选取 a 分别为 0、0.25 和 1 的三个工况时隧道双线贯通后竖向位移云图进行对比分析,如图 4-18~图 4-20 所示。

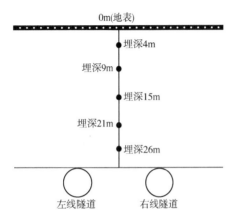

图 4-17 选取的位置示意图

各埋深位置及所在岩土层　　　　　表 4-5

地层埋深/m	位　置	所在岩土层
0	地表	素填土
4	近地表	素填土
9	中间层	硬塑砂质黏性土
15	中间层	强风化混合花岗岩
21	中间层	强风化混合花岗岩
26	近拱顶处	强风化混合花岗岩

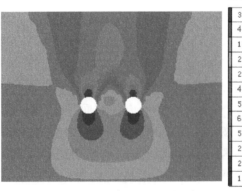

图 4-18 工况一隧道双线贯通后围岩竖向位移云图(有限元计算结果截图)

第 4 章　复合地层长大区间双模盾构机选型及适应性评价

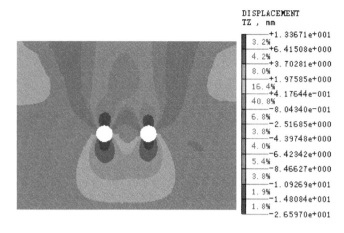

图 4-19　工况三隧道双线贯通后围岩竖向位移云图(有限元计算结果截图)

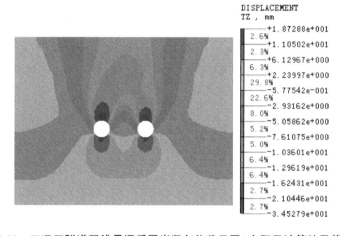

图 4-20　工况五隧道双线贯通后围岩竖向位移云图(有限元计算结果截图)

根据图 4-18~图 4-20 可知,隧道开挖引起的竖向位移变化既呈现一致性,也存在差异性。一致性体现在各工况拱顶位置呈深蓝色,随着向地表靠近,颜色越来越浅,而拱底位置呈红色,从隧道拱底位置起沿 z 轴负方向颜色变浅。同一工况下,差异性表现在隧道双线贯通后的围岩变形范围比仅左线隧道贯通大,地层中两隧道中心线位置处的颜色更深。从云图的颜色变化范围可以看出,差异性还表现在 a 值不同时,隧道开挖引起的变形范围不同,当 a 从 0 增大到 1,受隧道开挖扰动,不仅产生竖向位移的范围增大,隧道拱顶位置的颜色也逐渐加深。

为了进一步分析各工况下不同埋深处受隧道开挖影响产生的竖向位移变化情况,提取各工况不同埋深处的竖向位移结果并制图,以 a 分别为 0、0.25 和 1 的三个工况为例,如图 4-21~图 4-23 所示,对各工况不同埋深处的最大竖向位移进行比较分析,如表 4-6 所示。

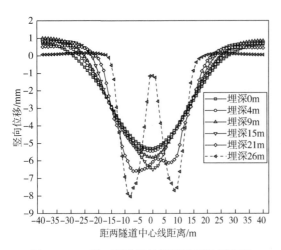

图 4-21 工况一隧道双线贯通后不同埋深处竖向位移曲线

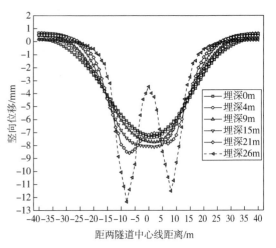

图 4-22 工况三隧道双线贯通后不同埋深处竖向位移曲线

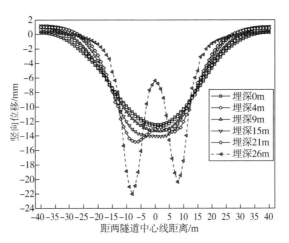

图 4-23 工况五隧道双线贯通后不同埋深处竖向位移曲线

各工况不同埋深处最大竖向位移(单位:mm)　　　　表 4-6

a	埋深 0m	埋深 4m	埋深 9m	埋深 15m	埋深 21m	埋深 26m
0	-5.29	-5.44	-5.81	-6.50	-6.59	-8.03
0.25	-6.53	-6.70	-7.08	-7.65	-8.19	-10.37
0.50	-7.21	-7.40	-7.75	-8.11	-8.57	-12.35
0.75	-9.29	-9.53	-9.96	-10.50	-11.17	-16.09
1	-12.43	-12.75	-13.33	-14.10	-14.83	-22.02

各工况下,隧道开挖引起的围岩最大竖向位移均出现在近拱顶位置,并随着远离拱顶、向地表靠近而逐渐减小,说明隧道开挖对上覆岩土体的扰动作用在由隧道拱顶向地表传递的过程中逐渐减小,与开挖面软弱岩土层相对厚度无关。同一工况下,隧道双线贯通后,地

层有明显的沉降槽,且不同埋深处的竖向位移沉降曲线均关于两隧道中心线对称分布,并随着埋深的增大,竖向位移沉降曲线由单峰变为双峰。a 不同时,在相同埋深位置,盾构施工引起的竖向位移曲线变化趋势基本相同;当 a 从 0 增大到 1,相同埋深处的最大竖向位移增大,增幅分别为 135%、134.4%、129.4%、116.9%、125%、174.2%。在埋深由 0m 增加到 26m 时,五种工况下最大竖向位移增幅分别为 51.8%、58.8%、71.3%、73.2%、77.2%,增幅随 a 的增大而增大,说明盾构施工引起的地层损失会随开挖面软弱岩土层相对厚度的增加而增加。

为了综合分析开挖面软弱岩土层相对厚度对地层竖向位移的影响,以埋深 0m(地表)与埋深 26m 为例,提取各工况下地表与埋深 26m 处竖向位移结果并制图,分别如图 4-24、图 4-25 所示。

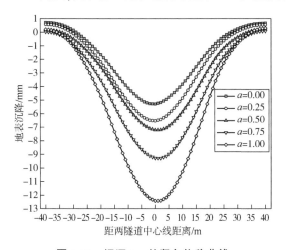

图 4-24 埋深 0m 处竖向位移曲线

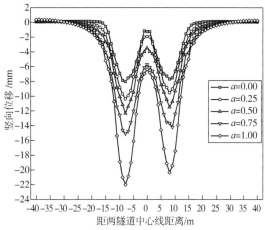

图 4-25 埋深 26m 处竖向位移曲线

由上述分析可知:①地层沉降槽宽度随 a 的增大而增大,当 a 由 0 增大到 1 时,地表的总沉降槽宽度由 57m 增大到 72m,增幅为 26.3%,埋深 26m 处的地层总沉降槽宽度由 35m 增大到 59m,增幅为 68.6%;②埋深 26m 处,竖向位移曲线为双峰形式,且左线隧道最大竖向位移由 8.03mm 增大到 22.02mm,右线隧道最大竖向位移由 7.69mm 增大到 20.36mm,增幅分别为 174.2% 与 164.8%,即左线隧道最大竖向位移增幅比右线隧道大,这是因为右线隧道施工对围岩造成二次扰动,会加剧左线隧道上方围岩变形;③随着 a 的增大,隧道开挖影响范围与相同埋深处的竖向位移逐渐增大,且当 a 有相同增幅时,最大竖向位移的增幅比沉降槽宽度的增幅大。

4.5.2.5 隧道间径比对地层竖向位移的影响

1)间径比定义

间径比是反映两隧道间距与隧道直径相对关系的参数,指两平行隧道间的净距与隧道直径的比值,如式(4-2)[137]所示:

$$\lambda = \frac{L}{D} \tag{4-2}$$

式中:λ——两平行隧道的间径比;
L——两平行隧道间的净距;
D——隧道直径。

本工程两平行隧道间距为11.0~17.3m。由于两隧道间距对隧道开挖引起的变形及影响范围均有影响，故针对间径比对地层竖向位移的影响问题，取隧道开挖面软弱岩土层相对厚度系数 $a=0.5$，其他与前述模型相同，仅改变间径比，建立新的数值计算模型，设定工况，如表4-7所示。

隧道间径比工况设定   表4-7

工况	一	二	三	四	五
两平行隧道间距/m	12	14	16	18	20
两平行隧道净间距/m	6	8	10	12	14
间径比 λ	1	4/3	5/3	2	7/3

2）地层竖向位移分析

为综合分析间径比对地层竖向位移的影响，以埋深0m与埋深26m为例，提取各工况双线贯通后埋深0m处与埋深26m处竖向位移结果制图，分别如图4-26、图4-27所示，并对各工况不同埋深处的最大竖向位移进行比较分析，如表4-8所示。

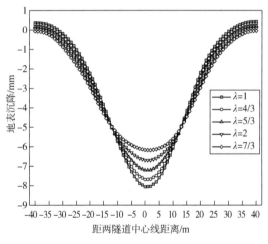

图4-26 埋深0m处不同隧道间径比时的地层竖向位移曲线

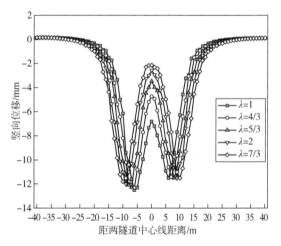

图4-27 埋深26m处不同隧道间径比时的地层竖向位移曲线

各工况下不同埋深处的最大竖向位移（单位：mm）   表4-8

λ	埋深0m	埋深4m	埋深9m	埋深15m	埋深21m	埋深26m
1	−8.06	−8.34	−8.96	−10.11	−10.21	−12.51
4/3	−7.69	−7.93	−8.43	−9.03	−9.27	−12.42
5/3	−7.21	−7.40	−7.75	−8.11	−8.57	−12.35
2	−6.70	−6.85	−7.08	−7.24	−8.27	−11.89
7/3	−6.18	−6.28	−6.44	−6.90	−8.05	−11.85

第4章 复合地层长大区间双模盾构机选型及适应性评价

由上可知:①隧道双线贯通后,各工况的地表沉降曲线均表现为单峰形式,埋深26m处的竖向位移曲线为双峰形式,且埋深相同时,隧道开挖引起的地层最大竖向位移随 λ 的增大而减小;② λ 由1增大到7/3时,地表总沉降槽宽度由62m增大到80m,增幅约29.0%,埋深26m处的竖向位移曲线沉降槽也由53m增大到61m,增幅约15.1%,即地层沉降槽宽度随 λ 的增大而增大;③五种工况下,地表最大沉降均出现在两隧道中心线位置,在 λ 由1增大到7/3时,隧道开挖引起的地表最大沉降由8.06mm减小到6.18mm,减幅约30.4%;④埋深26m处,在 λ 由1增大到7/3时,最大竖向位移由12.51mm减小到11.85mm,减幅约5.6%。

4.5.3 留—白区间盾构机选型数值模拟验证分析

为了通过隧道施工对地层、地表以及各类建(构)筑物的扰动问题分析来说明盾构机选型的合理性,依据留—白区间地质条件建立数值计算模型,模拟TBM穿越上软下硬复合地层这种最不利的双线隧道开挖工况,通过数值计算结果说明选型的合理性。根据上文的数值分析结果可知,开挖面软弱岩土层相对厚度、两平行隧道的间径比均会对地表沉降产生影响,地表最大沉降与开挖面软弱岩土层相对厚度系数、间径比关系曲线如图4-28所示。

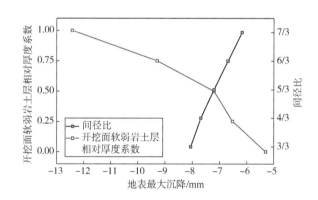

图4-28 地表最大沉降变化曲线

根据图4-28可知,隧道开挖引起的地表最大沉降随 a 的增大而增大,随 λ 的增大而减小,即当 a 从0增大到1,在 $a=1$(即隧道主体刚好全部位于软岩地层中)时,隧道开挖引起的地表沉降最大,在 $a=0$(即隧道主体刚好全部位于硬岩地层中)时,隧道开挖引起的地表沉降最小;当 a 不变, λ 由1增大到7/3时, $\lambda=1$ 时地表沉降最大, $\lambda=7/3$ 时地表沉降最小。这是因为软弱岩土层的自立性差,容易受隧道开挖扰动产生大变形,且开挖面软弱岩土层相对厚度越大,围岩越容易失稳,地表沉降越大;而两平行隧道间距增大,使两平行隧道开挖的相互扰动作用减小,围岩变形的叠加效果减弱,地表沉降减小。

实际工程中,岩土体厚度不断变化,会出现 $a>1$,即隧道主体完全处于软岩地层,且隧道拱底与软硬地层分界面有一定距离;同理,存在 $a<0$,即隧道主体完全处于硬岩地层,且拱顶与软硬地层分界面有一定距离。当 $a>1$ 时,由于软弱岩土体对隧道扰动较敏感,隧道施工引

起的地表沉降较 $a=1$ 时更大,甚至会对工程场区范围内的建(构)筑物造成破坏,此时采用带护盾的土压平衡盾构机,能够在隧道开挖完成且未施作衬砌阶段为上部围岩提供支护力,防止岩土体坍塌;当 $a<0$ 时,硬岩地层较好的稳定性与较强的抗扰动能力,使隧道施工引起的地表沉降较 $a=0$ 时更小,对工程场地范围内环境影响小,此时若采用带护盾的土压平衡盾构机,会增加对护盾的磨损,螺旋输送机的出渣方式还会降低施工效率,增加施工成本,而使用敞开式 TBM 更有优势。

综上分析可知,为保证工程施工安全、经济,减小对周围环境的影响,在软岩地层需要采用带有护盾的土压平衡盾构机,而在硬岩地层需要使用敞开式 TBM,以实现高效施工,故留—白区间选用双模(TBM-EPB)盾构机能满足保护地表建(构)筑物与地下管线的安全性要求以及施工效率要求。

4.6 复合地层双模(TBM-EPB)盾构机适应性工程验证

前文采用数值仿真手段,从保护工程区间建(构)筑物安全的角度出发,模拟上软下硬复合地层隧道开挖,研究隧道开挖引起的围岩变形与地层竖向位移并分析留—白区间双模(TBM-EPB)盾构机选型的合理性。由于深圳地铁 13 号线留—白区间是典型的复合地层,为保证工程施工的高效与经济,本节以实际工程掘进参数为依据,探究在不同地层以及采用不同模式进行盾构施工时,关键掘进参数(刀盘扭矩、盾构推力、刀盘转速、推进速度)的波动规律与掘进参数间的关系;建立一种基于熵权与模糊集合度量法的盾构掘进适应性评价模型,评价复合地层双模盾构掘进适应性,并从盾构掘进完成段的环境影响与隧道建设的经济效益两方面分析双模盾构施工综合效果。

4.6.1 盾构机掘进参数波动规律及相关性分析

盾构施工过程中,每掘进一环都会产生庞大的数据,其中包含许多可以指导施工的有用信息,但由于盾构数据种类多,且存在大量干扰数据,故无法直接找到规律用于指导施工,而且掘进参数会受到外部条件以及其他掘进参数的制约[138]。因此,为保证施工的质量、控制盾构施工对周围环境的不良影响、提高施工效率,必须考虑施工过程中掘进参数间的匹配与调整。留—白区间隧道穿越多种地层,选取具有代表性的全断面硬岩、全断面软岩与上软下硬三种地层,分析对地层变化较敏感的盾构推力、刀盘扭矩、刀盘转速、推进速度四个掘进参数的波动规律并探究掘进参数间的两两相关性。

4.6.1.1 全断面硬岩地层盾构机掘进参数波动规律分析

留—白区间全断面硬岩地层主要为花岗岩,且 TBM 与 EPB 两种模式在全断面硬岩地层中均有使用,故分别选取相似地质条件下,两种盾构施工模式的四个掘进参数进行统计分析,如图 4-29~图 4-32 与表 4-9 所示。

第4章 复合地层长大区间双模盾构机选型及适应性评价

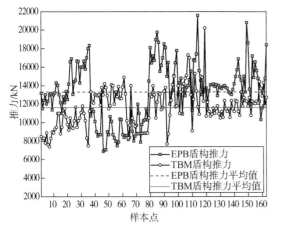

图 4-29 全断面硬岩地层盾构推力变化曲线

图 4-30 全断面硬岩地层刀盘扭矩变化曲线

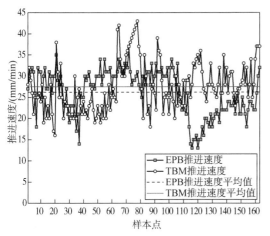
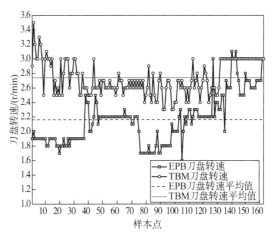

图 4-31 全断面硬岩地层推进速度变化曲线　　图 4-32 全断面硬岩地层刀盘转速变化曲线

全断面硬岩地层盾构施工关键参数统计　　　　　　　　　　　　　　　表 4-9

参　数	盾构推力/kN		刀盘扭矩/(kN·m)		推进速度/(mm/min)		刀盘转速/(r/min)	
	TBM	EPB	TBM	EPB	TBM	EPB	TBM	EPB
最大值	20200.00	21580.00	2520.00	3201.00	43.00	37.00	3.50	3.10
最小值	7400.00	6890.00	610.00	810.00	16.00	13.00	2.30	1.60
平均值	11622.00	13295.20	1649.79	1965.44	27.46	26.20	2.74	2.16
标准差	2080.90	3051.90	342.19	341.59	5.80	5.32	0.23	0.34

由上可知,全断面硬岩地层盾构掘进中,各掘进参数不断发生波动,主要表现为:①TBM施工的盾构推力主要集中在 10000~16000kN,刀盘扭矩集中在 1200~2000kN·m,推进速度集中在 20~35mm/min,刀盘转速集中在 2.4~3.0r/min;EPB 施工时的盾构推力主要集中在 1200~1800kN·m,刀盘扭矩集中在 1800~2400kN·m,推进速度集中在 25~35mm/min,刀盘转速集中在 1.8~2.4r/min;②TBM 施工与 EPB 施工的盾构推力平均值分别为 11622.00kN

与13295.20kN,标准差分别为2080.90kN与3051.90kN,即EPB施工的盾构推力整体大于TBM施工,增幅约为14.4%,这是因为EPB施工时,盾构机盾体会与周围岩土体产生较大摩擦力,使盾构机前进所需的推力更大;③TBM施工与EPB施工的刀盘扭矩平均值分别为1649.79kN·m与1965.44kN·m,标准差分别为342.19kN·m与341.59kN·m,EPB施工的刀盘扭矩总体大于TBM施工,增幅约为19.1%;④TBM施工与EPB施工的推进速度平均值分别为27.46mm/min与26.20mm/min,标准差分别为5.80mm/min与5.32mm/min,刀盘转速平均值分别为2.74r/min与2.16r/min,标准差分别为0.23r/min与0.34r/min,即TBM施工的推进速度、刀盘转速比EPB施工分别提高了4.8%与26.9%,这是因为两种模式出渣方式不同,TBM使用主机皮带机的敞开式出渣方式,更适用于硬岩地层,使得推进速度更快,相应的刀盘转速也有提高。

4.6.1.2 全断面软岩地层盾构机掘进参数波动规律分析

留—白区间全断面软岩地层主要为全、强风化混合花岗岩,主要使用EPB掘进,具体掘进参数变化曲线及统计分析结果如图4-33~图4-36与表4-10所示。

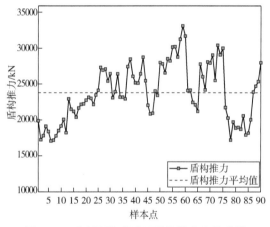

图4-33 全断面软岩地层盾构推力变化曲线

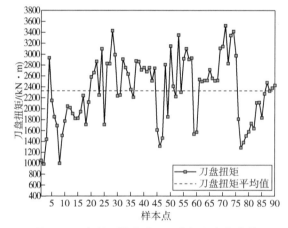

图4-34 全断面软岩地层刀盘扭矩变化曲线

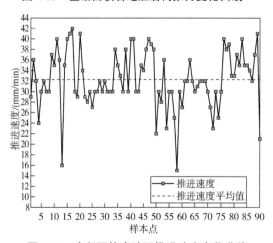

图4-35 全断面软岩地层推进速度变化曲线

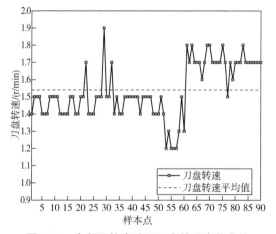

图4-36 全断面软岩地层刀盘转速变化曲线

第4章 复合地层长大区间双模盾构机选型及适应性评价

全断面软岩地层盾构施工关键参数统计　　表 4-10

参　　数	盾构推力/kN	刀盘扭矩/(kN·m)	推进速度/(mm/min)	刀盘转速/(r/min)
最大值	33210.00	3520.00	42.00	1.90
最小值	17100.00	985.00	15.00	1.20
平均值	23865.10	2327.12	32.28	1.53
标准差	3990.40	607.05	5.37	0.16

由上可知,全断面软岩地层 EPB 施工时,各掘进参数的波动规律主要表现为:①盾构推力主要集中在 20000～28000kN,刀盘扭矩集中在 1800～2800kN·m,推进速度集中在 28～36mm/min,刀盘转速集中在 1.4～1.7r/min,平均值分别为 23865.10kN、2327.12kN·m、32.28mm/min、1.53r/min,标准差分别为 3990.40kN、607.05kN·m、5.37mm/min、0.16r/min;②结合上文分析可知,在全断面软岩地层中的掘进速度比在全断面硬岩地层中的大,而盾构推力、刀盘扭矩的离散性更强,这是因为软岩地质疏松,岩土体的强度低,土体容易切削,使推进速度更快,但岩土体力学性质不稳定,导致盾构机推进过程中盾构机推力、刀盘扭矩更容易发生改变;③相较于全断面硬岩地层 EPB 施工,全断面软岩地层施工的推进速度提升了约 23.2%,刀盘转速降低了 41.2%,刀盘转速降低是因为软岩地层的岩土体自稳性差,刀盘转速过高容易造成开挖面失稳,带来安全隐患,为保证施工安全,需要降低刀盘转速。

4.6.1.3 上软下硬复合地层盾构机掘进参数波动规律分析

留—白区间上软下硬复合地层主要使用 EPB 掘进。本小节根据开挖面软弱岩土层相对厚度系数 a,将上软下硬复合地层分为 $0<a\leq 0.25$、$0.25<a\leq 0.5$、$0.5<a\leq 0.75$ 与 $0.75<a\leq 1$ 四种类型,并选取符合相应分类的掘进参数进行统计分析,如图 4-37～图 4-40 与表 4-11～表 4-14 所示。

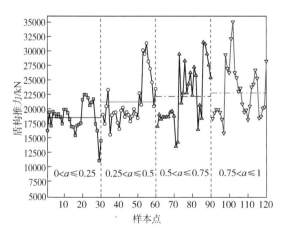

图 4-37　上软下硬复合地层盾构推力变化曲线

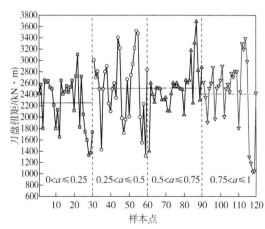

图 4-38　上软下硬复合地层刀盘扭矩变化曲线

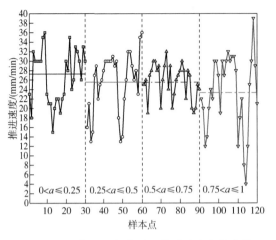

图 4-39 上软下硬复合地层推进速度变化曲线

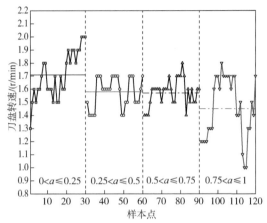

图 4-40 上软下硬复合地层刀盘转速变化曲线

上软下硬复合地层盾构推力统计(单位:kN)　　　　表 4-11

a 范围	$0<a\leq0.25$	$0.25<a\leq0.5$	$0.5<a\leq0.75$	$0.75<a\leq1$
最大值	22150	31240	31370	35010
最小值	10500	15080	13010	15370
平均值	18081.30	20870.70	21832.70	22462.00
标准差	2541.10	4195.40	5044.20	4630.70
总平均值	20811.70			
总标准差	4532.40			

上软下硬复合地层刀盘扭矩统计(单位:kN·m)　　　　表 4-12

a 范围	$0<a\leq0.25$	$0.25<a\leq0.5$	$0.5<a\leq0.75$	$0.75<a\leq1$
最大值	3106	3524	3691	3386
最小值	1330	1317	1401	1034
平均值	2250.60	2507.70	2513.33	2407.33
标准差	449.82	587.01	403.37	614.73
总平均值	2419.74			
总标准差	532.16			

上软下硬复合地层推进速度统计(单位:mm/min)　　　　表 4-13

a 范围	$0<a\leq0.25$	$0.25<a\leq0.5$	$0.5<a\leq0.75$	$0.75<a\leq1$
最大值	36	36	30	39
最小值	18	13	19	4
平均值	27.30	25.53	25.50	23.30

续上表

a 范围	0<a≤0.25	0.25<a≤0.5	0.5<a≤0.75	0.75<a≤1
标准差	4.95	6.49	3.58	8.20
总平均值	25.41			
总标准差	6.14			

上软下硬复合地层刀盘转速统计（单位：r/min） 表 4-14

a 范围	0<a≤0.25	0.25<a≤0.5	0.5<a≤0.75	0.75<a≤1
最大值	2.0	1.7	1.8	1.8
最小值	1.3	1.4	1.4	1.0
平均值	1.71	1.58	1.57	1.45
标准差	0.18	0.11	0.10	0.23
总平均值	1.58			
总标准差	0.19			

上软下硬复合地层盾构施工的掘进参数波动规律主要表现为：①开挖面软弱岩土层相对厚度会影响盾构施工掘进参数的变化，盾构推力的总平均值随 a 的增大而逐渐增大，推进速度与刀盘转速的总平均值随 a 的增大而逐渐减小；②上软下硬复合地层 EPB 施工的推进速度总平均值为 25.41mm/min，标准差为 6.14mm/min，相比于其他地层，其推进速度较低，离散性较大，产生这种现象的原因是隧道开挖面同时存在软岩与硬岩两种性质不同的岩土体，使盾构机掘进姿态难以控制，容易造成开挖面上部软弱岩土体超挖，引起大变形，而且开挖面的软弱岩土层相对厚度不断改变，为保证施工安全与隧道质量，盾构机推进速度需要不断调整，推进速度慢。

4.6.1.4 盾构机掘进参数相关性分析

1）相关系数

相关系数是用来衡量两个或多个数据集之间关联程度的量，一般用 r 表示。在统计学中最常用的有皮尔逊相关系数和斯皮尔曼相关系数。

（1）皮尔逊相关系数

皮尔逊相关系数[139]是一种能够反映两个变量线性相关程度的相关系数，适用于符合正态分布的变量检测，取值范围为[-1,1]，见式(4-3)：

$$r(X,Y) = \frac{\text{Cov}(X,Y)}{\sigma_X \sigma_Y} = \frac{\text{E}[(X-\text{E}X)(Y-\text{E}Y)]}{\sigma_X \sigma_Y} \quad (4\text{-}3)$$

式中：$\text{Cov}(X,Y)$——变量 X 与变量 Y 之间的协方差；

σ_X、σ_Y——分别为变量 X 与变量 Y 的标准差。分母不能为0，即变量的标准差不能为0。

(2)斯皮尔曼相关系数

斯皮尔曼相关系数[140]是一种秩相关系数,适用于对存在单调性关系的变量进行检测,见式(4-4):

$$r(X,Y) = 1 - \frac{6\sum_{i=1}^{n} d_i^2}{n(n-1)} \tag{4-4}$$

式中:n——样本数据的个数;

d_i——两个变量第i个样本数据秩次的差,秩可以理解为顺序或排序。

2)掘进参数相关性分析

统计整理留—白区间双模盾构施工数据,得到盾构机穿越全断面硬岩、全断面软岩与上软下硬三种地层时,盾构推力、刀盘扭矩、推进速度、刀盘转速的频数直方图,如图 4-41~图 4-48所示。

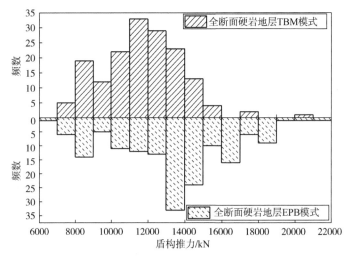

图 4-41 全断面硬岩地层盾构推力直方图

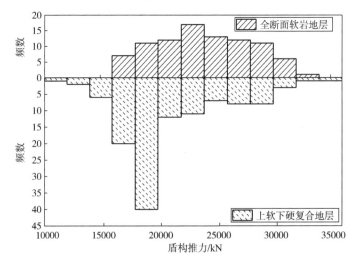

图 4-42 全断面软岩地层与上软下硬复合地层盾构推力直方图

第4章 复合地层长大区间双模盾构机选型及适应性评价

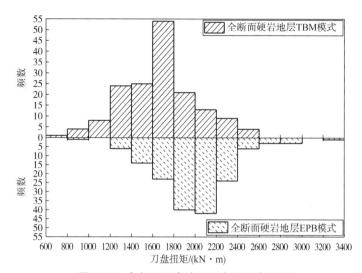

图 4-43 全断面硬岩地层刀盘扭矩直方图

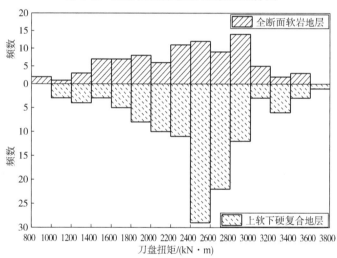

图 4-44 全断面软岩地层与上软下硬复合地层刀盘扭矩直方图

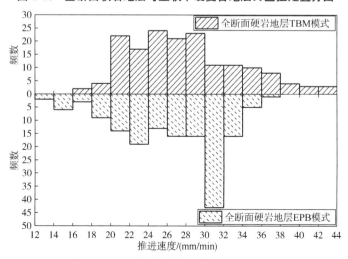

图 4-45 全断面硬岩地层推进速度直方图

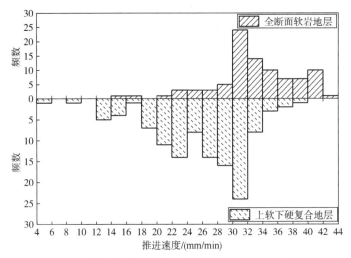

图 4-46　全断面软岩与上软下硬复合地层推进速度直方图

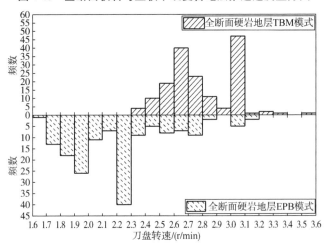

图 4-47　全断面硬岩地层刀盘转速直方图

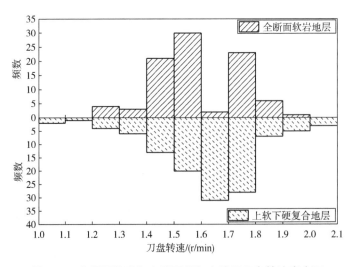

图 4-48　全断面软岩与上软下硬复合地层刀盘转速直方图

第4章 复合地层长大区间双模盾构机选型及适应性评价

由于样本数据为连续变量,且根据上图可知,掘进参数的分布规律大多不符合正态分布,所以用斯皮尔曼相关系数进行相关性分析,分析结果如表4-15~表4-18所示。

全断面硬岩地层 TBM 相关系数统计表 表4-15

项目	盾构推力	刀盘扭矩	推进速度	刀盘转速
盾构推力	1	**0.28063**	**−0.24544**	−0.10262
显著性	—	$2.85162×10^{-4}$	0.00159	0.19239
刀盘扭矩	**0.28063**	1	−0.12228	**−0.21997**
显著性	$2.85162×10^{-4}$	—	0.11995	0.00478
推进速度	**−0.24544**	−0.12228	1	0.07355
显著性	0.00159	0.11995	—	0.35079
刀盘转速	−0.10262	**−0.21997**	0.07355	1
显著性	0.19239	0.00478	0.35079	—

注:加粗的数值表示在0.05的水平下相关性显著。

全断面硬岩地层 EPB 相关系数统计表 表4-16

项目	盾构推力	刀盘扭矩	推进速度	刀盘转速
盾构推力	1	**0.44701**	**−0.33935**	−0.12835
显著性	—	$2.20908×10^{-9}$	$9.36366×10^{-6}$	0.10251
刀盘扭矩	**0.44701**	1	**−0.27184**	−0.09131
显著性	$2.20908×10^{-9}$	—	$4.47616×10^{-4}$	0.24638
推进速度	**−0.33935**	**−0.27184**	1	**−0.45064**
显著性	$9.36366×10^{-6}$	$4.47616×10^{-4}$	—	$1.5787×10^{-9}$
刀盘转速	−0.12835	−0.09131	**−0.45064**	1
显著性	0.10251	0.24638	$1.5787×10^{-9}$	—

注:加粗的数值表示在0.05的水平下相关性显著。

全断面软岩地层 EPB 相关系数统计表 表4-17

项目	盾构推力	刀盘扭矩	推进速度	刀盘转速
盾构推力	1	**0.69405**	**−0.57256**	−0.08738
显著性	—	$3.33897×10^{-14}$	$3.71996×10^{-9}$	0.41281
刀盘扭矩	**0.69405**	1	**−0.45313**	0.11635
显著性	$3.33897×10^{-14}$	—	$7.30142×10^{-6}$	0.27478
推进速度	**−0.57256**	**−0.45313**	1	0.19412
显著性	$3.71996×10^{-9}$	$7.30142×10^{-6}$	—	0.06676
刀盘转速	−0.08738	0.11635	0.19412	1
显著性	0.41281	0.27478	0.06676	—

注:加粗的数值表示在0.05的水平下相关性显著。

上软下硬复合地层 EPB 相关系数统计表　　　　　表 4-18

项目	盾构推力	刀盘扭矩	推进速度	刀盘转速
盾构推力	1	**0.45488**	0.04378	0.15053
显著性	—	$1.79534×10^{-7}$	0.63494	0.10077
刀盘扭矩	**0.45488**	1	−0.08680	0.03577
显著性	$1.79534×10^{-7}$	—	0.34583	0.69808
推进速度	0.04378	−0.08680	1	**0.60752**
显著性	0.63494	0.34583	—	$1.87928×10^{-13}$
刀盘转速	0.15053	0.03577	**0.60752**	1
显著性	0.10077	0.69808	$1.87928×10^{-13}$	—

注：加粗的数值表示在 0.05 的水平下相关性显著。

根据经验界定相关系数的分界值，将相关程度分为以下几种[64-65]：$|r|≥0.8$，视两变量高度相关；$0.5≤|r|≤0.8$，中度相关；$0.3≤|r|≤0.5$，低度相关；$|r|<0.3$，不相关。综合表 4-15~表 4-18 相关系数统计结果，对相关系数 $|r|≥0.3$ 的两掘进参数关系进行回归分析，判断在显著性小于 0.05 水平下掘进参数两两间的相关性。

4.6.1.5 盾构机掘进参数回归分析

回归分析是一种能够通过建立一个相关性较好的回归方程，确定两种或两种以上变量间相互依赖的定量关系的统计分析方法。

1) 全断面硬岩地层

（1）刀盘扭矩与盾构推力

全断面硬岩地层 EPB 施工刀盘扭矩与盾构推力的回归关系如图 4-49 与表 4-19 所示。

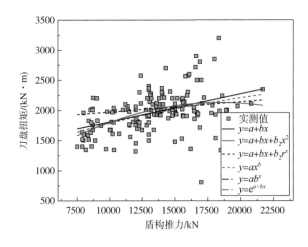

图 4-49　全断面硬岩地层 EPB 施工刀盘扭矩与盾构推力关系图

第4章 复合地层长大区间双模盾构机选型及适应性评价

刀盘扭矩与盾构推力回归分析表　　表4-19

方程式	R^2	a	b	b_2	r
$y=a+bx$	0.17428	1346.34219	0.04642	—	—
$y=a+bx+b_2x^2$	0.19363	569.65279	0.16904	−0.000004	—
$y=a+bx+b_2r^x$	0.05324	1804.70392	0.0169	1.00023	0.5
$y=ax^b$	0.18010	−48477.19549	0.99948	—	—
$y=ab^x$	—	—	—	—	—
$y=e^{a+bx}$	0.17254	10.78885	−5.2480	—	—

根据表4-19可知,曲线方程式拟合优度(R^2)相近,但拟合优度较小。由于回归模型R^2越大,表示曲线方程式的拟合优度越好。方程$y=a+bx+b_2x^2$的R^2最大,故全断面硬岩地层EPB施工刀盘扭矩与盾构推力的回归方程为:

$$M_1=0.16904T_1-0.000004T_1^2+569.65279 \quad (4-5)$$

式中:M_1——全断面硬岩地层EPB施工刀盘扭矩;

T_1——全断面硬岩地层EPB施工盾构推力。

(2)推进速度与盾构推力

全断面硬岩地层EPB施工推进速度与盾构推力的回归关系如图4-50与表4-20所示。

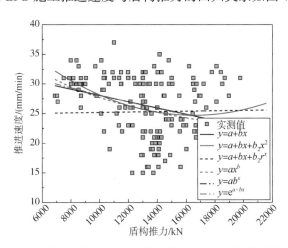

图4-50 全断面硬岩地层EPB施工推进速度与盾构推力关系图

推进速度与盾构推力回归分析表　　表4-20

方程式	R^2	a	b	b_2	r
$y=a+bx$	0.09526	33.32574	−0.0005274	—	—
$y=a+bx+b_2x^2$	0.12533	46.71466	−0.00266	$8.03×10^{-8}$	—
$y=a+bx+b_2r^x$	0.0729	24.838	0.00004	0.99997	0.5
$y=ax^b$	0.02496	−0.000004	1.00069	—	—
$y=ab^x$	0.0427	369.41398	−0.28126	—	—
$y=e^{a+bx}$	0.0994	3.54615	−0.00002	—	—

根据表4-20可知,曲线方程式拟合优度(R^2)相近,方程$y=a+bx+b_2x^2$的R^2最大,故全断面硬岩地层EPB施工推进速度与盾构推力的回归方程为:

$$V_1 = -0.00266T_1 + 8.03 \times 10^{-8} T_1^2 + 46.71466 \tag{4-6}$$

式中:V_1——全断面硬岩地层EPB施工推进速度;

T_1——全断面硬岩地层EPB施工盾构推力。

(3)刀盘转速与推进速度

全断面硬岩地层EPB施工刀盘转速与推进速度的回归关系如图4-51与表4-21所示。

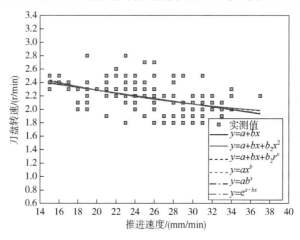

图4-51 全断面硬岩地层EPB施工刀盘转速与推进速度关系图

刀盘转速与推进速度回归分析表　　　　表4-21

方程式	R^2	a	b	b_2	r
$y=a+bx$	0.20081	2.69971	-0.02068	—	—
$y=a+bx+b_2x^2$	0.19347	2.98569	-0.04424	0.00047	—
$y=a+bx+b_2r^x$	0.18808	-9.56278	0.07095	12.54148	0.99083
$y=ax^b$	0.19532	4.53563	-0.22913	—	—
$y=ab^x$	0.19677	2.76737	0.99051	—	—
$y=e^{a+bx}$	0.19677	1.0179	-0.00954	—	—

据表4-21可知,曲线方程式拟合优度(R^2)相近,方程$y=a+bx$的R^2最大,故全断面硬岩地层EPB施工刀盘转速与推进速度的回归方程为:

$$N_1 = 2.69971 - 0.02068 V_1 \tag{4-7}$$

式中:N_1——全断面硬岩地层EPB施工刀盘转速;

V_1——全断面硬岩地层EPB施工推进速度。

2)全断面软岩地层

(1)刀盘扭矩与盾构推力

全断面软岩地层EPB施工刀盘扭矩与盾构推力的回归关系如图4-52与表4-22所示。

第4章 复合地层长大区间双模盾构机选型及适应性评价

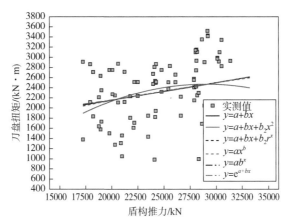

图 4-52 全断面软岩地层 EPB 施工刀盘扭矩与盾构推力关系图

刀盘扭矩与盾构推力回归分析表　　　　表 4-22

方程式	R^2	a	b	b_2	r
$y=a+bx$	0.05040	−1456.208	0.03488	—	—
$y=a+bx+b_2x^2$	0.05325	−1026.69100	0.24064	−0.000004	—
$y=a+bx+b_2r^x$	0.02830	−1456.20840	0.03490	0.9997	0.5
$y=ax^b$	0.05240	54.76400	0.3706	—	—
$y=ab^x$	0.04856	1614.76	1.0001	—	—
$y=e^{a+bx}$	0.04800	1614.76	0.000014	—	—

根据表 4-22 可知,曲线方程式拟合优度(R^2)相近,方程 $y=a+bx+b_2x^2$ 的 R^2 最大,故选择该方程作为回归模型。全断面软岩地层 EPB 施工刀盘扭矩与盾构推力的回归方程为：

$$M_2 = 0.2406T_2 - 0.000004T_2^2 - 1026.691 \tag{4-8}$$

式中：M_2——全断面软岩地层 EPB 施工刀盘扭矩；

T_2——全断面软岩地层 EPB 施工盾构推力。

(2)推进速度与盾构推力

全断面软岩地层 EPB 施工推进速度与盾构推力的回归关系如图 4-53 与表 4-23 所示。

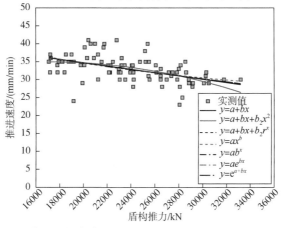

图 4-53 全断面软岩地层 EPB 施工推进速度与盾构推力关系图

推进速度与盾构推力回归分析表　　表 4-23

方程式	R^2	a	b	b_2	r
$y=a+bx$	0.2709	44.5555	−0.00487	—	—
$y=a+bx+b_2x^2$	0.28526	25.9894	0.01095	−0.000003	—
$y=a+bx+b_2r^x$	0.25399	44.5555	−0.00487	1.0002	0.5
$y=ax^b$	0.18241	758.8266	−0.31177	—	—
$y=ab^x$	0.18534	45.7785	0.99999	—	—
$y=e^{a+bx}$	0.20678	3.82381	−0.00001	—	—

根据表 4-23 可知，曲线方程式拟合优度（R^2）相近，方程 $y=a+bx+b_2x^2$ 的 R^2 最大，故全断面软岩地层 EPB 施工推进速度与盾构推力的回归方程为：

$$V_2 = 0.01095T_2 - 0.000003T_2^2 + 25.9894 \quad (4-9)$$

式中：V_2——全断面软岩地层 EPB 施工推进速度；
　　　T_2——全断面软岩地层 EPB 施工盾构推力。

（3）推进速度与刀盘扭矩

全断面软岩地层 EPB 施工推进速度与刀盘扭矩的回归关系如图 4-54 与表 4-24 所示。

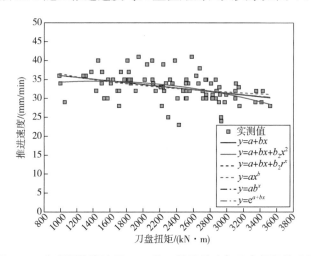

图 4-54　全断面软岩地层 EPB 施工推进速度与刀盘扭矩关系图

推进速度与刀盘扭矩回归分析表　　表 4-24

方程式	R^2	a	b	b_2	r
$y=a+bx$	0.14049	38.37924	−0.00234	—	—
$y=a+bx+b_2x^2$	0.17503	31.63893	0.0041	−0.000001	—
$y=a+bx+b_2r^x$	0.12051	38.37924	−0.00234	1.00007	0.5
$y=ax^b$	0.11129	89.43	−0.12955	—	—
$y=ab^x$	0.13753	38.66402	0.99993	—	—
$y=e^{a+bx}$	0.13753	3.65491	−0.00007	—	—

根据表4-24可知,曲线方程式拟合优度(R^2)相近,方程$y=a+bx+b_2x^2$的R^2最大,故全断面软岩地层EPB施工推进速度与刀盘扭矩的回归方程为:

$$V_2=0.0041M_2-0.000001M_2^2+31.63893 \quad (4-10)$$

式中:V_2——全断面软岩地层EPB施工推进速度;

M_2——全断面软岩地层EPB施工刀盘扭矩。

3)上软下硬复合地层

(1)刀盘扭矩与盾构推力

上软下硬复合地层EPB施工刀盘扭矩与盾构推力的回归关系如图4-55与表4-25所示。

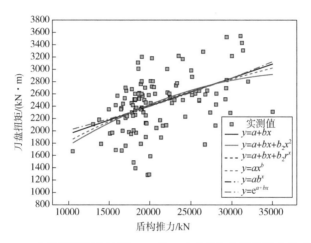

图4-55 上软下硬复合地层EPB施工刀盘扭矩与盾构推力关系图

刀盘扭矩与盾构推力回归分析表　　表4-25

方程式	R^2	a	b	b_2	r
$y=a+bx$	0.15750	1428.37630	0.47635	—	—
$y=a+bx+b_2x^2$	0.16420	247.06180	−0.00024	−0.00024	—
$y=a+bx+b_2r^x$	—	—	—	—	—
$y=ax^b$	0.16410	95.99060	0.42310	—	—
$y=ab^x$	—	—	—	—	—
$y=e^{a+bx}$	0.15210	7.40620	0.00018	—	—

根据表4-25可知,表中各曲线方程式拟合优度(R^2)相近,方程$y=a+bx+b_2x^2$的R^2最大,故上软下硬复合地层EPB施工刀盘扭矩与盾构推力的回归方程为:

$$M_3=0.00024T_3+0.00024T_3^2+247.0618 \quad (4-11)$$

式中:M_3——上软下硬复合地层EPB施工刀盘扭矩;

T_3——上软下硬复合地层EPB施工盾构推力。

（2）刀盘转速与推进速度

上软下硬复合地层 EPB 施工刀盘转速与推进速度的回归关系如图 4-56 与表 4-26 所示。

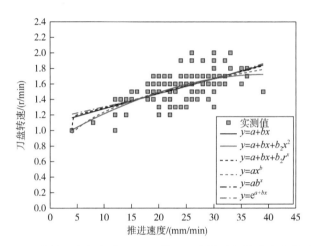

图 4-56 上软下硬复合地层 EPB 施工刀盘转速与推进速度关系图

刀盘转速与推进速度回归分析表　　　　　　　　　　表 4-26

方程式	R^2	a	b	b_2	r
$y=a+bx$	0.40752	1.08554	0.01943	—	—
$y=a+bx+b_2x^2$	0.43600	0.85578	0.03924	−0.00031	—
$y=a+bx+b_2r^x$	0.40442	1.10796	0.01860	−0.00000	0.00108
$y=ax^b$	0.43329	0.66405	0.27012	—	—
$y=ab^x$	0.39577	1.15290	1.01235	—	—
$y=e^{a+bx}$	0.39577	0.14228	0.01227	—	—

根据表 4-26 可知，曲线方程式拟合优度（R^2）相近，方程 $y=a+bx+b_2x^2$ 的 R^2 最大，故上软下硬复合地层 EPB 施工推进速度与刀盘转速的回归方程为：

$$N_3 = 0.03924V_3 - 0.00031V_3^2 + 0.85578 \tag{4-12}$$

式中：N_3——上软下硬地层复合地层 EPB 施工刀盘转速；

V_3——上软下硬复合地层 EPB 施工推进速度。

4.6.2 双模（TBM-EPB）盾构机掘进适应性评价

4.6.2.1 适应性评价理论及方法

1）适应性评价理论

适应性评价的方法有很多。由于盾构适应性评价需结合诸多不确定且不断变化的指标，而信息熵能够对不确定性高且不断变化的指标进行客观评价，故引入信息熵确定适应性评价指标的权重。Hwang Ching Lai 和 Yoon K. 两人最早提出在构建加权规范化矩阵的基础

第4章 复合地层长大区间双模盾构机选型及适应性评价

上对各个指标与最理想状态目标值进行比较,得出各个评价指标优劣程度的 TOPSIS 方法[141]。本节参考能够进行多目标决策分析的 TOPSIS 方法,结合模糊集合度量方法进行双模盾构机掘进适应性评价。

(1)熵权法概述

"信息熵"的概念由香农提出,能从定量的角度度量信息的不确定程度。根据信息熵原理可知,一个指标的信息熵越小,这个指标包含的信息量越大,在评价中的重要性越大,占的权重也越大;反之,则表示该指标在评价中的重要程度小,权重也小[142]。这种使用信息熵对信息有效价值进行评价的方法,称为熵权法。熵权法是一种能够根据数据本身对多个指标同时做综合分析的客观赋权法,可以筛选出影响较大的指标并确定权重,在较大程度上避免人为主观因素影响[143]。

(2)模糊集合度量方法

模糊集合是用来表达模糊性概念的集合,是模糊论中的数据表现形式。模糊集合的信息度量包括模糊集合的模糊性、模糊集合之间的相似程度及差异程度等信息的度量,且距离度量是对模糊集合之间差异程度的有效度量指标[144]。

2)适应性评价方法

本节进行双模盾构机掘进适应性评价时,应用熵权法确定评价指标权重,再综合模糊集合度量方法确定评价指标的适应性等级及适应性程度,具体步骤如下:

①构建适用于熵权法计算的评价矩阵 X,若选取 m 个评价指标与 n 个待评数据,则构成评价矩阵 $X=(x_{ij})_{m\times n}$;然后,标准化处理评价矩阵 X,并得到标准化矩阵 R,即 $R=(r_{ij})_{m\times n}$。

②对标准化矩阵 R 进行运算,得到第 i 个评价指标的熵值 E_i 与权重值 w_i,运算公式见式(4-13)~式(4-15):

$$P_{ij} = \frac{r_{ij}}{\sum_{i=1}^{m} r_{ij}} \quad (4\text{-}13)$$

$$E_i = -\frac{1}{\ln n} \sum_{j=1}^{n} P_{ij} \ln P_{ij} \quad (4\text{-}14)$$

式中,$i=1,2,\cdots,m,j=1,2,\cdots,n$;$P_{ij}$ 为第 j 综合状态下,第 i 因素占该评价指标的比重,并规定 $P_{ij}=0$ 时,$P_{ij}\ln P_{ij}=0$,则有 $0\leq E_i \leq 1$。

$$w_i = \frac{1-E_i}{m - \sum_{i=1}^{m} E_i} \quad (4\text{-}15)$$

③将求出的各评价指标权重与标准化矩阵 R 中相应的评价指标参数做乘法处理,见式(4-16),构建评价指标的加权规范矩阵 S。

$$s_{ij} = w_i \times r_{ij} \quad (4\text{-}16)$$

④选取加权规矩阵 S 中每个评价指标加权后的最大值与最小值,分别构成指标最优方案 A^+ 与指标最差方案 A^-,并依据模糊集合度量的海明贴近度计算方法求得评价指标与 A^+、

A^- 的贴近度 $N(S,A)$ 及贴近度距离 d^+、d^-，见式(4-16)、式(4-17)：

$$N(S,A) = 1 - \frac{1}{n}\sum_{j=1}^{n}|s_{ij} - A_i| \qquad (4\text{-}17)$$

$$\begin{cases} d^+ = 1 - N(S,A^+) \\ d^- = 1 - N(S,A^-) \end{cases} \qquad (4\text{-}18)$$

⑤根据求得的贴近度距离 d^+、d^-，求得指标评价参考值 c_i，见式(4-19)。由于 d^+ 越小表示越靠近指标最优方案，盾构施工效率越高，最终求得的指标评价参考值 c_i 也越小，故评价指标参考值 c_i 越小，表示该评价指标的适应性越好，对评价结果的影响越小。

$$c_i = \frac{d_i^+}{d_i^+ + d_i^-} \qquad (4\text{-}19)$$

⑥结合适应性评价研究现状及指标评价参考值特点，对评价指标的适应性评价标准分界值进行静态划分[145]，适应性评价等级如表4-27所示。

适应性评价等级 表4-27

c_i 取值范围	$0 \leq c_i < 0.25$	$0.25 \leq c_i < 0.5$	$0.5 \leq c_i < 0.75$	$0.75 \leq c_i \leq 1$
评价等级	很适应	适应	基本适应	不适应

4.6.2.2 留—白区间双模(TBM-EPB)盾构机掘进适应性评价

实际盾构掘进中，若盾构机与地层条件的适应性较差，会导致盾构机耗能高、掘进效率低，甚至存在安全隐患。因此，要选取具有代表性的评价参数作为评价指标。由于盾构机穿越地层的岩土体性质发生改变时，盾构掘进参数会出现波动，而推进速度、盾构推力、刀盘扭矩、刀盘转速的波动较明显，故选取这4个掘进参数作为双模盾构机掘进适应性的评价指标。

1) 掘进参数的选取

掘进参数在施工过程中由盾构机自动记录。选取留—白区间全断面硬岩地层 TBM 施工与全断面软岩地层 EPB 施工时的4个评价指标数据各80组，得到掘进参数表(表4-28)，然后对表中数据进行编码、整合，构建评价矩阵 X，即 $X = (x_{ij})_{4 \times 80}$。

留—白区间掘进参数表 表4-28

样本点	推进速度/(mm/min)		盾构推力/kN		刀盘扭矩/(kN·m)		刀盘转速/(r/min)	
	TBM	EPB	TBM	EPB	TBM	EPB	TBM	EPB
1	21	30	11100	18410	1630	2150	3.0	1.4
2	20	32	11800	17100	1670	1850	3.0	1.4
3	21	30	11000	17200	1825	1690	2.8	1.4
4	20	30	10210	17810	1520	997	2.8	1.5
5	30	37	8330	18540	1410	1507	2.5	1.5

续上表

样本点	推进速度/(mm/min)		盾构推力/kN		刀盘扭矩/(kN·m)		刀盘转速/(r/min)	
	TBM	EPB	TBM	EPB	TBM	EPB	TBM	EPB
6	20	35	7500	19210	1020	1773	2.5	1.5
7	25	40	11250	20130	1500	2047	2.8	1.5
8	27	36	13300	18250	1750	2019	2.6	1.4
9	23	16	12250	23000	1550	1910	2.6	1.4
10	21	35	12100	21550	1730	1820	2.6	1.4
11	24	40	13000	21250	2100	1825	2.5	1.4
12	21	41	13000	20440	1300	1944	2.5	1.5
13	22	42	12900	21720	1810	2240	2.5	1.5
14	20	30	13000	22250	1780	1710	2.6	1.4
15	23	29	11900	22300	1400	2121	3.0	1.4
16	24	41	13800	22830	2010	2579	2.6	1.5
17	27	34	13000	23220	1880	2660	2.6	1.5
18	22	29	14200	23070	2180	2867	2.6	1.7
19	19	28	13800	22210	2210	2250	2.7	1.4
20	20	30	12900	23540	2010	3100	2.5	1.4
21	23	27	11490	24200	1851	1710	2.7	1.4
22	21	30	11830	27390	2234	2828	2.7	1.5
23	19	30	14100	27000	2200	2825	2.6	1.5
24	23	32	14000	27180	2520	3430	2.6	1.5
25	20	30	12000	25490	2200	2991	2.6	1.9
26	26	32	13300	26510	2450	2235	2.7	1.5
27	20	30	12800	23150	2000	2250	2.6	1.5
28	23	30	13900	24000	2310	2910	2.6	1.7
29	28	30	12600	26500	1750	2752	2.6	1.4
30	22	38	12600	23250	1550	2633	2.5	1.5
31	25	35	13850	23250	1550	2350	2.6	1.4
32	27	33	14900	23000	1800	2210	2.8	1.4
33	25	30	13100	27500	1750	2875	2.7	1.5
34	24	38	10200	28570	1220	2865	2.7	1.5
35	41	30	8350	26150	1750	2710	2.5	1.5
36	42	40	9700	25240	1860	2752	2.6	1.5
37	34	40	14000	25200	1390	2675	2.6	1.5

续上表

样本点	推进速度/(mm/min)		盾构推力/kN		刀盘扭矩/(kN·m)		刀盘转速/(r/min)	
	TBM	EPB	TBM	EPB	TBM	EPB	TBM	EPB
38	30	30	10500	26500	1230	2752	2.6	1.5
39	32	30	10100	28850	1700	2510	2.7	1.4
40	30	35	9600	25530	1630	2743	2.6	1.5
41	35	34	8800	22100	1600	1611	2.7	1.5
42	36	38	8810	20900	1601	1310	2.6	1.5
43	37	40	8820	21000	1602	1460	2.7	1.5
44	38	39	8830	24100	1603	2810	2.6	1.4
45	39	38	8840	23500	1604	1850	2.7	1.4
46	40	22	8850	28100	1605	3150	2.6	1.4
47	41	30	8860	27890	1606	2410	2.7	1.5
48	42	28	8870	26620	1607	2223	2.6	1.4
49	43	36	8880	28630	1608	3352	2.7	1.2
50	37	23	10500	28310	1530	2300	2.4	1.3
51	35	30	13000	30260	1350	2918	2.5	1.2
52	27	30	12800	30310	1860	3101	2.6	1.2
53	20	25	1400	2887	940	2905	2.9	1.2
54	35	15	1300	3136	1350	2930	2.5	1.3
55	30	30	1050	3321	1530	1533	2.4	1.5
56	21	27	1220	3179	1400	1571	2.8	1.3
57	23	32	1320	2417	2100	2537	2.5	1.8
58	18	32	1310	2422	2150	2497	2.4	1.7
59	27	36	1140	2251	2500	2515	2.4	1.8
60	28	32	1160	2217	1850	2516	2.7	1.7
61	26	30	1340	2125	1700	2715	2.8	1.7
62	22	31	1379	2786	1850	2554	2.6	1.7
63	39	32	770	2610	1340	2511	2.3	1.6
64	36	32	880	2425	1650	2517	2.3	1.7
65	35	32	1080	2817	1700	3107	2.6	1.8
66	29	30	1240	2802	1500	3140	2.7	1.8
67	21	27	1410	2915	1500	3520	2.7	1.7
68	25	23	1500	2557	1440	2828	2.6	1.7
69	26	30	1170	3051	1340	3342	2.3	1.7

第4章 复合地层长大区间双模盾构机选型及适应性评价

续上表

样本点	推进速度/(mm/min) TBM	推进速度/(mm/min) EPB	盾构推力/kN TBM	盾构推力/kN EPB	刀盘扭矩/(kN·m) TBM	刀盘扭矩/(kN·m) EPB	刀盘转速/(r/min) TBM	刀盘转速/(r/min) EPB
70	25	25	1180	2919	1650	3415	2.3	1.7
71	21	30	1400	3011	2150	2973	2.4	1.8
72	25	40	1100	2179	2000	1809	2.4	1.7
73	28	38	1330	2033	1690	1280	2.7	1.5
74	24	39	1390	1723	1800	1379	2.7	1.7
75	20	33	1420	1979	2100	1503	2.6	1.6
76	30	33	1480	1893	1440	1579	2.7	1.7
77	23	37	1510	1902	1630	1731	2.6	1.7
78	28	35	1730	1877	1360	1637	2.6	1.7
79	25	40	1700	2063	1740	2109	2.4	1.8
80	23	35	1300	1793	1800	2113	2.6	1.7

2)评价指标权重的确定

标准化处理表4-28中的掘进参数数据,得到掘进参数标准化表,如表4-29所示,进而构建标准化矩阵 $\boldsymbol{R}$,即 $\boldsymbol{R}=(r_{ij})_{4\times80}$。

留—白区间掘进参数标准化表   表4-29

样本点	推进速度/(mm/min) TBM	推进速度/(mm/min) EPB	盾构推力/kN TBM	盾构推力/kN EPB	刀盘扭矩/(kN·m) TBM	刀盘扭矩/(kN·m) EPB	刀盘转速/(r/min) TBM	刀盘转速/(r/min) EPB
1	0.12	0.56	0.37	0.08	0.44	0.46	1.00	0.29
2	0.08	0.63	0.44	0.00	0.46	0.34	1.00	0.29
3	0.12	0.56	0.36	0.01	0.56	0.27	0.71	0.29
4	0.08	0.56	0.28	0.04	0.37	0.00	0.71	0.43
5	0.48	0.81	0.08	0.09	0.30	0.20	0.29	0.43
6	0.08	0.74	0.00	0.13	0.05	0.31	0.29	0.43
7	0.28	0.93	0.38	0.19	0.35	0.42	0.71	0.43
8	0.36	0.78	0.59	0.07	0.51	0.41	0.43	0.29
9	0.20	0.04	0.48	0.37	0.39	0.36	0.43	0.29
10	0.12	0.74	0.47	0.28	0.50	0.33	0.43	0.29
11	0.24	0.93	0.56	0.26	0.73	0.33	0.29	0.29
12	0.12	0.96	0.56	0.21	0.23	0.38	0.29	0.43
13	0.16	1.00	0.55	0.29	0.55	0.49	0.29	0.43
14	0.08	0.56	0.56	0.32	0.53	0.28	0.43	0.29

续上表

样本点	推进速度/(mm/min)		盾构推力/kN		刀盘扭矩/(kN·m)		刀盘转速/(r/min)	
	TBM	EPB	TBM	EPB	TBM	EPB	TBM	EPB
15	0.20	0.52	0.45	0.32	0.29	0.45	1.00	0.29
16	0.24	0.96	0.64	0.36	0.68	0.63	0.43	0.43
17	0.36	0.70	0.56	0.38	0.59	0.66	0.43	0.43
18	0.16	0.52	0.68	0.37	0.78	0.74	0.43	0.71
19	0.04	0.48	0.64	0.32	0.80	0.50	0.57	0.29
20	0.08	0.56	0.55	0.40	0.68	0.83	0.29	0.29
21	0.20	0.44	0.41	0.44	0.58	0.28	0.57	0.29
22	0.12	0.56	0.44	0.64	0.82	0.73	0.57	0.43
23	0.04	0.56	0.67	0.61	0.80	0.72	0.43	0.43
24	0.20	0.63	0.66	0.63	1.00	0.96	0.43	0.43
25	0.08	0.56	0.46	0.52	0.80	0.79	0.43	1.00
26	0.32	0.63	0.59	0.58	0.96	0.49	0.57	0.43
27	0.08	0.56	0.54	0.38	0.67	0.50	0.43	0.43
28	0.20	0.56	0.65	0.43	0.87	0.76	0.43	0.71
29	0.40	0.56	0.52	0.58	0.51	0.70	0.43	0.29
30	0.16	0.85	0.52	0.38	0.39	0.65	0.29	0.43
31	0.28	0.74	0.65	0.38	0.39	0.54	0.43	0.29
32	0.36	0.67	0.76	0.37	0.54	0.48	0.71	0.29
33	0.28	0.56	0.57	0.65	0.51	0.74	0.57	0.43
34	0.24	0.85	0.28	0.71	0.18	0.74	0.57	0.43
35	0.92	0.56	0.09	0.56	0.51	0.68	0.29	0.43
36	0.96	0.93	0.22	0.51	0.58	0.70	0.43	0.43
37	0.64	0.93	0.66	0.50	0.28	0.67	0.43	0.43
38	0.48	0.56	0.31	0.58	0.18	0.70	0.43	0.43
39	0.56	0.56	0.27	0.73	0.48	0.60	0.57	0.29
40	0.48	0.74	0.21	0.52	0.44	0.69	0.43	0.43
41	0.68	0.70	0.13	0.31	0.42	0.24	0.57	0.43
42	0.72	0.85	0.13	0.24	0.42	0.12	0.43	0.43
43	0.76	0.93	0.13	0.24	0.42	0.18	0.57	0.43
44	0.80	0.89	0.14	0.43	0.42	0.72	0.43	0.29
45	0.84	0.85	0.14	0.40	0.42	0.34	0.57	0.29
46	0.88	0.26	0.14	0.68	0.42	0.85	0.43	0.29
47	0.92	0.56	0.14	0.67	0.42	0.56	0.57	0.43

第4章 复合地层长大区间双模盾构机选型及适应性评价

续上表

样本点	推进速度/(mm/min)		盾构推力/kN		刀盘扭矩/(kN·m)		刀盘转速/(r/min)	
	TBM	EPB	TBM	EPB	TBM	EPB	TBM	EPB
48	0.96	0.48	0.14	0.59	0.42	0.49	0.43	0.29
49	1.00	0.78	0.14	0.72	0.42	0.93	0.57	0.00
50	0.76	0.30	0.31	0.70	0.37	0.52	0.14	0.14
51	0.68	0.56	0.56	0.82	0.26	0.76	0.29	0.00
52	0.36	0.56	0.54	0.82	0.58	0.83	0.43	0.00
53	0.08	0.37	0.66	0.73	0.00	0.76	0.86	0.00
54	0.68	0.00	0.56	0.89	0.26	0.77	0.29	0.14
55	0.48	0.56	0.31	1.00	0.37	0.21	0.14	0.43
56	0.12	0.44	0.48	0.91	0.29	0.23	0.71	0.14
57	0.20	0.63	0.58	0.44	0.73	0.61	0.29	0.86
58	0.00	0.63	0.57	0.44	0.77	0.59	0.14	0.71
59	0.36	0.78	0.40	0.34	0.99	0.60	0.14	0.86
60	0.40	0.63	0.42	0.31	0.58	0.60	0.57	0.71
61	0.32	0.56	0.60	0.26	0.48	0.68	0.71	0.71
62	0.16	0.59	0.64	0.67	0.58	0.62	0.43	0.71
63	0.84	0.63	0.02	0.56	0.25	0.60	0.00	0.57
64	0.72	0.63	0.13	0.44	0.45	0.60	0.00	0.71
65	0.68	0.63	0.34	0.69	0.48	0.84	0.43	0.86
66	0.44	0.56	0.50	0.68	0.35	0.85	0.57	0.86
67	0.12	0.44	0.67	0.75	0.35	1.00	0.57	0.71
68	0.28	0.30	0.77	0.53	0.32	0.73	0.43	0.71
69	0.32	0.56	0.43	0.83	0.25	0.93	0.00	0.71
70	0.28	0.37	0.44	0.75	0.45	0.96	0.00	0.71
71	0.12	0.56	0.66	0.81	0.77	0.78	0.14	0.86
72	0.28	0.93	0.36	0.29	0.67	0.32	0.14	0.71
73	0.40	0.85	0.59	0.20	0.47	0.11	0.57	0.43
74	0.24	0.89	0.65	0.01	0.54	0.15	0.57	0.71
75	0.08	0.67	0.68	0.17	0.73	0.20	0.43	0.57
76	0.48	0.67	0.74	0.11	0.32	0.23	0.57	0.71
77	0.20	0.81	0.78	0.12	0.44	0.29	0.43	0.71
78	0.40	0.74	1.00	0.10	0.27	0.25	0.43	0.71
79	0.28	0.93	0.97	0.22	0.51	0.44	0.14	0.86
80	0.20	0.74	0.56	0.05	0.54	0.44	0.43	0.71

根据熵权法对标准化处理后的掘进参数进行计算,计算公式见式(4-13)~式(4-15),得到 TBM 施工时 4 个评价指标的熵值 E_i 与权重值 w_i:

$$E_i = (E_1, E_2, E_3, E_4) = (0.9387, 0.9698, 0.9795, 0.9694)$$

$$w_i = (w_1, w_2, w_3, w_4) = (0.0149, 0.0074, 0.0050, 0.0075)$$

EPB 施工时 4 个评价指标的熵值与权重值分别为:

$$E_i = (E_1, E_2, E_3, E_4) = (0.9868, 0.9590, 0.9757, 0.9682)$$

$$w_i = (w_1, w_2, w_3, w_4) = (0.1193, 0.0103, 0.0061, 0.0080)$$

其中,下标 1、2、3、4 分别表示推进速度、盾构推力、刀盘扭矩、刀盘转速。

3)评价指标适应性排序及评价等级的确定

首先,根据式(4-15)将评价指标权重与表 4-29 中相应的评价指标参数数据进行乘法处理,得到掘进参数加权规范化表,如表 4-30 所示,并构建评价指标的加权规范矩阵 $S = (s_{ij})_{4 \times 80}$。

留—白区间掘进参数加权规范化表　　　　表 4-30

样本点	推进速度/(mm/min)		盾构推力/kN		刀盘扭矩/(kN·m)		刀盘转速/(r/min)	
	TBM	EPB	TBM	EPB	TBM	EPB	TBM	EPB
1	0.0018	0.0663	0.0027	0.0008	0.0022	0.0028	0.0075	0.0023
2	0.0012	0.0751	0.0032	0.0000	0.0023	0.0021	0.0075	0.0023
3	0.0018	0.0663	0.0026	0.0001	0.0028	0.0017	0.0053	0.0023
4	0.0012	0.0663	0.0020	0.0005	0.0018	0.0000	0.0053	0.0034
5	0.0072	0.0972	0.0006	0.0009	0.0015	0.0012	0.0021	0.0034
6	0.0012	0.0884	0.0000	0.0013	0.0003	0.0019	0.0021	0.0034
7	0.0042	0.1105	0.0028	0.0019	0.0018	0.0025	0.0053	0.0034
8	0.0054	0.0928	0.0044	0.0007	0.0026	0.0025	0.0032	0.0023
9	0.0030	0.0044	0.0036	0.0038	0.0019	0.0022	0.0032	0.0023
10	0.0018	0.0884	0.0035	0.0028	0.0025	0.0020	0.0032	0.0023
11	0.0036	0.1105	0.0041	0.0026	0.0037	0.0020	0.0021	0.0023
12	0.0018	0.1149	0.0041	0.0021	0.0011	0.0023	0.0021	0.0034
13	0.0024	0.1193	0.0041	0.0029	0.0027	0.0030	0.0021	0.0034
14	0.0012	0.0663	0.0041	0.0033	0.0027	0.0017	0.0032	0.0023
15	0.0030	0.0619	0.0033	0.0033	0.0015	0.0027	0.0075	0.0023
16	0.0036	0.1149	0.0047	0.0036	0.0034	0.0038	0.0032	0.0034
17	0.0054	0.0840	0.0041	0.0039	0.0030	0.0040	0.0032	0.0034
18	0.0024	0.0619	0.0050	0.0038	0.0039	0.0045	0.0032	0.0057
19	0.0006	0.0574	0.0047	0.0033	0.0040	0.0030	0.0043	0.0023

续上表

样本点	推进速度/(mm/min)		盾构推力/kN		刀盘扭矩/(kN·m)		刀盘转速/(r/min)	
	TBM	EPB	TBM	EPB	TBM	EPB	TBM	EPB
20	0.0012	0.0663	0.0041	0.0041	0.0034	0.0051	0.0021	0.0023
21	0.0030	0.0530	0.0030	0.0045	0.0029	0.0017	0.0043	0.0023
22	0.0018	0.0663	0.0033	0.0065	0.0041	0.0044	0.0043	0.0034
23	0.0006	0.0663	0.0050	0.0063	0.0040	0.0044	0.0032	0.0034
24	0.0030	0.0751	0.0049	0.0064	0.0050	0.0059	0.0032	0.0034
25	0.0012	0.0663	0.0034	0.0053	0.0040	0.0048	0.0032	0.0080
26	0.0048	0.0751	0.0044	0.0060	0.0048	0.0030	0.0043	0.0034
27	0.0012	0.0663	0.0040	0.0039	0.0033	0.0030	0.0032	0.0034
28	0.0030	0.0663	0.0048	0.0044	0.0043	0.0046	0.0032	0.0057
29	0.0060	0.0663	0.0038	0.0060	0.0026	0.0042	0.0032	0.0023
30	0.0024	0.1016	0.0038	0.0039	0.0019	0.0039	0.0021	0.0034
31	0.0042	0.0884	0.0048	0.0039	0.0019	0.0033	0.0032	0.0023
32	0.0054	0.0795	0.0056	0.0038	0.0027	0.0029	0.0053	0.0023
33	0.0042	0.0663	0.0042	0.0066	0.0026	0.0045	0.0043	0.0034
34	0.0036	0.1016	0.0020	0.0073	0.0009	0.0045	0.0043	0.0034
35	0.0138	0.0663	0.0006	0.0058	0.0026	0.0041	0.0021	0.0034
36	0.0143	0.1105	0.0017	0.0052	0.0029	0.0042	0.0032	0.0034
37	0.0096	0.1105	0.0049	0.0052	0.0014	0.0040	0.0032	0.0034
38	0.0072	0.0663	0.0023	0.0060	0.0009	0.0042	0.0032	0.0034
39	0.0084	0.0663	0.0020	0.0075	0.0024	0.0036	0.0043	0.0023
40	0.0072	0.0884	0.0016	0.0054	0.0022	0.0042	0.0032	0.0034
41	0.0102	0.0840	0.0010	0.0032	0.0021	0.0015	0.0043	0.0034
42	0.0108	0.1016	0.0010	0.0024	0.0021	0.0008	0.0032	0.0034
43	0.0114	0.1105	0.0010	0.0025	0.0021	0.0011	0.0043	0.0034
44	0.0120	0.1061	0.0010	0.0045	0.0021	0.0044	0.0032	0.0023
45	0.0126	0.1016	0.0010	0.0041	0.0021	0.0021	0.0043	0.0023
46	0.0132	0.0309	0.0010	0.0070	0.0021	0.0052	0.0032	0.0023
47	0.0138	0.0663	0.0010	0.0069	0.0021	0.0034	0.0043	0.0034
48	0.0143	0.0574	0.0010	0.0061	0.0021	0.0030	0.0032	0.0023
49	0.0149	0.0928	0.0010	0.0073	0.0021	0.0057	0.0043	0.0000
50	0.0114	0.0354	0.0023	0.0071	0.0019	0.0031	0.0011	0.0011
51	0.0102	0.0663	0.0041	0.0084	0.0013	0.0046	0.0021	0.0000

续上表

样本点	推进速度/(mm/min)		盾构推力/kN		刀盘扭矩/(kN·m)		刀盘转速/(r/min)	
	TBM	EPB	TBM	EPB	TBM	EPB	TBM	EPB
52	0.0054	0.0663	0.0040	0.0084	0.0029	0.0051	0.0032	0.0000
53	0.0012	0.0442	0.0049	0.0075	0.0000	0.0046	0.0064	0.0000
54	0.0102	0.0000	0.0041	0.0091	0.0013	0.0047	0.0021	0.0011
55	0.0072	0.0663	0.0023	0.0103	0.0019	0.0013	0.0011	0.0034
56	0.0018	0.0530	0.0035	0.0094	0.0015	0.0014	0.0053	0.0011
57	0.0030	0.0751	0.0043	0.0045	0.0037	0.0037	0.0021	0.0068
58	0.0000	0.0751	0.0042	0.0045	0.0038	0.0036	0.0011	0.0057
59	0.0054	0.0928	0.0029	0.0034	0.0049	0.0037	0.0011	0.0068
60	0.0060	0.0751	0.0031	0.0032	0.0029	0.0037	0.0043	0.0057
61	0.0048	0.0663	0.0044	0.0026	0.0024	0.0041	0.0053	0.0057
62	0.0024	0.0707	0.0047	0.0068	0.0029	0.0038	0.0032	0.0057
63	0.0126	0.0751	0.0002	0.0057	0.0013	0.0036	0.0000	0.0045
64	0.0108	0.0751	0.0010	0.0046	0.0022	0.0037	0.0000	0.0057
65	0.0102	0.0751	0.0025	0.0070	0.0024	0.0051	0.0032	0.0068
66	0.0066	0.0663	0.0037	0.0070	0.0018	0.0052	0.0043	0.0068
67	0.0018	0.0530	0.0050	0.0077	0.0018	0.0061	0.0043	0.0057
68	0.0042	0.0354	0.0056	0.0054	0.0016	0.0044	0.0032	0.0057
69	0.0048	0.0663	0.0032	0.0085	0.0013	0.0056	0.0000	0.0057
70	0.0042	0.0442	0.0032	0.0077	0.0022	0.0058	0.0000	0.0057
71	0.0018	0.0663	0.0049	0.0083	0.0038	0.0048	0.0011	0.0068
72	0.0042	0.1105	0.0026	0.0030	0.0033	0.0020	0.0011	0.0057
73	0.0060	0.1016	0.0044	0.0021	0.0024	0.0007	0.0043	0.0034
74	0.0036	0.1061	0.0048	0.0001	0.0027	0.0009	0.0043	0.0057
75	0.0012	0.0795	0.0050	0.0017	0.0037	0.0012	0.0032	0.0045
76	0.0072	0.0795	0.0055	0.0012	0.0016	0.0014	0.0043	0.0057
77	0.0030	0.0972	0.0057	0.0012	0.0022	0.0018	0.0032	0.0057
78	0.0060	0.0884	0.0074	0.0011	0.0013	0.0015	0.0032	0.0057
79	0.0042	0.1105	0.0071	0.0022	0.0025	0.0027	0.0011	0.0068
80	0.0030	0.0884	0.0041	0.0005	0.0027	0.0027	0.0032	0.0057

然后，选取表4-30中每个评价指标加权后的最大值与最小值，构成指标最优方案 A^+ 与指标最差方案 A^-，并依据式(4-17)、式(4-18)计算得到TBM施工各评价指标与 A^+、A^- 的贴近度及贴近度距离：

$$A_i^+ = (a_1, a_2, a_3, a_4) = (0.0149, 0.0074, 0.0050, 0.0075)$$

$$A_i^- = (a_1, a_2, a_3, a_4) = (0, 0, 0, 0)$$

$$N(S, A^+) = (0.9905, 0.9960, 0.9975, 0.9958)$$

$$N(S, A^-) = (0.9946, 0.9966, 0.9975, 0.9967)$$

$$d^+ = (0.0095, 0.0040, 0.0025, 0.0042)$$

$$d^- = (0.0054, 0.0034, 0.0025, 0.0033)$$

用相同的方法,得到EPB施工各评价指标与A^+、A^-的贴近度及贴近度距离:

$$A_i^+ = (a_1, a_2, a_3, a_4) = (0.1193, 0.0103, 0.0061, 0.0080)$$

$$A_i^- = (a_1, a_2, a_3, a_4) = (0, 0, 0, 0)$$

$$N(S, A^+) = (0.9571, 0.9942, 0.9972, 0.9957)$$

$$N(S, A^-) = (0.9236, 0.9955, 0.9967, 0.9963)$$

$$d^+ = (0.0429, 0.0058, 0.0028, 0.0043)$$

$$d^- = (0.0764, 0.0045, 0.0033, 0.0037)$$

其中,a_1、a_2、a_3、a_4分别表示推进速度、盾构推力、刀盘扭矩、刀盘转速。

最后,基于求得的贴近度距离d^+、d^-,采用式(4-19)计算得到TBM施工指标评价参考值:

$$c_i = (c_1, c_2, c_3, c_4) = (0.6360, 0.5393, 0.5063, 0.5571)$$

EPB施工指标评价参考值为:

$$c_i = (c_1, c_2, c_3, c_4) = (0.3593, 0.5615, 0.4572, 0.5357)$$

下标1、2、3、4分别表示推进速度、盾构推力、刀盘扭矩、刀盘转速。

基于求得的指标评价参考值与适应性等级划分(表4-27)可知,TBM施工各评价指标的适应性等级均为基本适应,适应性程度从高到低依次是刀盘扭矩、盾构推力、刀盘转速、推进速度;EPB施工推进速度评价指标的适应性等级为适应,其余评价指标均为基本适应,适应性程度从高到低排序依次是推进速度、刀盘扭矩、刀盘转速、盾构推力。

4)留—白区间双模(TBM-EPB)盾构机掘进适应性评价结果分析

根据适应性评价结果得到,留—白区间双模盾构机掘进适应性评价等级为基本适应。根据施工报告可知,留—白区间已贯通区段在施工过程中没有出现围岩失稳、岩爆等地质灾害与渣土喷涌、盾构机主驱动故障等工程问题,也没有出现除必要的模式转换以及不可抗因素影响外的停机停工现象,表明留—白区间双模盾构机基本适应区间地质条件与工程要求,满足实际工程需要。

4.6.3 盾构施工综合效果分析

4.6.3.1 环境影响分析

地铁隧道盾构施工会使周围岩土层强度下降,引起地表沉降,有时还会发生非连续的地表沉降,造成地面塌方事故,影响地面交通、建(构)筑物结构安全。为保证盾构施工过程中地面道路、建(构)筑物等的正常使用,必须对周围环境进行周期性监测,并根据监测结果及时对施工隐患采取保护措施,将施工风险控制在安全标准范围之内。

1) 隧道横向地表沉降

留—白区间隧道侧穿深圳职业学院学生宿舍,学生宿舍与区间隧道的最小水平距离为 5.17m,附近布设 DBC25 号断面,故统计该断面不同日期的监测结果(图 4-57),分析不同施工阶段隧道开挖引起的横向地表沉降变化情况。

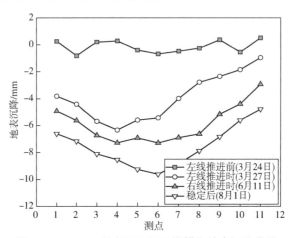

图 4-57 DBC25 号断面不同日期横向地表沉降曲线

由上可知:①左线隧道盾构施工未到达 DBC25 号断面,并与断面有一定距离时,该断面的地表沉降较小,这是因为隧道开挖会对掌子面前方一定范围内的岩土体造成扰动,而前方岩土体依然受到外部地层约束,不会产生大变形;②当左线隧道盾构施工至该断面时,地表沉降骤然增大,其中 1~6 号测点位置的沉降变化较大,7~11 号测点沉降较小,最大沉降值发生在 4 号测点位置,这是因为 1~6 号测点位于左线隧道上方地表,4 号测点最靠近左线隧道中线,受隧道开挖的扰动作用最大,引起的变形大,而 7~11 号测点布设在右线隧道上方地表,距离左线隧道较远,受扰动小,引起的变形小;③当右线隧道开挖至该断面时,地表沉降进一步增大,但由于两隧道间距较大(约 17.3m),左线隧道上方地层受到的扰动较小,且左线隧道已施作衬砌对上方岩土体存在支护力,所以 1~5 号测点沉降变化较小,6~11 号测点的沉降变化相对较大;④当隧道双线贯通一段时间后(稳定后),DBC25 号断面横向地表沉降曲线呈"V"形,地表沉降最大值约为 9.61mm,出现在 6 号测点位置,各测点实际沉降数据如表 4-31 所示;⑤由于本工程管线监测借鉴地表沉降监测数据,且地下管线沿线路两侧敷设,距两隧道中心线有一定距离,受隧道开挖影响产生的沉降更小,所以隧道侧穿学生宿舍区间段,管线地面沉降能控制在允许范围内。

DBC25 断面稳定后监测数据表(单位:mm) 表 4-31

测点	DBC25-01	DBC25-02	DBC25-03	DBC25-04	DBC25-05	DBC25-06
监测值	-6.61	-7.17	-8.11	-8.536	-9.25	-9.61
测点	DBC25-07	DBC25-08	DBC25-09	DBC25-10	DBC25-11	
监测值	-8.85	-7.88	-6.84	-5.61	-4.78	

第4章 复合地层长大区间双模盾构机选型及适应性评价

2) 隧道纵向地表沉降

隧道纵断面方向上的岩土体受隧道开挖扰动,产生沿隧道方向的地表沉降。左线隧道施工至 DBC25 号断面时,学生宿舍受到的扰动最大,故根据监测结果分析左线隧道盾构推进至监测断面处沿隧道方向的地表沉降,如图 4-58 所示。

由图 4-58 可以看出:①当盾构机推进至监测断面时,刀盘前方土体受到扰动产生地表沉降,随着与刀盘距离的增加,土体受到的扰动作用逐渐变小,隧道开挖引起的地表沉降值减小,在距离监测断面约 30m 处趋近于 0;②刀盘后方 30m 范围内,随着与刀盘距离的增加,地表沉降逐渐变大,且地表沉降增量较小,这是由于随着盾构机向前推进,刀盘后方土体受到的后施工扰动作用减小,地表沉降的增加主要为土体随时间增长的固结量,土体固结量较小。

3) 管片拱顶沉降

拱顶沉降监测点在隧道断面开挖完成后布置,不能反映隧道断面开挖前的拱顶沉降变化情况,故仅分析盾构机驶离监测断面后的管片拱顶沉降变化情况,如图 4-59 所示。

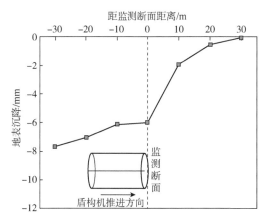

图 4-58 左线隧道上方地表沿隧道方向沉降曲线图

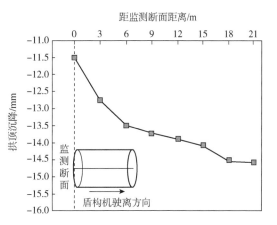

图 4-59 监测断面管片拱顶沉降变化曲线

由图 4-59 可以看出:①隧道施工至监测断面时,拱顶沉降约为 11.52mm,随着盾构机驶离监测断面距离的增加,监测断面的拱顶沉降值逐渐增大,直至盾构机刀盘距监测断面约 21m 时,管片拱顶沉降趋于稳定,累计沉降值约为 14.58mm;②当盾构机驶离监测断面,但监测断面仍处于施工扰动范围内时,管片拱顶沉降增速较快,随着盾构机驶离距离的继续增加,拱顶沉降的增长速度逐渐减缓,这是因为监测断面上方岩土体受隧道施工扰动作用减小,甚至不受扰动,而且衬砌结构发挥支护作用,使监测断面拱顶沉降减小。

4.6.3.2 经济效益分析

经济效益分析是工程项目的重要组成部分。结合深圳地铁 13 号线留—白区间实际工程,从盾构模式转换时间与盾构施工效率两方面进行分析。

留—白区间采用双模(TBM-EPB)盾构机施工,盾构模式转换时间的长短、盾构施工效率的高低与能否按计划工期完成工程施工有密切联系。盾构模式转换时间决定工程的停工时间,若停工时间过长,工期成本将随时间增加;若盾构施工效率高,可能缩短工程施工工期,有助于节省盾构掘进作业人员的劳务费,减少盾构机施工的电力、润滑油及刀具等耗材与配件的消耗,减少设备的使用费用与维护费用。结合类似双模盾构工程,TBM-EPB 模式转换时间及盾构机掘进情况分别如表 4-32 与表 4-33 所示。

TBM-EPB 模式转换时间 表 4-32

工程项目	深圳地铁 13 号线 留仙洞站—白芒站	南京地铁某区间	福州地铁 4 号线 林浦站—城门中心站	深圳地铁 14 号线 布吉站—石芽岭中间风井	深圳地铁 12 号线 怀德站—福永站	
					左线	右线
总时间/d	11	21.5	15	15	12	14.5

双模(TBM-EPB)盾构机掘进情况 表 4-33

项目	模式	天数/d	累计掘进环数	平均日掘进环数
深圳地铁 13 号线 留仙洞站—白芒站	TBM	45	154	3.42
	EPB	45	220	4.89
深圳地铁 14 号线 布吉站—石芽岭中间风井	TBM	100	302	3.02
	EPB	166	750	4.52
深圳地铁 12 号线 怀德站—福永站	TBM	96	324	3.38
	EPB	93	350	4.00

根据表 4-32 与表 4-33 可知:①留—白区间 TBM 模式转换成 EPB 模式花费的总时间为 11d,相较于其他类似工程模式,转换花费的时间少,即工程停工时间短,时间成本更低,且本工程 TBM 模式转换 EPB 模式的总时间创造了国内的最短纪录,双模转换效率达到了国内领先水平;②留—白区间 TBM 施工平均日掘进环数约为 3.42 环,EPB 施工的平均日掘进环数约为 4.89 环,比相似的采用双模盾构的深圳地铁 14 号线与 12 号线工程施工的平均日掘进环数多,即留—白区间盾构施工效率相对较高。综上可知,较其他类似工程,留—白区间双模盾构的时间成本低、施工效率高,可在计划工期内完成隧道开挖,减少作业人员的劳务费支出,减少设备的使用费用与维护费用,经济效益好。

第5章 盾构模式快速转换工艺及安全控制技术

5.1 概 述

在进行双模盾构机选型及合理性分析之后,仍然有诸多问题有待研究。其中,模式转换是双模盾构施工的关键环节,安全高效地完成模式转换是双模盾构机成功应用的必要条件。本章重点介绍双模盾构机模式快速转换工艺及安全控制技术。

模式转换位置的合理选择是盾构模式安全转换的前提条件。模式转换位置的围岩稳定性分析是模式转换位置选择的基础[4-6,48]。双模盾构机进行模式转换时,无论是 TBM 模式转 EPB 模式,还是 EPB 模式转 TBM 模式,盾构机均无土仓压力,若转换位置围岩稳定性差,掌子面前方水、土压力较大,掌子面极易发生坍塌,对隧道内施工人员以及机械设备造成严重威胁,影响模式转换的安全性。双模盾构机转换模式时,盾构机前盾无成形的管片,仅有盾构机盾壳对隧道围岩有支护作用,而模式转换耗时较长,隧道开挖后,围岩应力重新分布,围岩变形随时间不断累积,在模式转换期间,由于流变作用,原本稳定的围岩也可能发生失稳破坏[7-13,50-52,146],故针对盾构模式转换位置围岩的四维稳定性问题展开研究具有重要的工程意义。选择模式转换位置后,双模盾构机的模式转换环节主要涉及盾构机模式转换前的预处理技术和 TBM-EPB 互相转换技术。由于目前国内外少有双模盾构施工的工程案例,所以对此项技术的研究与总结具有重要的工程价值。在保证施工人员安全的前提下高效地完成模式转换,可为后续类似工程提供参考,在一定程度上也能促进双模盾构机的推广使用。

本章针对双模盾构机模式快速转换工艺及安全控制技术,主要进行以下研究:其一,对模式转换位置围岩四维稳定性进行分析,确定模式转换的安全位置;其二,对工程的施工效率及经济性进行分析,根据实际工程中模式转换的实际效果对本章的研究成果进行验证;其三,对双模盾构机模式转换技术进行研究,形成 TBM 模式与 EPB 模式互相转换的施工技术体系。

5.2 盾构模式转换位置围岩四维稳定性实例分析

5.2.1 模式转换位置隧道围岩四维稳定性的科学内涵

双模盾构机进行模式转换时,无论是 TBM 模式转为 EPB 模式,还是 EPB 模式转为 TBM 模式,在转换过程中双模盾构机土仓内均无压力,不能与开挖面的水、土压力相平衡,且模式转换期间,盾构机的前盾和中盾围岩无成形的管片支护,若围岩稳定性较差,易造成掌子面塌方甚至隧道塌方。一般情况下,双模盾构模式转换需要耗时 10~20d[147-148],盾构机停机进行模式转换期间围岩仍不断变形,故研究转换位置的围岩稳定性问题时,除了要考虑围岩在三维空间内的变形,还要考虑模式转换期间围岩变形和应力分布随时间的变化,即模式转换位置隧道围岩的四维稳定性问题。

双模盾构机进行模式转换时,由于软岩段围岩稳定性较差,模式转换存在安全风险,故一般选择在软、硬岩交界面附近的硬岩段进行模式转换。模式转换位置围岩稳定性具有时空效应,不能仅从某一维度来评价围岩的稳定性,故本书从三个空间维度 x、y、z 和时间维度 t 对围岩稳定性展开研究,并确定各个参数的取值,从而确保模式转换期间转换位置处隧道围岩在各个维度上都能维持稳定,在模式转换期间形成"保护层",为模式转换提供安全的作业空间。依托深圳地铁 13 号线,根据工程特点建立如图 5-1、图 5-2 所示的地质模型,图中各个参数定义如下:

①x 方向:$L_{侧}$ 表示拟建隧道侧穿既有隧道时,模式转换位置处围岩保持稳定所需的侧墙最小厚度。

②y 方向:$L_{留}$ 表示 TBM 模式转为 EPB 模式时盾构机刀盘前方全断面硬岩的最小长度,即距离软、硬岩交界面的最小距离;$L_{入}$ 表示 EPB 模式转为 TBM 模式时,盾构机进入全断面硬岩的最小长度。

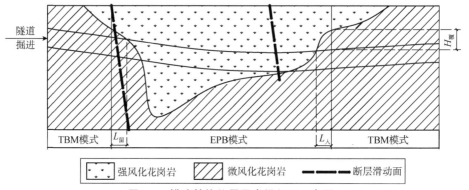

图 5-1 模式转换位置围岩纵剖面示意图

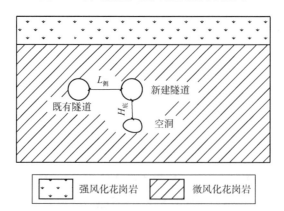

图 5-2 模式转换位置围岩横剖面示意图

③z方向：$H_覆$表示模式转换期间，隧道拱顶围岩保持稳定状态所需的关键层(硬岩)的最小厚度；$H_底$表示模式转换期间，隧道底部存在空洞时，隧道底板保持稳定状态时的最小安全厚度。

④时间维度t：在模式转换过程中，由于隧道围岩变形随时间不断累积，隧道围岩内部应力分布是不断变化的，围岩强度随时间不断降低，故要考虑时间对围岩稳定性的影响。

模式转换位置隧道围岩的四维稳定性问题研究，主要是针对上述6个参数，通过理论研究和数值模拟等手段，确定各个参数的取值，进而确定模式转换的安全位置。

5.2.2 上软下硬地层隧道拱顶硬岩安全厚度研究

5.2.2.1 压力拱理论在隧道围岩稳定性分析中的应用

隧道施工破坏了围岩初始的平衡状态，改变了荷载的传递路径，在重力和初始应力场的作用下，围岩发生新的变形，同时，围岩的应力、应变和能量达到一个新的平衡状态，由于围岩中各处变形的不均匀性，隧道周边一定范围内的围岩产生类似于拱结构切向压紧的作用，即压力拱效应。压力拱中的围岩承担着自重和周围岩土体的压力，压力拱的存在能够确保隧道洞室的稳定性，并减小衬砌的受力[149]，如果把围岩看作一种结构，压力拱是确保隧道围岩不会塌落的一个具有拱的力学特性的结构。

双模盾构机模式转换过程中(TBM转EPB或EPB转TBM)，盾构机盾体位于全断面硬岩段，隧道开挖后盾构机前盾和中盾周围的岩土体无管片支护，且盾构机与隧道洞壁间存在较大空隙，为围岩变形提供了空间；若要保持拱顶部位稳定，就要保证拱顶关键层的厚度大于成拱临界埋深，以形成安全有效的压力拱。

在初始应力状态下，围岩的竖向应力要大于水平应力，围岩的最大主应力为竖直方向；隧道开挖后，围岩径向应力减小，切向应力增大，即径向应力被转移至切向，围岩主应力方向发生了变化[150]。对于拱顶部位的围岩，压力拱内部最大主应力方向为水平方向，由于卸荷作用，洞壁临空面附近竖向应力趋于零，水平应力达到最大。故一般选择最大主应力出现最大值处作为压力拱内边界，最大主应力方向发生偏转处为压力拱外边界。对于本研究，由于双模盾构机是在全断面微风化混合花岗岩中进行模式转换的，且最大主应力最大值点出现在拱顶上方很小范围内，可认为压力拱内边界在拱顶处，故只需求出拱顶上方微风化混合花岗岩的最小厚度，即求得压力拱外边界。

在复合地层中，根据压力拱外边界到隧道拱顶的距离计算公式[149]：

$$D_{ext}=0.7717B+7.15-0.3627\ln E \tag{5-1}$$

式中：D_{ext}——压力拱外边界到隧道拱顶的距离(m)；

B——隧道跨度(m)；

E——拱顶所在地层的弹性模量(Pa)。

根据式(5-1)，隧道直径取7.0m，微风化花岗岩弹性模量取$4×10^4$MPa，得出压力拱外边界到隧道拱顶的距离为3.6976m。

5.2.2.2 双模盾构机模式转换时拱顶硬岩最小安全厚度

1)顶板安全厚度的数值计算模型

根据工程特点,建立如图 5-3 所示的分析模型。数值模拟分析时,隧道埋深保持不变,通过改变软、硬岩交界面的位置,分析拱顶部位应力分布特征,研究拱顶部位微风化花岗岩的最小安全厚度。为便于研究,做出如下假设:由于隧道开挖进尺小,不考虑围岩岩体的节理裂隙和隧道纵向坡度,假设地层水平,不考虑双模盾构机盾壳的作用以及地下水的影响。纵向应力对压力拱形成的影响较小,故可作为平面应变问题考虑。采用 FLAC3D 软件建立三维模型,模型长 45m、宽 60m、高 60m,取隧道断面中心为原点。模型侧面施加水平约束,模型底面施加竖向约束,地表为自由面。岩土体采用 Mohr-Coulomb 本构模型。隧道开挖过程用 null 模型模拟,开挖进尺取管片宽度(1.5m)。为确保计算精度,隧道及管片的网格尺寸设为 0.5m,隧道拱顶上方岩土体网格划分时设置尺寸控制,网格尺寸从隧道顶部至地表由 0.5m 逐步扩大至 2m。模型共划分为 367757 个单元、244538 个节点。数值模拟模型如图 5-4 所示。地层参数见表 5-1。

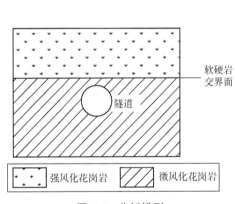

图 5-3 分析模型

图 5-4 数值模拟模型

地层物理力学参数 表 5-1

地层	重度 $\gamma/(kN/m^3)$	黏聚力 C/kPa	内摩擦角 $\varphi/°$	弹性模量 E/MPa	泊松比 υ
强风化混合花岗岩	19.3	18	27	100	0.26
微风化混合花岗岩	27.0	29	68	40000	0.20

2)围岩应力分布规律分析

根据上述分析,压力拱边界随软、硬岩交界面的变化而变化,设置如下工况:工况一,设置一个软、硬岩交界面的位置进行试算,确定压力拱外边界;工况二,根据工况一的试算结果,改变软、硬岩交界面的位置,确定压力拱外边界;工况三,根据工况二的试算结果,再次改变软、硬岩交界面的位置,确定压力拱外边界……依次类推,直至拱顶部位的压力拱外边界正好与软、硬岩交界面相切,即为隧道的拱顶微风化花岗岩的最小安全厚度。

(1) 工况一

假设软、硬岩交界面位于拱顶上方 2.0m,试算压力拱外边界的位置,即微风化花岗岩的最小厚度。初始应力状态下,即隧道开挖前,围岩水平应力云图及竖向应力云图分别如图 5-5、图 5-6 所示,隧道开挖后,围岩水平应力云图及竖向应力云图分别如图 5-7、图 5-8 所示。

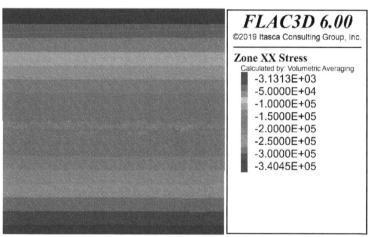

图 5-5　初始应力状态下的水平应力(有限元计算结果截图)

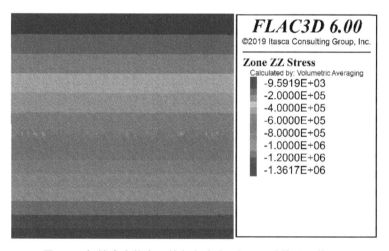

图 5-6　初始应力状态下的竖向应力(有限元计算结果截图)

与初始应力状态下相比,隧道开挖后,靠近拱顶位置,沉降较大,能量减少,隧道拱顶位置受拉,且距离拱顶越近拉应力越大;在拱顶上方一定范围内,水平应力达到最大,此处即为压力拱的内边界。监测隧道拱顶至地表的水平应力和竖向应力,每 0.5m 监测一次,并绘制如图 5-9 所示的应力路径曲线。水平和竖直方向的应力分量可近似作为最小、最大主应力,最大主应力的方向发生偏转的位置即为压力拱外边界,对应图中水平应力与竖直应力的交点(代表最大主应力由竖向应力变为水平应力)。水平应力与竖向应力的交点为压力拱的外边界,由图可知软、硬岩交界面距离隧道拱顶 2.0m 时隧道正上方压力拱外边界距离拱顶约 2.7m。

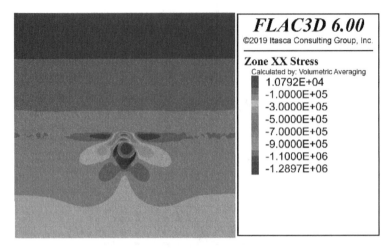

图 5-7 隧道开挖后的水平应力(有限元计算结果截图)

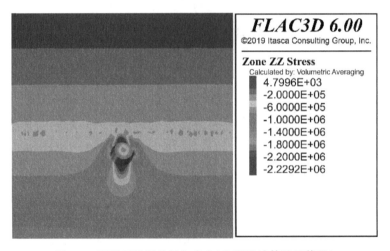

图 5-8 隧道开挖后的竖向应力(有限元计算结果截图)

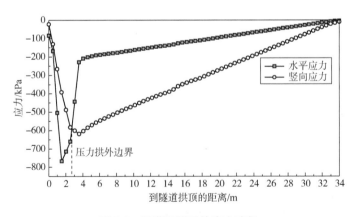

图 5-9 隧道开挖后的应力路径

(2)工况二

根据工况一可知,软、硬岩交界面距离隧道拱顶 2.0m 时压力拱外边界距隧道拱顶 2.7m,即压力拱外边界位于强风化花岗岩中。在富水地层中,强风化花岗岩强度受地下水的影响,极易影响模式转换的安全性。为进一步研究上软下硬地层硬岩关键层的最小厚度,设置软、硬岩交界面距离隧道拱顶 3.0m,求压力拱外边界的位置。

隧道开挖后,围岩水平应力云图及竖向应力云图分别如图 5-10、图 5-11 所示。软、硬岩交界面距离隧道拱顶 3.0m 时,应力分布规律与工况一相似。提取隧道拱顶至地表的水平应力和竖向应力,绘制如图 5-12 所示的应力路径曲线。由图可知,软、硬岩交界面距离隧道拱顶 3.0m 时,隧道正上方压力拱外边界距离拱顶约 3.2m。

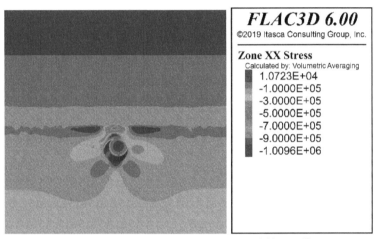

图 5-10 隧道开挖后的水平应力(有限元计算结果截图)

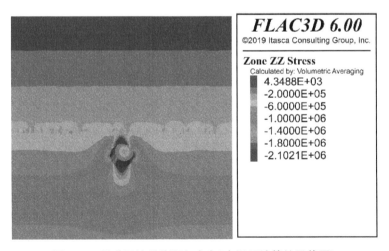

图 5-11 隧道开挖后的竖向应力(有限元计算结果截图)

(3)工况三

根据工况二可知,软、硬岩交界面距离隧道拱顶 3.0m 时,压力拱外边界距离隧道拱顶 3.2m,压力拱外边界仍位于强风化花岗岩中,设置软、硬岩交界面距离隧道拱顶 3.5m,求压力拱外边界的位置,即微风化花岗岩的最小厚度。同理,应力变化规律与工况一、工况二类似,拱顶至地表的水平应力和竖向应力如图5-13所示,当软、硬岩交界面距离隧道拱顶3.5m时,压力拱外边界距离隧道拱顶约3.1m,压力拱外边界位于微风化花岗岩中,满足安全性要求。

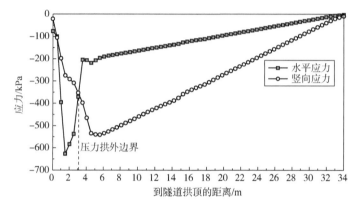

图5-12 隧道开挖后的应力路径

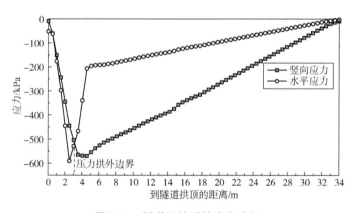

图5-13 隧道开挖后的应力路径

此外,由于上软下硬地层中压力拱外边界随软、硬岩交界面位置的变化而变化,本研究共建立11组模型,分别计算了软、硬岩交界面在拱顶上方0m、1m、2m、3m、3.5m、4m、6m、8m、10m、12m、14m时压力拱外边界的位置,并根据计算结果绘制了如图5-14所示的软、硬岩交界面位置与压力拱外边界位置的关系图。根据压力拱外边界变化曲线,压力拱外边界并非静态的,而是随着软、硬岩交界面的变化而变化,且呈非线性关系,当隧道拱顶上方均为强风化花岗岩时,压力拱外边界位于拱顶上方3.6m处。当隧道拱顶上方出现微风化花岗岩后,压力拱外边界先急剧减小。随着微风化花岗岩厚度增大,由于微风化花岗岩容重大于强风化花岗岩,受岩体自重影响,压力拱外边界也逐渐增大。当微风化花岗岩达到一定厚度(大于6m)时,压力拱外边界逐渐趋于稳定。红线上方区域表示压力拱外边界到隧道拱顶的距离大于软、硬岩交界面到隧道拱顶的距离,即压力拱外边界位于强风化花岗岩中;红线下方区域表示软、硬岩交界面到隧道拱顶的距离大于压力拱外边界到隧道拱顶的距离,压力拱外边界位于微风化花岗岩中,压力拱内部岩体均为微风化花岗岩;两条线的交点表示软、硬岩交界面到隧道拱顶的距离恰好等于压力拱外边界到隧道拱顶的距离,故当隧道埋深为34m、隧道直径为6.98m时,隧道拱顶上方硬岩最小厚度为3.1m,即模式转换位置隧道拱顶微风化花岗岩的最小安全厚度为3.1m。

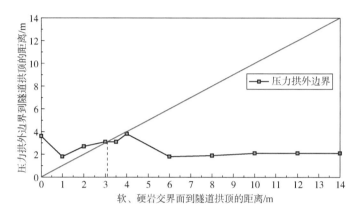

图 5-14 软、硬岩交界面-压力拱外边界关系图

与理论公式计算结果相比,数值模拟方法所得结果偏小。这是由于数值模拟结果受网格尺寸的影响,隧道拱顶上方3.1m位置处岩体的网格尺寸约为0.6m,单元应力的计算方法为体积平均法,所得结果存在一定偏差,故取理论计算结果作为模式转换位置拱顶硬岩的最小厚度,即模式转换位置处拱顶上方微风化混合花岗岩的最小厚度为3.7m。

5.2.3 隧道穿越空洞时底板安全厚度研究

5.2.3.1 隧道底板围岩受力模型

在富水地层条件下,若隧道底部存在空洞,隧道开挖后,隧道底部岩层厚度减小,在开挖扰动等因素的影响下,隧道底板岩层可能发生破坏,造成隧道底部塌陷等事故发生,严重影响隧道施工机械及作业人员的安全。双模盾构机模式转换在硬岩段(即全断面微风化花岗岩)中进行,转换位置处盾构机刀盘后方大约7.5m范围内的围岩无管片支护,若隧道底部存在空洞,将直接影响模式转换过程中围岩的稳定性。

本小节假设隧道底部存在空洞,并通过理论分析和数值模拟对隧道底部微风化花岗岩的最小厚度进行研究,以确保隧道底板满足双模盾构模式转换期间的安全要求。

以线弹性理论为基础建立力学模型,采用结构力学近似计算隧道穿越空洞时底板的最小安全厚度。如图5-15所示,假设空洞位于隧道正下方,为球形,空洞半径分别设为2.0m、2.5m、3.0m、3.5m、4.0m。为简化计算,假设岩体完整且为均匀、各向同性的连续介质,既能承受压应力也能承受拉应力,将隧道底板岩层简化为两端固定的梁,不考虑承压水的作用,不考虑空洞顶部压力拱的作用。梁上作用的荷载有隧道底部岩体以及盾构机前盾和中盾的自重荷载。简化后的计算模型如图5-16所示。

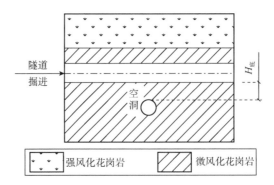

图 5-15 地质分析模型

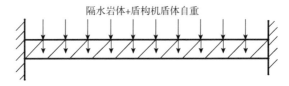

图 5-16 简化弹性梁模型

在隧道底板及盾构机盾体自重荷载作用下,隧道一侧岩体受压,而空洞顶部受拉。根据结构力学,固支梁均布荷载时,梁的最大弯矩出现在梁的两端,最大值 M_{max} 为:

$$M_{max} = \frac{(\gamma B H_{底} + G) l^2}{12} \tag{5-2}$$

梁的最大剪力出现在梁两端,最大值 Q_{max} 为:

$$Q_{max} = \frac{(\gamma B H_{底} + G) l}{2} \tag{5-3}$$

式中:γ——隧道底部岩体重度;

B——隧道底部空洞宽度,取空洞直径;

$H_{底}$——隧道底板厚度;

G——盾构机前盾和中盾的自重在隧道开挖方向上的均布荷载,$G = \frac{G_{刀盘} + G_{前盾} + G_{中盾}}{7.5} \times l$;

l——空洞跨度,取空洞直径。

按抗弯强度验算可得隧道底板岩层的最小安全厚度 $H_{底}$ 为:

$$H_{底} = \frac{\gamma B l^2 + \sqrt{B^2 \gamma^2 l^4 + 8B[\sigma_t] G l^2}}{4B[\sigma_t]} \tag{5-4}$$

按抗剪强度验算可得隧道底板岩层的最小安全厚度 $H_{底}$ 为:

$$H_{底} = \frac{3Gl}{4B[\tau] - 3B\gamma l} \tag{5-5}$$

式中:$[\sigma_t]$——隧道底部岩体的容许抗拉强度;

$[\tau]$——隧道底部岩体的容许抗剪强度。

根据地质勘察报告,微风化花岗岩的重度为 27kN/m³,抗拉强度为 2.3MPa,安全系数取 2.0,则 $[\sigma_\text{t}]=1.15$MPa,按抗弯强度计算得隧道底板岩层的最小安全厚度 $H_{\text{底min1}}$;微风化花岗岩抗剪强度为 5.722MPa,安全系数取 2.0,则 $[\tau]=2.86$MPa,按抗剪强度计算得隧道底板岩层的最小安全厚度 $H_{\text{底min2}}$。根据上述分析,按抗弯强度和抗剪强度计算不同空洞洞径条件下隧道底板的最小厚度 $H_{\text{底min1}}$ 和 $H_{\text{底min2}}$,如表 5-2 所示。

不同空洞尺寸下隧道底板的最小厚度(单位:m)　　　　表 5-2

空洞半径 R	$H_{\text{底min1}}$	$H_{\text{底min2}}$	max{$H_{\text{底min1}}$,$H_{\text{底min2}}$}
2.0	1.74	0.29	1.74
2.5	2.08	0.37	2.08
3.0	2.43	0.45	2.43
3.5	2.76	0.53	2.76
4.0	3.10	0.60	3.10

当隧道下方存在空洞时,通过对隧道底板的抗弯和抗剪分析,可以确定,要维持模式转换期间围岩稳定,则至少要保证隧道底部完整的微风化花岗岩厚度大于 max{$H_{\text{底min1}}$,$H_{\text{底min2}}$};由计算结果可知,在其他条件不变的情况下,模式转换位置隧道底板的最小安全厚度随空洞尺寸增大而增大。

5.2.3.2 双模盾构模式转换时底板的最小安全厚度

1)底板安全厚度的数值模拟模型

为研究隧道底部微风化花岗岩的最小安全厚度,利用 FLAC3D 对隧道底部微风化花岗岩的最小安全厚度进行研究,并验证上述近似计算的结果。数值模拟时其他条件不变,仅改变空洞尺寸以及空洞顶部与隧道底部之间的距离,分析双模盾构机模式转换位置处隧道底板的应力、位移以及塑性区的分布特征。为简化计算,假设隧道底部岩体完整且为均匀的、各向同性的连续介质,隧道纵向保持水平,不考虑双模盾构机盾壳的作用以及地下水的影响,模型尺寸为 60m×60m×60m,球形空洞位于隧道正下方,空洞半径为 2.5m,隧道顶部微风化花岗岩厚度为 3.7m,隧道与空洞的位置关系如图 5-17 所示。为保证计算精度,空洞网格尺寸设置为 0.8m,隧道网格尺寸设置为 1.0m,岩土体网格尺寸设置为 2.0m。

数值模拟计算的步骤如下:①对模型底部和四周添加位移边约束,模型顶面为自由面,采用 Mohr-Coulomb 本构模拟岩土体,施加重力进行初始地应力平衡;②位移清零,采用 null 模型模拟空洞的形成过程,计算至平衡;③位移再次清零,采用 null 模型模拟隧道的开挖过程,并在开挖面后方 7.5m 范围内对隧道底部施加盾体自重荷载(272kN/m),最终建立如图 5-18 所示的三维模型。并研究空洞半径为 2.0m、2.5m、3.0m、3.5m、4.0m 的 5 种不同工况下,转换位置底板的最小安全厚度。共建立 30 组模型,模拟空洞距离隧道底部不同距离时围岩的应力、变形以及塑性区分布规律,并以隧道的塑性区与空洞的塑性区是否贯通作为判据,无论是过去的破坏还是正在进行的破坏,只要连通即认为不安全,求出隧道底板的临界安全厚度。

图 5-17 隧道与空洞位置关系

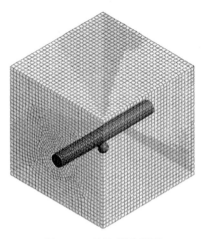
图 5-18 数值模拟模型

2) 围岩应力及变形规律分析

以空洞半径为 2.5m、空洞顶部距离隧道底部 1.5m 为例,对围岩应力和位移规律进行分析。

初始应力状态下,围岩应力及变形分别如图 5-19、图 5-20 所示。空洞形成过程中,在自重作用下,空洞顶部围岩拉应力增大并产生向下的位移,侧墙压应力增大,底部受卸荷作用产生向上的隆起。初始应力状态下,空洞的应力、位移变化规律与隧道开挖过程中围岩的应力、变形规律类似。

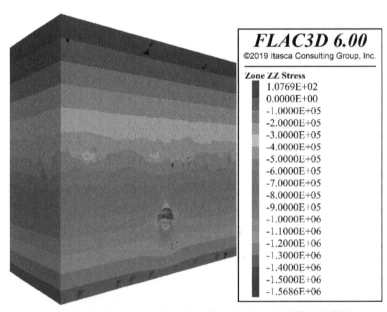
图 5-19 初始应力状态下的围岩应力云图(有限元计算结果截图)

空洞形成后,在隧道开挖前进行位移清零,并在无管片支护段对隧道底部施加盾构机刀盘、前盾和中盾的自重荷载。隧道开挖后围岩应力及变形分别如图 5-21、图 5-22 所示,并根据计算结果绘制如图 5-23、图 5-24 所示的变化曲线。在自重荷载作用下,空洞顶部受拉且产生沉降,由于受到隧道开挖卸荷的影响,在图中表现为压应力和隆起量急剧减小;在空洞正上方,隧道底部压应力增大,隆起量减小,符合前文结构力学近似计算模型的受力特性。对于其他工况,即不同洞径下距离隧道底部不同距离时,围岩应力、变形规律与此例相似。

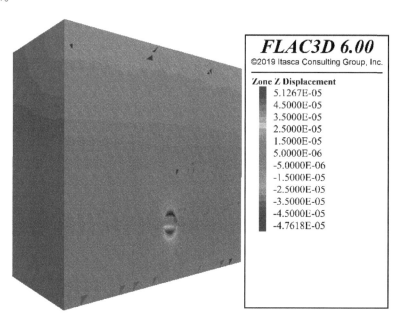

图 5-20　初始应力状态下的围岩变形云图(有限元计算结果截图)

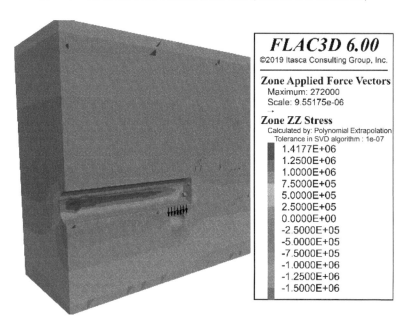

图 5-21　隧道开挖后的围岩应力云图(有限元计算结果截图)

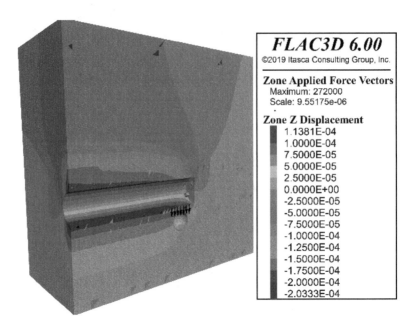

图 5-22 隧道开挖后的围岩位移云图(有限元计算结果截图)

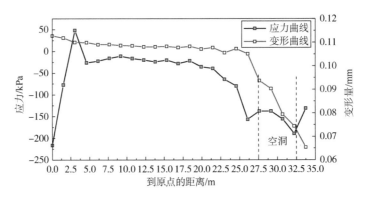

图 5-23 隧道底板应力及位移曲线

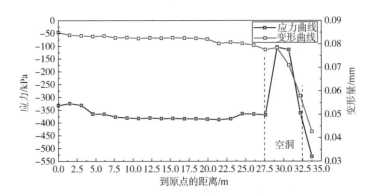

图 5-24 空洞顶部应力及位移曲线

第5章 盾构模式快速转换工艺及安全控制技术

以塑性区分布规律作为判据,求隧道底板的最小厚度,故对5种工况下的塑性区分布规律进行研究。

(1)工况一

当空洞半径为2m时,求隧道底部微风化花岗岩的最小厚度。

当空洞距离隧道底板1m时(图5-25),空洞和隧道间的围岩在当前和过去均发生剪切破坏,且塑性区连通,不能满足模式转换期间对底板稳定性的要求。当空洞距离隧道底板2m时(图5-26),围岩仅在过去发生剪切破坏,但塑性区连通,仍然不能满足模式转换期间对底板稳定性的要求。随着空洞与隧道底板距离继续增大,空洞与隧道间围岩塑性区分布范围逐渐减小,如图5-27、图5-28所示,空洞距离隧道底板大于3m时,围岩只在过去发生剪切破坏,且塑性区未连通,故空洞距离隧道底板3m时,就可以满足双模盾构机模式转换期间对底板稳定性的要求。图5-25中,空白区域表示围岩未破坏,下同。

图5-25 空洞半径为2m时的塑性区分布规律
(空洞顶部距离隧道底部1m)

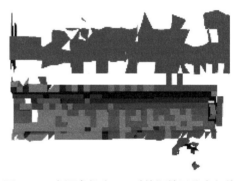

图5-26 空洞半径为2m时的塑性区分布规律
(空洞顶部距离隧道底部2m)

图5-27 空洞半径为2m时的塑性区分布规律
(空洞顶部距离隧道底部3m)

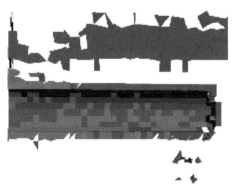

图5-28 空洞半径为2m时的塑性区分布规律
(空洞顶部距离隧道底部4m)

为求得隧道底板微风化花岗岩最小厚度,再对空洞距离隧道底板2.5m、2.8m时的围岩塑性区分布规律进行分析。如图5-29、图5-30所示,空洞与隧道间围岩在过去均发生过剪切破坏,不满足要求。故空洞半径为2.0m时,隧道底板微风化花岗岩最小厚度为3.0m,围岩变形在弹性范围内,双模盾构机模式转换时能够满足稳定性要求。

图 5-29 空洞半径为 2m 时的塑性区分布规律（空洞顶部距离隧道底部 2.5m）　　图 5-30 空洞半径为 2m 时的塑性区分布规律（空洞顶部距离隧道底部 2.8m）

注：塑性区分布图中空白区域表示围岩未发生破坏，其他颜色代表正在发生的或过去发生的剪切、拉伸破坏，下同。

（2）工况二

空洞半径为 2.5m，求隧道底板微风化花岗岩最小厚度。

当空洞顶部到隧道底板的距离小于 3m 时，如图 5-31～图 5-33 所示，空洞和隧道间的围岩均发生剪切破坏，且塑性区连通，不能满足模式转换期间对底板稳定性的要求；随着空洞与隧道底板的距离增大，如图 5-34 所示，空洞与隧道间围岩塑性区分布范围不断继续缩小，塑性区未连通，故空洞距离隧道底板 4m 时可以满足双模盾构机模式转换期间对底板稳定性的要求。

图 5-31 空洞半径为 2.5m 时的塑性区分布规律（空洞顶部距离隧道底部 1m）　　图 5-32 空洞半径为 2.5m 时的塑性区分布规律（空洞顶部距离隧道底部 2m）

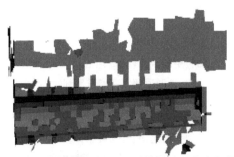

图 5-33 空洞半径为 2.5m 时的塑性区分布规律（空洞顶部距离隧道底部 3m）　　图 5-34 空洞半径为 2.5m 时的塑性区分布规律（空洞顶部距离隧道底部 4m）

为求得隧道底板微风化花岗岩的最小厚度,再分别对空洞距离隧道底板3.5m、3.2m时的围岩塑性区分布规律进行分析。如图5-35所示,当底板厚度为3.5m时,空洞与隧道间围岩的塑性区并未连通,围岩变形在弹性范围内。如图5-36所示,底板厚度为3.2m时不能满足要求。故可认为空洞半径为2.5m时,双模盾构机模式转换期间隧道底板微风化花岗岩的最小安全厚度为3.5m。

 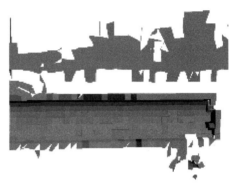

图5-35 空洞半径为2.5m时的塑性区分布规律　　图5-36 空洞半径为2.5m时的塑性区分布规律
　　　（空洞顶部距离隧道底部3.5m）　　　　　　　　　（空洞顶部距离隧道底部3.2m）

根据上述分析,隧道与空洞间围岩的塑性区分布范围随着隧道与空洞距离增大而减小,隧道底板微风化花岗岩的最小厚度随着空洞半径增大而增大;对于工况三、工况四、工况五,也符合此规律,故不再赘述。根据模拟结果确定了隧道底板微风化花岗岩的最小安全厚度,如表5-3所示。

不同空洞尺寸情况时隧道底板的最小厚度(单位:m)　　表5-3

空洞半径	隧道底板最小厚度	空洞半径	隧道底板最小厚度
2.0	3.0	3.5	4.1
2.5	3.5	4.0	4.6
3.0	3.8		

相比于表5-2,表5-3中的数值均较大。这是因为在结构力学近似计算过程中,对盾体的自重荷载进行了简化,且受空洞尺寸的影响,在理论分析的过程中,梁的宽度较大,故表5-2计算结果偏小;采用数值模拟能够较好地反映模式转换过程中围岩应力及变形的真实情况,故采用表5-3的计算结果作为双模盾构机模式转换过程中隧道底板的最小安全厚度。

5.2.4　侧穿既有隧道时转换位置侧墙安全厚度研究

5.2.4.1　地铁隧道侧墙变形控制要求

地铁隧道通常为双线双洞隧道,为满足交通需求,双线隧道间距较小。由于地质条件复杂,左、右线隧道开挖面推进速度不一致,模式转换工作不在同一时间进行,既有隧道围岩会受到新建隧道施工过程的扰动,尤其是在模式转换期间,新建隧道模式转换位置围岩未得到支护,既有隧道侧墙有向新建隧道方向的变形趋势,若两隧道间距过小,在上部围岩自重的作用下,既有隧道与新建隧道间的侧墙将发生失稳破坏。

根据《盾构法隧道施工及验收规范》(GB 50446—2017),成型隧道验收时,地铁隧道相邻管片环向错台允许的最大偏差为15mm。由于模式转换是在硬岩段完成的,可近似认为相邻管片环向错台是由隧道侧墙位移引起的,故将相邻管片环向错台允许最大偏差作为既有隧道侧墙的最大变形量,以既有隧道侧墙的最大允许变形量为判据,反推模式转换位置侧墙的最小厚度;同时,以既有隧道侧墙与新建隧道侧墙的塑性区是否贯通作为参考,无论是过去的破坏还是正在进行的破坏,只要连通即认为不安全。通过以上两种方式来确定模式转换位置侧墙的临界安全厚度。

5.2.4.2 双模盾构模式转换时侧墙的最小安全厚度

1)侧墙安全厚度的数值计算模型

为确定新建隧道转换位置侧墙的最小厚度,采用FLAC3D软件建立三维模型。为简化计算,做如下假设:地层水平,不考虑地下水及隧道线路坡度,不考虑盾壳的作用,两隧道线路平行,模式转换在硬岩段进行。模型长60m、宽80m、高60m,隧道网格尺寸为1m,围岩网格尺寸为2m。该工程左、右线间距11.0~17.3m,按最小净距进行分析,取隧道净距11.0m建立模型,取两隧道中心点连线的中点作为原点,双模盾构刀盘的开挖直径为6.98m,软、硬岩交界面附近隧道拱顶平均埋深约为34.0m,隧道顶部微风化花岗岩厚度取3.7m。在模型侧面施加水平约束,在模型底面施加竖向约束,地表为自由面。采用Mohr-Coulomb本构模型模拟岩土体,用null模型模拟隧道开挖过程。开挖进尺取管片宽度(1.5m)。数值模拟模型如图5-37、图5-38所示,左侧为既有隧道。

图5-37 侧墙安全厚度的数值计算模型

图5-38 隧道及管片支护

隧道采用C50P12混凝土管片支护。每环管片宽1.5m、厚0.35m,弹性模量为34.5GPa,泊松比为0.2,密度为2500kg/m³;等代层弹性模量为20MPa,泊松比为0.2,密度为2300kg/m³。注浆压力取0.3MPa,以均布力模拟。初始地应力仅考虑岩土体自重应力,不考虑地下水以及盾壳的作用。

数值模拟计算的步骤如下:①对模型底部和四周添加位移边约束,模型顶面为自由面,施加重力进行初始地应力平衡;②位移清零,采用null模型模拟先行隧道的开挖及支护过程,为了与实际工程相符,隧道管片支护与隧道开挖不同步,计算至平衡;③位移再次清零,采用null模型实现新建隧道的开挖过程。为模拟新建隧道的模式转换过程,管片支护晚于隧道开挖6环,即在掌子面后方7.5m处设置管片支护,在模式转换位置不设置管片支护,不施加注浆压力,分析隧道侧墙变形情况,确定模式转换位置侧墙的最小厚度。

2)围岩应力、变形及塑性区分布规律分析

隧道开挖后,围岩 z 方向的应力如图 5-39、图 5-40 所示。由于应力路径改变,新建隧道和既有隧道的拱顶和仰拱均受拉,受上覆岩体重力影响,新建隧道与既有隧道间的岩墙压应力增大。

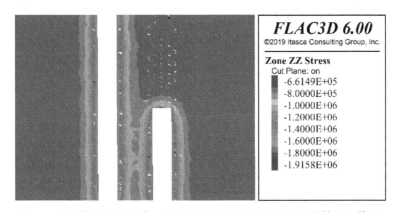

图 5-39　隧道开挖后,围岩 z 方向纵剖面应力云图(有限元计算结果截图)

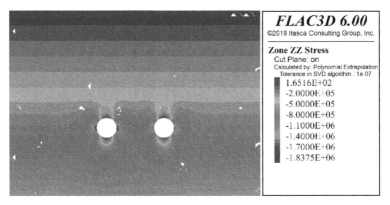

图 5-40　隧道开挖后,围岩 z 方向横剖面应力云图(有限元计算结果截图)

围岩 x 方向的变形如图 5-41、图 5-42 所示,既有隧道和新建隧道围岩变形量均较小。根据变形云图,为便于分析隧道侧墙的变形规律,在隧道侧墙位置设置 2 个监测点,如图 5-43 所示。新建隧道开挖完成后,对既有隧道及新建隧道监测点位置围岩变形进行监测,每隔 0.5m 监测 1 次,并绘制如图 5-44 所示的变形曲线。新建隧道开挖至距离原点 22.5~30m 处,进行模式转换工作,模式转换区域对应盾构机前盾和中盾,此区域内无管片支护,无注浆压力,且无土仓压力。新建隧道开挖后,既有隧道侧墙围岩受到扰动,出现收敛变形,在正常掘进段(0~22.5m),既有隧道与新建隧道之间的岩墙有向既有隧道方向变形的趋势;在模式转换区域(22.5~30m),由于新建隧道围岩未得到支护,新建隧道侧墙收敛明显;在掌子面前方(30~40m),侧墙变形量逐渐减小并趋于0。由于围岩强度高,侧墙总体变形量较小,既有隧道相邻两管片环间变形值的差值较小,根据隧道围岩变形控制要求,当区间隧道净距为11m即可满足模式转换的安全要求。

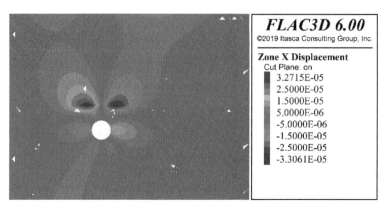

图 5-41　既有隧道开挖后,围岩 x 方向变形云图(有限元计算结果截图)

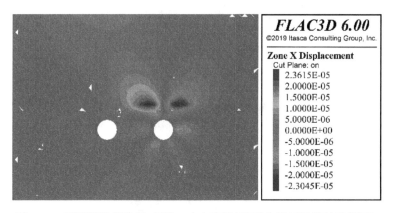

图 5-42　新建隧道开挖后,围岩 x 方向变形云图(有限元计算结果截图)

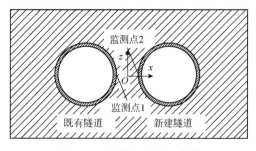

图 5-43　监测点布置示意图

为了便于分析,将塑性区分布图沿隧道纵向及横向进行剖分,分别如图 5-45、图 5-46 所示。图中,左侧为先行隧道塑性区,右侧为新建隧道及模式转换位置塑性区。当既有隧道与新建隧道的净距为 11m 时,既有隧道与新建隧道间的岩墙未发生明显破坏,仅在隧道局部发生破坏,既有隧道与新建隧道间围岩塑性区未贯通,满足安全性要求。

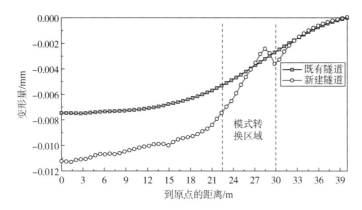

图 5-44　隧道开挖后,围岩 x 方向变形曲线

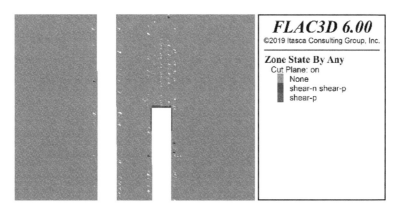

图 5-45　既有隧道开挖后,围岩 x 方向变形(有限元计算结果截图)

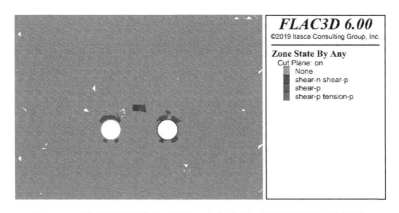

图 5-46　新建隧道开挖后,围岩 x 方向变形(有限元计算结果截图)

平行隧道净距一般不小于隧道外轮廓直径,对于本工程,即要求隧道净距不小于隧道直径(7m)。故再对规范要求的最小净距进行建模计算,以得出该工程隧道侧墙的最小安全厚度,计算模型如图 5-47 所示。

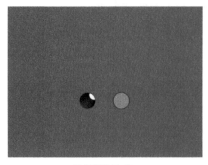

a)数值计算模型　　　　　　　　　　　b)隧道及管片支护

图 5-47　侧墙安全厚度的数值计算模型

隧道开挖后,隧道侧墙 x 方向的变形如图 5-48、图 5-49 所示,绘制如图 5-50 所示的变形曲线。当新建隧道与既有隧道间净距为 7m 时,由于隧道间距较小,受到新建隧道的影响,既有隧道产生变形,且既有隧道与新建隧道之间的岩墙具有向既有隧道方向变形的趋势,导致既有隧道的变形量大于新建隧道变形量;在模式转换位置处,新建隧道侧墙出现明显的收敛变形;由于围岩强度高,侧墙总体变形量较小,既有隧道相邻两管片环间变形值的差值较小,根据隧道围岩变形控制要求,当区间隧道净距为 7m 也可满足模式转换的安全要求。

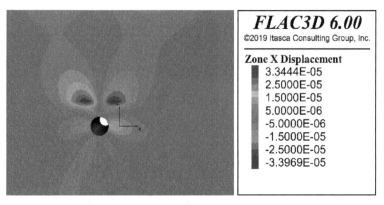

图 5-48　既有隧道开挖后,围岩 x 方向变形云图(有限元计算结果截图)

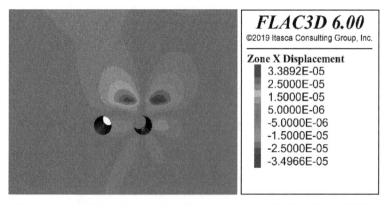

图 5-49　新建隧道开挖后,围岩 x 方向变形云图(有限元计算结果截图)

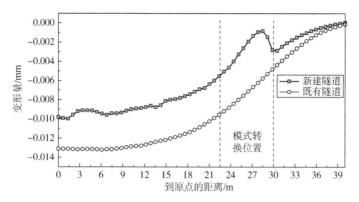

图 5-50 隧道开挖后,围岩 x 方向变形曲线

塑性区分布规律如图 5-51、图 5-52 所示。当既有隧道与新建隧道的净距为 7m 时,既有隧道与新建隧道间的岩墙未发生明显破坏,仅在局部发生破坏,既有隧道与新建隧道间围岩塑性区未贯通,可满足安全性要求。

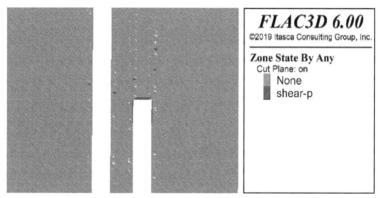

图 5-51 既有隧道开挖后,围岩 x 方向变形(有限元计算结果截图)

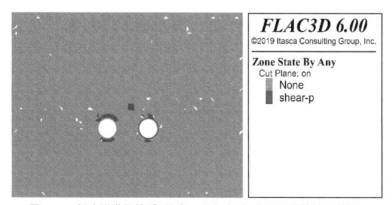

图 5-52 新建隧道开挖后,围岩 x 方向变形(有限元计算结果截图)

综上所述,先取左、右线隧道的最小净距为 11.0m 进行研究,若考虑先行隧道对模式转换位置围岩稳定性的影响,根据围岩变形及塑性区分布规律,侧墙厚度为 11m 时可满足模式转换过程中的安全性要求,由于区间左、右线间距为 11.0~17.3m,故区间隧道侧墙厚度均可

满足安全要求。根据规范要求,隧道最小净距不小于洞径(7m),故再对双线隧道净距为 7m 时侧墙的变形及塑性区规律进行分析。结果表明,双线隧道净距为 7m 时,隧道侧墙仍能满足模式转换过程的安全性要求,故取侧墙最小安全厚度为 7m。

5.2.5 掌子面距软、硬岩交界面的安全距离

双模盾构机模式转换分为两种:一种是敞开模式转换为土压模式,即 TBM 模式转 EPB 模式;另一种是土压模式转换为敞开模式,即 EPB 模式转 TBM 模式。两种转换是可逆的过程。由于 TBM 模式转 EPB 模式和 EPB 模式转 TBM 模式是两个不同的过程,确定 $L_{留}$ 即计算 TBM 模式转 EPB 模式时盾构机留在硬岩段的最小长度,确定 $L_{入}$ 主要考虑 EPB 模式转 TBM 模式时转换工作所需的安全空间。

本小节首先对由微风化花岗岩段向强风化花岗岩段的开挖方式进行模拟,分析距离软、硬岩交界面不同位置时掌子面前方微风化花岗岩的应力变化规律,提出了掌子面前方微风化花岗岩的最小厚度 $L_{留}$;其次,结合工程的施工要求,提出了盾构机进入微风化花岗岩段的最小距离 $L_{入}$;最终,确定双模盾构机模式双向转换时掌子面距软、硬岩交界面的最小安全距离。

5.2.5.1 模式转换位置掌子面受力分析

根据双模盾构机的工作原理,在软、硬岩分界面附近改变盾构机的掘进模式。软、硬岩交界面处围岩常表现出软硬不均特性,且层间胶结差,在富水条件下,土体受水浸泡饱和、软化,导致土体承载力降低,同时水流易带走交界面处的土颗粒,受到施工扰动后,易引起失稳坍塌[151],故双模盾构机模式转换要在硬岩段进行。双模盾构机模式转换时,盾构机土仓内无压力,对掌子面的支护力为零,故模式转换期间,除了要维持隧道顶板、底板及侧墙的稳定性,掌子面的稳定性也极其重要。若掌子面前方为强风化花岗岩,掌子面前方硬岩岩盘厚度不足,在富水条件下呈饱和状态,强风化花岗岩承载力急剧下降,在水、土压力的作用下,掌子面易发生失稳,造成安全事故。

诸多研究表明,隧道掌子面前方岩盘在发生突泥突水破坏时,隧道掌子面前方岩体将发生冲切破坏,破坏结构呈圆锥台形[152]。结合已有研究成果,根据工程概况,将掌子面的破坏形态简化,计算模型如图 5-53 所示,考虑到岩体的抗剪强度不低于其抗拉强度,故以抗拉破坏作为掌子面最小安全厚度的求解条件。为简化分析,忽略软、硬岩交界面倾角的影响,即假设交界面与隧道轴线垂直,且水、土压力垂直作用于掌子面岩盘上,不考虑岩盘的自重。

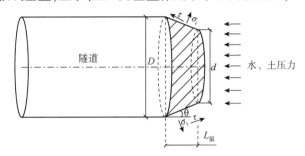

图 5-53 掌子面岩盘稳定性分析力学模型

掌子面岩盘达到极限平衡时,仅考虑抗拉作用,建立破坏面上的极限平衡方程[153],计算过程如下。

冲切体侧表面积:

$$S=\frac{\pi(d+L_{留}\tan\theta)L_{留}}{\cos\theta} \tag{5-6}$$

几何条件:

$$D=d+2L_{留}\tan\theta \tag{5-7}$$

极限平衡方程:

$$\pi\left(\frac{d}{2}\right)^2 q - P = \sigma_t S\sin\theta \tag{5-8}$$

解得掌子面岩盘的最小安全厚度:

$$L_{留}=\frac{D[(q+\sigma_t)-\sqrt{\sigma_t(q+\sigma_t)}]}{2\tan\theta(q+\sigma_t)} \tag{5-9}$$

式中:D——隧道直径;

d——受压直径;

q——作用在掌子面岩盘上的水、土压力,水位埋深取10m,隧道拱顶埋深为34m,隧道轴线处水压力约为275kPa,土压力以静止土压力计算,取浮重度约11kN/m³,静止侧压力系数取0.35,隧道轴线处土压力约为144kPa,故q为水土压力的合力,约为420kPa;

P——盾构机对掌子面的支护力,模式转换过程中土仓无压力,P为0;

σ_t——岩体的抗拉强度,取1.15MPa;

θ——扩散角,取$\theta=45°-\varphi/2$,其中φ为微风化花岗岩的摩擦角(68°)。

按抗拉强度计算得掌子面微风化花岗岩的最小安全厚度为2.6m。

同时,可借鉴文献[154]提供的基于上限原理的岩盘厚度计算方法,验证计算结果。基于Mohr-Coulomb准则的岩盘安全厚度H计算式为[155]:

$$H=\frac{D}{2}\cot\varphi\left(1-\sqrt{\frac{c\cot\varphi}{p+c\cot\varphi}}\right) \tag{5-10}$$

式中:H——岩盘的安全厚度;

D——隧道开挖直径;

c——微风化花岗岩的黏聚力,取29kPa;

φ——微风化花岗岩的摩擦角,取68°;

p——掌子面岩盘所受到的水、土压力,取420kPa。

通过该方法计算得岩盘的最小安全厚度H为1.18m。

5.2.5.2 TBM模式转EPB模式时掌子面距软、硬岩交界面的最小安全距离

1) 数值模型的建立

为简化计算,做如下假设:地层水平,不考虑地下水及隧道线路坡度,不考虑隧道横断面

上地层的变化,软、硬岩交界面与隧道轴线的夹角为90°。分析模型如图 5-54 所示。隧道拱顶平均埋深取 34.0m,隧道顶部微风化花岗岩厚度取 3.7m。岩土体采用 Mohr-Coulomb 本构模型,隧道开挖过程用 null 模型模拟,采用 FLAC3D 的接触面单元 interface 模拟软、硬岩地层间的相互滑移和剥离作用,法向刚度 K_n、切向刚度 K_s 按经验公式[136]进行计算,取 $K_n = K_s = 2.22 \times 10^5$ MPa。模型长 75m、宽 60m、高 60m,隧道网格尺寸为 1m,围岩网格尺寸为 2m。计算模型如图 5-55、图 5-56 所示。

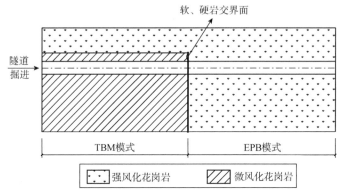

图 5-54 模型示意图

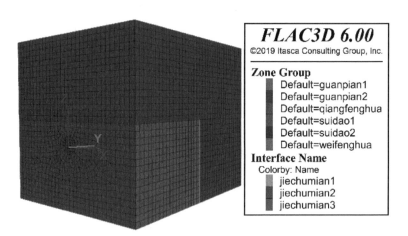

图 5-55 数值模拟模型(有限元计算结果截图)

2)应力及变形规律分析

模拟由微风化花岗岩向强风化花岗岩的掘进过程(即 TBM 模式转 EPB 模式)。隧道开挖过程中,监测掌子面到软、硬岩交界面不同距离时的应力、变形及塑性区分布特征。为研究隧道开挖对软、硬岩交界面附近岩土体的影响,对软、硬岩交界面的应力、变形规律进行分析,以确定掌子面到软、硬岩交界面最小安全距离。

隧道开挖过程中,隧道围岩应力及变形云图如图 5-57~图 5-60 所示。在自重荷载作用下,隧道拱顶、仰拱出现拉应力。由于硬岩段围岩弹性模量大,变形量微小;软岩段围岩自稳性较差,上部岩体的自重作用明显,侧墙部位压应力较大,拱顶下沉、仰拱隆起明显,掌子面变形量较大,软、硬岩交界面附近围岩应力分布不均匀,变形不协调。

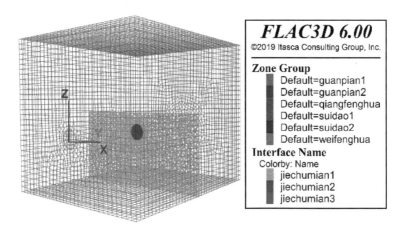

图 5-56　界面单元示意图(有限元计算结果截图)

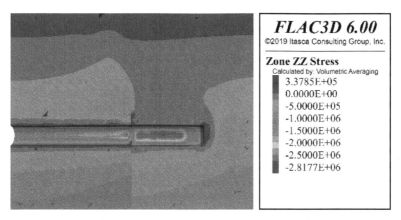

图 5-57　隧道掘进过程中围岩 z 方向应力(有限元计算结果截图)

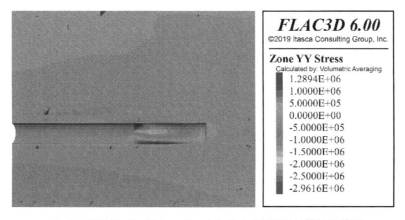

图 5-58　隧道掘进过程中围岩 y 方向应力(有限元计算结果截图)

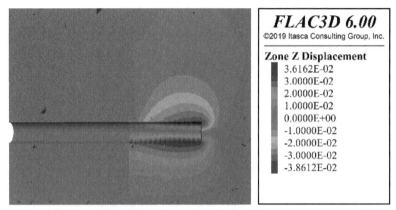

图 5-59 隧道掘进过程中围岩 z 方向位移(有限元计算结果截图)

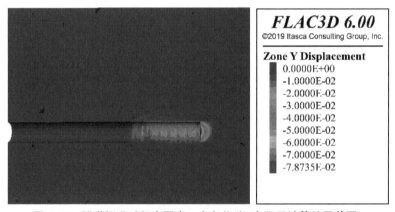

图 5-60 隧道掘进过程中围岩 y 方向位移(有限元计算结果截图)

隧道从原点(模型左侧)掘进,隧道掘进过程中,监测不同位置掌子面围岩的在隧道掘进方向上的变形和应力,并绘制如图 5-61、图 5-62 所示的应力、变形曲线。在硬岩段,掌子面中心处单元在 y 方向上受拉,由于承载能力强,掌子面变形量几乎为 0。在软岩段,由于围岩强度较低,承受拉应力后掌子面继续发生较大形变甚至破坏,掌子面表面单元不能承受拉力,拉应力向远离开挖面的岩土体传递,掌子面表面单元的拉应力接近 0。在软、硬岩交界面附近,应力、位移均发生明显突变。

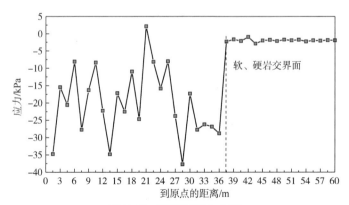

图 5-61 掌子面应力曲线

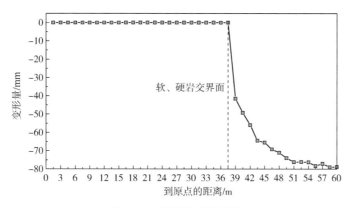

图 5-62 掌子面变形曲线

隧道掘进过程中,为确定 TBM 模式转 EPB 模式时距离软、硬岩交界面的最小安全距离,研究隧道施工对软、硬岩交界面附近岩土体的扰动规律,对软、硬岩交界面附近围岩 y 方向上的应力、变形进行监测。界面单元位于 37.5m 处,交界面左侧取 36m 处掌子面中心单元作为应力监测点,交界面右侧取 39m 处掌子面中心单元作为应力监测点,绘制如图 5-63、图 5-64 所示的应力、变形曲线。隧道开始掘进时,由于掌子面到交界面距离较大,受施工影响较小,交界面附近围岩应力、位移几乎无明显变化;隧道掘进至距离交界面 6m 时,交界面左侧单元压应力开始减小,界面单元、交界面左侧围岩开始发生变形,随后界面单元、交界面右侧围岩应力逐渐减小,交界面右侧围岩开始变形;隧道掘进通过交界面后,交界面附近岩土体及界面单元被移除,应力变为 0,变形不再发生变化。隧道开挖至距离软、硬岩交界面 6m 时,交界面应力、变形出现明显变化。

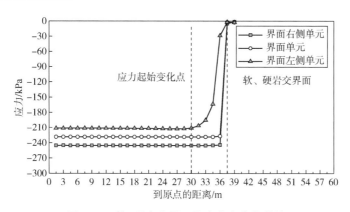

图 5-63 软、硬岩交界面围岩应力变化曲线

对掌子面前方 30m 范围内围岩 y 方向的应力和变形进行监测,应力和变形曲线如图 5-65 所示。应力及变形曲线在软、硬岩交界面处均发生突变,模式转换位置处掌子面中心处岩体受拉,应力接近 0,掌子面前方岩体应力逐渐增大,在掌子面前方约 7.5m 处恢复正常应力;掌子面岩体向隧道掘进的反方向变形,在掌子面前方约 6m 处围岩变形趋近 0。

综上,根据数值模拟结果,由于模式转换位置均位于全断面硬岩段,转换点处围岩稳定性强,围岩变形量微小,在转换点处进行模式转换仅对掌子面前方7.5m范围内的围岩有一定扰动,且扰动随着围岩与转换点距离的增大而逐渐减弱。

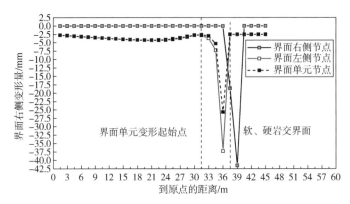

图5-64 软、硬岩交界面围岩位移变化曲线

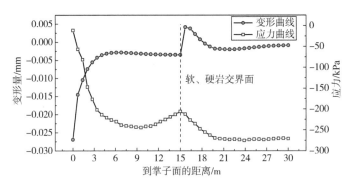

图5-65 掌子面前方30m范围内应力和位移曲线

5.2.5.3 EPB模式转TBM模式时掌子面距软、硬岩交界面的最小安全距离

双模盾构机由软岩段进入硬岩段,也需要进行模式转换。EPB模式转TBM模式时,不仅要保持掌子面围岩稳定,还需要在模式转换作业空间内保持围岩稳定。模式转换主要是出渣方式的调整,EPB模式转TBM模式时,主要进行螺旋输送机拆除、皮带输送机安装以及被动搅拌棒割除、溜渣槽及溜渣板焊接等土仓内改造工作。

双模盾构机整机布置如图5-66所示。主机总长(含刀盘)9.6m。模式转换时,盾构机的前盾和中盾约有7.35m无管片支护。为避免模式转换期间管片壁后的地下水进入土仓,影响模式转换施工,故在盾构机模式转换前要加强洞内补充注浆,并在盾尾补充注浆、施作止水环。止水环施作位置较为重要。若止水环距离盾尾太近,由于注浆浆液具有较强的流动性,如果流至盾尾,模式转换完成后盾尾容易裹死;若止水环距离盾尾太远,则止水效果不佳。故一般选择在盾尾后5~7环施作止水环。

富水条件下,软、硬岩交界面处岩土体间胶结效果差,软、硬岩交界面处土颗粒易被水流带走,形成水流通道。EPB模式转TBM模式时,盾构机进入硬岩段后,若将止水环施作在软岩段,则地下水将沿着软、硬交界面自管片壁后流向盾尾,若盾尾密封刷、密封油脂的防水效果好,则地下水将沿盾壳外壁流向刀盘,影响模式转换工作。故止水环应施作在硬岩段,且在盾尾后5环开始施作,至少保证有1个止水环位于硬岩段内。如图5-67所示,TBM模式转EPB模式时,盾构机进入硬岩段的最小长度$L_\text{入} \geq 9.6\text{m} + 8.25\text{m} + 1.5\text{m} = 19.35\text{m}$。

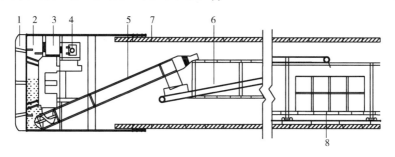

图5-66 双模(TBM-EPB)盾构机整机布置图
1-刀盘;2-土仓;3-过渡仓;4-人仓;5-螺旋输送机;6-皮带;7-管片;8-台车

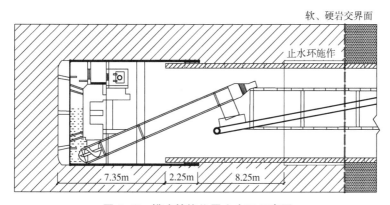

图5-67 模式转换位置止水环示意图

5.2.6 模式转换期间围岩稳定性变化规律研究

5.2.6.1 隧道围岩变形的时空效应

岩石隧道围岩变形的时空效应包括空间效应和时间效应两个方面,空间效应是围岩变形随开挖空间变化的特点,时间效应是围岩流变性质的表现[75]。一般情况下,当荷载达到岩石的瞬时强度时,岩石发生破坏;当岩石承受的荷载低于其瞬时强度,若持续作用较长时间,由于流变的作用,岩石也可能发生破坏,因此,岩石的强度随外载作用时间的延长而降低[156]。通常把作用时间趋于无限长时的岩石强度称为流变长期强度。

双模盾构机模式转换工作在硬岩段进行。一般情况下,模式转换需要耗时10～20d。模式转换期间,转换位置围岩无及时支护,隧道围岩的强度降低对其稳定性影响较大,随时间的延长,隧洞的稳定性、安全性降低[157]。对于重大工程,即使是坚硬、完整的岩石,其流变特性也可能对工程的长期稳定性或其他特定要求带来较大的影响,饱水后花岗岩长期强度将明显降低,流变速率和变形量将明显增大[158]。

在大量试验的基础上,周楚良以岩石长期强度的衰减特征和岩石的应变能守恒原则为基本出发点建立了岩石流变数学模型[71,159]:

$$\sigma_{ct} = \sigma_{c0} \exp\left[\frac{-At}{t+B}\right] \tag{5-11}$$

式中:σ_{ct}——经历时间 t 后的长期强度;

σ_{c0}——即时强度;

A、B——待定常量。

根据试验结果[160-165],近似取 $t=7d$ 时,$\sigma_{ct}/\sigma_{c0}=0.9$;$t=25d$ 时,$\sigma_{ct}/\sigma_{c0}=0.85$。代入式(5-11),可得 $A=0.206$,$B=6.6784$,则有:

$$\sigma_{ct} = \sigma_{c0} \exp\left[\frac{-0.206t}{t+6.6784}\right] \tag{5-12}$$

本工程模式转换位置均位于硬岩段,硬岩段主要围岩为微风化混合花岗岩,单轴抗压强度取 104MPa,代入式(5-12),得式(5-13),根据方程绘制如图 5-68 所示的围岩长期强度曲线。

$$\sigma_{ct} = 104\exp\left[\frac{-0.206t}{t+6.6784}\right] \tag{5-13}$$

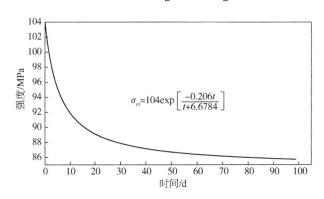

图 5-68 微风化混合花岗岩的长期强度

5.2.6.2 隧道围岩稳定性随时间变化规律

围岩稳定性与岩体本身的性质及作用在岩体上的荷载密切相关。强度准则能够很好地反映岩体是否屈服破坏,是评价围岩稳定性的重要方法。1992 年 E.Hoek 等[166]改进原有的 Hoek-Brown 强度准则,赋予了其工程意义,提出了广义的 Hoek-Brown 岩体强度准则:

$$\sigma_1 = \sigma_3 + \sigma_{ci}\left(m_b\frac{\sigma_3}{\sigma_{ci}}+s\right)^a \tag{5-14}$$

式中:m_b,s,a——反映岩体特征的经验参数,其中 m_b、a 为针对不同岩体的经验参数,s 反映岩体破碎程度(取值范围为 0.0~1.0);

σ_1——岩体破坏时的最大主应力;

σ_3——岩体破坏时的最小主应力;

第5章 盾构模式快速转换工艺及安全控制技术

σ_{ci}——岩块的单轴抗压强度。

2002年,Hoek 等[166]引入表征爆破影响和应力释放的扰动系数 D(取值范围为 0~1),提出了基于地质强度指标(GSI)的参数 m_b、s、a 取值的方法,并给出了黏聚力 c 和摩擦角 φ 的计算式。

$$m_b = \exp\left(\frac{\text{GSI}-100}{28-14D}\right)m_i \tag{5-15}$$

式中:m_i——组成岩体的完整岩块的 Hoek-Brown 常数。

$$s = \exp\left(\frac{\text{GSI}-100}{9-3D}\right) \tag{5-16}$$

$$a = 0.5 + \frac{1}{6}(e^{-\text{GSI}/15} - e^{-20/3}) \tag{5-17}$$

$$c = \frac{\sigma_{ci}[(1+2a)s+(1-a)m_b\sigma_{3n}](s+m_b\sigma_{3n})^{a-1}}{(1+a)(2+a)\sqrt{1+[6am_b(s+m_b\sigma_{3n})]^{a-1}/[(1+a)(2+a)]}} \tag{5-18}$$

$$\varphi = \sin^{-1}\left[\frac{6am_b(s+m_b\sigma_{3n})^{a-1}}{2(1+a)(2+a)+6am_b(s+m_b\sigma_{3n})^{a-1}}\right] \tag{5-19}$$

$$\sigma_{3n} = \sigma_{3\max}/\sigma_{ci} \tag{5-20}$$

式中:σ_{3n}——岩体破坏过程中最小和最大主应力关系的计算参数;

$\sigma_{3\max}$——最大围压上限值。

对地下洞室,$\sigma_{3\max}$ 的取值为:

$$\sigma_{3\max} = 0.47\sigma_{cm}\left(\frac{\sigma_{cm}}{\gamma H}\right)^{-0.94} \tag{5-21}$$

$$\sigma_{cm} = \sigma_{ci}\frac{[m_b+4s-a(m_b-8s)(m_b/4+s)^{a-1}]}{2(1+a)(2+a)} \tag{5-22}$$

式中:σ_{cm}——岩体抗压强度。

根据 Hoek 等[167-169]依据大量试验和工程实践提出的方法,取 $m_i=33$;根据苏永华的研究成果,取 GSI=80;盾构机掘进硬岩地层扰动系数 $D=0$。将式(5-13)代入广义的 Hoek-Brown 岩体强度准则[式(5-14)~式(5-22)],可得到本工程中不同时刻的围岩参数,如表5-4所示。

不同时刻微风化花岗岩的围岩参数 表5-4

d	GSI	m_i	m_b	s	a	σ_c/MPa	σ_{ct}/MPa	σ_{cm}/MPa	$\sigma_{3\max}$/MPa	σ_{3n}/MPa	φ/°	c/MPa
0	80	33	16.15	0.11	0.50	104	104.00	60.86	0.61	0.01	69.20	27.38
1	80	33	16.15	0.11	0.50	104	101.25	59.24	0.61	0.01	69.14	26.64
2	80	33	16.15	0.11	0.50	104	99.18	58.03	0.61	0.01	69.09	26.08
3	80	33	16.15	0.11	0.50	104	97.57	57.09	0.61	0.01	69.06	25.65
4	80	33	16.15	0.11	0.50	104	96.28	56.34	0.61	0.01	69.03	25.30
5	80	33	16.15	0.11	0.50	104	95.22	55.72	0.61	0.01	69.00	25.02

续上表

d	GSI	m_i	m_b	s	a	σ_c/MPa	σ_{ct}/MPa	σ_{cm}/MPa	σ_{3max}/MPa	σ_{3n}/MPa	φ/°	c/MPa
6	80	33	16.15	0.11	0.50	104	94.34	55.20	0.60	0.01	68.98	24.78
7	80	33	16.15	0.11	0.50	104	93.59	54.77	0.60	0.01	68.96	24.58
8	80	33	16.15	0.11	0.50	104	92.96	54.39	0.60	0.01	68.95	24.41
9	80	33	16.15	0.11	0.50	104	92.40	54.07	0.60	0.01	68.93	24.26
10	80	33	16.15	0.11	0.50	104	91.92	53.79	0.60	0.01	68.92	24.13
11	80	33	16.15	0.11	0.50	104	91.49	53.53	0.60	0.01	68.91	24.02
12	80	33	16.15	0.11	0.50	104	91.11	53.31	0.60	0.01	68.90	23.91
13	80	33	16.15	0.11	0.50	104	90.77	53.11	0.60	0.01	68.89	23.82
14	80	33	16.15	0.11	0.50	104	90.46	52.93	0.60	0.01	68.89	23.74
15	80	33	16.15	0.11	0.50	104	90.18	52.77	0.60	0.01	68.88	23.67
16	80	33	16.15	0.11	0.50	104	89.93	52.62	0.60	0.01	68.87	23.60
17	80	33	16.15	0.11	0.50	104	89.70	52.49	0.60	0.01	68.87	23.54
18	80	33	16.15	0.11	0.50	104	89.49	52.37	0.60	0.01	68.86	23.48
19	80	33	16.15	0.11	0.50	104	89.30	52.25	0.60	0.01	68.86	23.43
20	80	33	16.15	0.11	0.50	104	89.12	52.15	0.60	0.01	68.85	23.38
21	80	33	16.15	0.11	0.50	104	88.95	52.05	0.60	0.01	68.85	23.34
22	80	33	16.15	0.11	0.50	104	88.80	51.96	0.60	0.01	68.84	23.30
23	80	33	16.15	0.11	0.50	104	88.65	51.88	0.60	0.01	68.84	23.26
24	80	33	16.15	0.11	0.50	104	88.52	51.80	0.60	0.01	68.83	23.22
25	80	33	16.15	0.11	0.50	104	88.40	51.72	0.60	0.01	68.83	23.19
26	80	33	16.15	0.11	0.50	104	88.28	51.66	0.60	0.01	68.83	23.16
27	80	33	16.15	0.11	0.50	104	88.17	51.59	0.60	0.01	68.83	23.13
28	80	33	16.15	0.11	0.50	104	88.06	51.53	0.60	0.01	68.82	23.10
29	80	33	16.15	0.11	0.50	104	87.97	51.47	0.60	0.01	68.82	23.07
30	80	33	16.15	0.11	0.50	104	87.87	51.42	0.60	0.01	68.82	23.05

对于变形模量 E_m,当 $\sigma_{ci}>100\text{MPa}$ 时,可通过式(5-23)进行计算,计算结果如表 5-5 所示。

$$E_m = \left(1-\frac{D}{2}\right) \times 10^{(GSI-10)/40} \quad (5\text{-}23)$$

不同时刻下微风化花岗岩的变形模量　　表 5-5

时刻/d	变形模量/GPa	时刻/d	变形模量/GPa
0	57.34778781	7	54.40322
1	56.58364673	14	53.48492
2	56.00254717	28	52.77144
3	55.54577772	60	52.27146

根据 Hoek-Brown 经验公式,该工程硬岩段微风化混合花岗岩的物理力学参数随时间的变化规律如图 5-69 所示,摩擦角、黏聚力、变形模量随时间变化的趋势一致,且变化量均较小:在 0~20d,参数变化速率较快;20~60d,变化速率下降,曲线趋于平缓;60d 后,曲线基本无变化。将参数按对安全系数影响的大小进行排序,顺序为 $GSI>D>\sigma_{ct}>m_b$。由于微风化花岗岩岩体抗压强度高,完整性较好,风化程度低,在荷载作用下,其强度衰减缓慢,蠕变现象不明显。模式转换过程需要一定时间,故本研究取 30d 时的岩体相关力学参数进行计算,通过修改模型相关参数进行试算,发现考虑时间效应后,对隧道拱顶关键层的最小安全厚度 $H_覆$、底板硬岩最小安全厚度 $H_底$、侧墙最小厚度 $L_侧$、掌子面到交界面最小距离 $L_留$、$L_入$ 等均无明显影响,对该工程模式转换位置处围岩稳定性的影响微小,故不做具体分析。

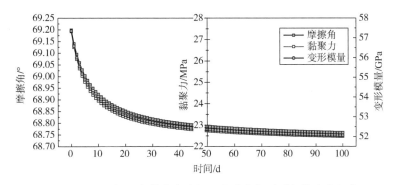

图 5-69　微风化混合花岗岩的物理力学参数随时间的变化规律

5.3　双模(TBM-EPB)盾构机模式转换位置的选择与工程实例分析

根据前述研究成果,本小节首先对前文进行总结,提出基于围岩四维稳定性的模式转换安全位置,并考虑工程施工效率和经济性对模式转换位置选取的影响,提出双模盾构机模式转换最佳位置的选取原则;其次结合深圳地铁 13 号线留—白区间隧道工程,对模式转换位置围岩稳定性进行分析,根据工程中模式转换的实际效果对研究成果进行验证。

5.3.1　模式转换位置的选择

在考虑模式转换期间围岩稳定性、保证模式转换安全的基础上,对模式转换过程的经济性进行分析,旨在为具体工程的模式转换最佳位置的选择提供参考。

5.3.1.1　模式转换的安全性

双模(TBM-EPB)盾构机模式转换,首先要满足模式转换过程中的安全要求,以维持模式转换过程中围岩的稳定。围岩四维稳定性模型如图 5-70 所示,相应参数取值及求解条件见表 5-6。

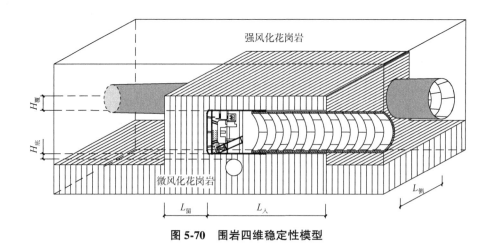

图 5-70 围岩四维稳定性模型

基于围岩四维稳定性的模式转换安全位置相关参数取值及求解条件　　表 5-6

转换类型	TBM 模式转 EPB 模式	EPB 模式转 TBM 模式	求解条件
拱顶关键层最小厚度 $H_{覆}$	隧道拱顶微风化花岗岩的最小安全厚度 $H_{覆}$ 为 3.7m		隧道埋深、隧道尺寸一定,模式转换均位于硬岩段
底板硬岩最小安全厚度 $H_{底}$	空洞半径(m)	底板最小厚度 $H_{底}$(m)	1.隧道埋深、隧道尺寸一定,模式转换均位于硬岩段。2.隧道拱顶微风化花岗岩的最小安全厚度为 3.7m。3.假设模式转换位置隧道底部存在球形空洞
	2.0	3.0	
	2.5	3.5	
	3.0	3.8	
	3.5	4.1	
	4.0	4.6	
侧墙最小厚度 $L_{侧}$	新建隧道与既有隧道间侧墙的最小安全厚度 $L_{侧}$ 为 7.0m		1.隧道埋深、隧道尺寸一定,模式转换均位于硬岩段。2.隧道拱顶微风化花岗岩的最小安全厚度为 3.7m。3.考虑并行的既有隧道的影响
掌子面到交界面最小距离 $L_{留}$、$L_{入}$	留在硬岩段的最小长度 $L_{留}$ 为 7.5m	进入硬岩段的最小长度 $L_{留}$ 为 19.35m	1.模式转换均位于硬岩段。2.隧道拱顶微风化花岗岩的最小安全厚度为 3.7m
时间的影响	由于微风化花岗岩蠕变现象不明显,岩体力学参数随时间变化量很小,经计算,考虑时间效应后上述参数无明显变化,时间对该工程模式转换位置处围岩稳定性的影响较小,可忽略,即模式转换时满足空间上的安全要求即可维持模式转换期间的围岩稳定性		

5.3.1.2 模式转换完成后施工效率及经济效益分析

双模盾构机模式转换主要有两个过程,TBM 模式转 EPB 模式和 EPB 模式转 TBM 模式。模式转换时,若双模盾构机进入硬岩段较多,当掘进参数选择不合理时,模式转换后掘进不仅刀具磨损大,甚至损坏刀具,施工效率也下降,从而增加施工成本。对于该工程,TBM 模式和 EPB 模式下采用同样的刀具配置,主要按硬岩掘进配置刀具,模式转换后刀具配置并未发生改变,刀具的附加磨损量并非由硬岩段长度引起(即刀具的附加磨损量与模式转换位置的选择不是直接关系,而是间接关系),而主要是由出渣方式造成的。进行模式转换过程的经济性分析时,主要分析 TBM 模式转 EPB 模式和 EPB 模式转 TBM 模式完成后出渣方式对刀具磨损量的影响,进而分析其对掘进效率、工程成本的影响。

为确保模式转换过程中围岩的稳定,首先要满足模式转换位置的安全性。从理论上来说,盾构机位于硬岩段且距离软、硬岩交界面越远,围岩稳定性越好,模式转换越安全;然而,从工程的角度出发并非这样。若 TBM 模式转 EPB 模式时掌子面前方硬岩段长度 $L_留$ 过长,或 EPB 模式转 TBM 模式时进入硬岩段的长度 $L_入$ 过长,由于 EPB 模式之下,土仓内的渣土是通过螺旋输送机输送至后配套皮带上,而螺旋输送机主要适用于软岩、土体的输送,对于岩块、碎石的出渣效率较低,且土仓内渣土需要高出螺旋输送机进渣口,掘进过程中土仓底部会长时间存留一部分渣土,余渣会对刀盘、刀具造成二次磨损(造成附加磨损量),使贯入度降低,减小了刀具刃口对岩石的压力,进而影响掘进效率。

刀具更换标准为:在刀圈产生偏磨、漏油、挡圈断裂或脱落、裂纹、松动、移位情况下,必须更换滚刀;滚刀磨损正常时,当刀盘最外 3 把滚刀磨损大于 5mm、其余边缘滚刀磨损量大于 15mm、正面滚刀磨损量大于 20mm、中心滚刀磨损量大于 25mm 时更换。

对留—白区间左线隧道 380~410 环(微风化混合花岗岩段)刀具磨损量进行统计分析。该工程在硬岩段以 TBM 模式掘进时,中心滚刀平均每环磨损量为 0.2mm,正面滚刀平均每环磨损量为 0.583mm,边缘滚刀平均每环磨损量为 0.446mm;若在硬岩段以 EPB 模式掘进,存在由出渣方式造成的二次磨损(附加磨损量),平均每环磨损量大于以 TBM 模式掘进时的每环磨损量。故 TBM 转 EPB 时留在硬岩段的长度 $L_留$ 以及 EPB 模式转 TBM 模式时进入硬岩段的长度 $L_入$ 在满足安全性的基础上,均不宜预留过长,以免以 EPB 模式掘进硬岩时出渣效率低下,且土仓内余渣对刀具造成二次磨损,影响施工效率并导致工程成本增加。

综上所述,提出了基于围岩四维稳定性的模式转换安全位置,并对模式转换后出渣方式对施工效率和经济效益的影响进行了分析,总结模式转换最佳位置的选取原则。本研究根据实际工程的具体工况进行分析,研究的成果并非通用,对于其他工程,根据地层条件、施工要求等,可在本研究成果基础上乘以安全系数。在满足围岩稳定的基础上,可综合考虑施工效率、经济效益、社会效益、环境保护等众多因素,在各因素之间进行权衡,最终确定模式转换的位置。

5.3.2 工程实例分析

以深圳地铁 13 号线留—白区间隧道工程为背景,对该工程的盾构机模式转换位置围岩稳定性进行评价,并对研究成果进行验证。

5.3.2.1 模式转换位置及其地层条件分析

深圳地铁 13 号线留—白区间采用 4 台双模(TBM-EPB)盾构机,分别从留仙洞站、白芒站始发,留仙洞站—中间风井左、右线双模盾构机采用 TBM 模式始发,白芒站—中间风井左、右线双模盾构机采用 EPB 模式始发。计划进行 4 次模式转换,包括 2 次 TBM 模式转 EPB 模式、2 次 EPB 模式转 TBM 模式。模式转换的具体位置见表 5-7。

模式转换形式及位置　　　　　　　　　　　　　表 5-7

序号	区　间	转换形式	环号(管片拼装完成)
1	留仙洞站—中间风井区间右线	TBM 转 EPB	154 环
2	留仙洞站—中间风井区间左线	TBM 转 EPB	150 环
3	留仙洞站—中间风井区间右线	EPB 转 TBM	726 环
4	留仙洞站—中间风井区间左线	EPB 转 TBM	1010 环

1) 留仙洞站—中间风井区间右线 154 环 TBM 模式转 EPB 模式

盾构机掘进至第 154 环时,掌子面地质为全断面微风化花岗岩,掌子面处于稳定状态,隧道埋深为 33.7m,隧道顶从上至下依次为素填土 1.9m、粉砂 1.2m、中等风化混合花岗岩 4.6m、微风化混合花岗岩 26.0m,此时刀盘前方硬岩段长度约为 57.9m,地质剖面图如图 5-71 所示。

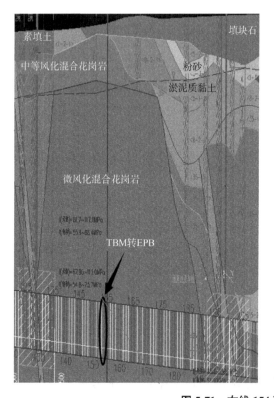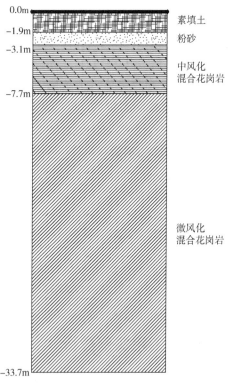

图 5-71　右线 154 环地质剖面

2) 留仙洞站—中间风井区间左线 150 环 TBM 模式转 EPB 模式

盾构机掘进至第 150 环时,掌子面地质为全断面微风化花岗岩,掌子面处于稳定状态,隧道埋深为 33.9m,隧道顶从上至下依次为素填土 3.6m、中等风化混合花岗岩 4.3m、微风化混合花岗岩 26.0m,此时刀盘前方硬岩段长度约为 56.6m,地质剖面图如图 5-72 所示。

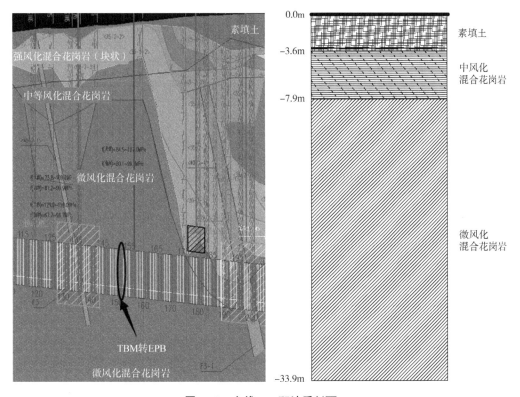

图 5-72 左线 150 环地质剖面

3)留仙洞站—中间风井区间右线 726 环 EPB 模式转 TBM 模式

盾构机掘进至第 726 环时,掌子面地质为全断面微风化花岗岩,掌子面处于稳定状态,隧道埋深为 37.45m,隧道顶从上至下依次为素填土 0.57m、强风化黑云母花岗岩 1.94m,中风化黑云母花岗岩 10.74m、微风化黑云母花岗岩 24.2m,此时盾构机进入硬岩段长度约为 120m,地质剖面图如图 5-73 所示。

4)留仙洞站—中间风井区间左线 1010 环 EPB 模式转 TBM 模式

盾构机掘进至第 1010 环时,掌子面地质为全断面微风化花岗岩,掌子面处于稳定状态,隧道埋深为 34.14m,隧道顶从上至下依次为素填土 3.94m、硬塑砾质黏土 8.73m、全风化黑云母花岗岩 3.58m、强风化黑云母花岗岩 9.27m、中风化黑云母花岗岩 2.44m、微风化黑云母花岗岩 6.18m,此时刀盘前方硬岩段长度约为 22m,地质剖面图如图 5-74 所示。

5.3.2.2 模式转换位置围岩四维稳定性评价

深圳地铁 13 号线留仙洞站—中间风井区间 4 次模式转换均顺利完成。4 次模式转换的时间及模式转换位置拱顶关键层的厚度、底板硬岩的厚度、侧墙硬岩的厚度、掌子面到交界面的距离等具体参数如表 5-8 所示。

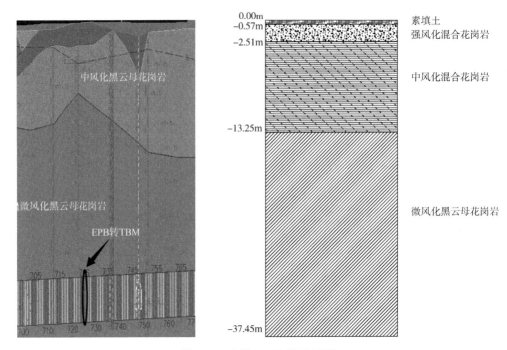

图 5-73 右线 726 环地质剖面

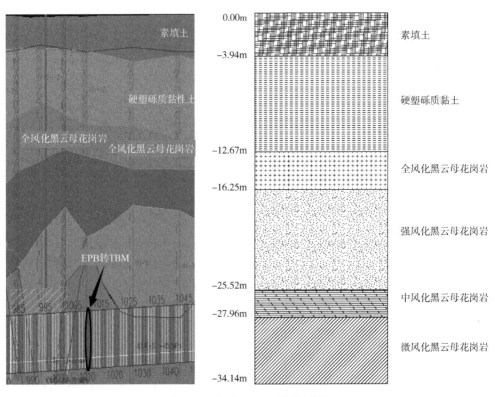

图 5-74 左线 1010 环地质剖面

模式转换位置有关参数 表5-8

序号	转换形式	环号	拱顶硬岩厚度/m	底板硬岩厚度	侧墙硬岩厚度	掌子面到交界面的距离	模式转换时间/d
1	TBM转EPB	154环	26.0	隧道底板以下均为微风化混合花岗岩或微风化黑云母花岗岩	先行隧道,先进行模式转换,侧墙周边未发现空洞	刀盘前方硬岩段长度约为57.9m	11
2	TBM转EPB	150环	26.0		与右线隧道净距11.6m	刀盘前方硬岩段长度约为56.6m	12
3	EPB转TBM	726环	24.2		先行隧道,先进行模式转换,侧墙周边未发现空洞	盾构机进入硬岩段长度约为112m	19
4	EPB转TBM	1010环	6.2		与右线隧道净距9.4m	盾构机进入硬岩段长度约为22m	19

总体上看,与表5-6对比分析,深圳地铁13号线留仙洞站—中间风井区间4次模式转换均在硬岩段,且转换位置处拱顶关键层的厚度、底板硬岩的厚度、侧墙硬岩的厚度、掌子面到交界面的距离等参数均满足基于围岩四维稳定性提出的模式转换的安全位置。

该工程在实际施工中,为确保模式转换的安全性,在满足本研究提出的模式转换安全位置的基础上,充分考虑了工程的安全储备,结合施工情况,选定了模式转换位置。其中,1010环进行的EPB模式转TBM模式,模式转换时围岩的各项参数与本研究最为接近,拱顶硬岩厚度为6.18m,与既有隧道净距为9.4m,盾构机进入硬岩段长度约为22m,此次模式转换的顺利进行是本研究的重要应用,一定程度上直接验证了本研究的正确性。

5.4 双模(TBM-EPB)盾构模式转换技术

5.4.1 盾构机模式转换前的预处理技术

5.4.1.1 所需材料及部件确认

盾构机模式转换前需进行预处理工作,以保证盾构机模式转换时的安全与高效。在预处理阶段,主要对刀盘系统、主驱动系统、盾体系统、吊装系统进行材料准备与部件确认,具体工作如下:

①刀盘系统:通过刀盘管路保护图对刀盘管路泡沫喷口等进行检查。

②主驱动系统:准备连接法兰(分4块)、连接环、变接法兰(1个)、驱动隔板泡沫管路等。

③盾体系统:准备土压传感器(6个),并进行土压传感器的检测、调试工作;准备被动搅拌棒(2个)、前盾溜渣板、螺机座子盖板(若干)、回转接头总成;进行螺旋机前闸门确认工作,包括确认油缸和管路是否齐备、控制是否正常等。

④吊装系统:准备螺旋输送机(1套)。

5.4.1.2 系统确认

盾构机模式转换前,应进行以下确认工作:

①泡沫系统:确认是否具备使用条件,检测、调试、配备所需物料及管路。

②膨润土系统:确认是否具备使用条件,检测、调试、配备所需物料及管路。

③冷却水系统:确认刀盘喷水是否具备使用条件,检测、调试、配备所需物料及管路。

④油脂润滑系统:确认螺旋机驱动密封润滑的递进分配阀是否具备使用条件,伸缩手动润滑点是否配置,检测、调试、配备所需物料及管路。

⑤螺旋机前闸门系统:工作是否正常。

⑥所有土压传感器:是否正常,否则更换。

⑦液压系统:是否正常,否则更换。

⑧电气系统:是否正常,否则更换。解决后配套后退管线断开、主机供电问题,考虑现场是否需要延伸管线。

5.4.1.3 工具准备

盾构机模式转换前,须准备门架结构、临时吊耳、轨枕、轨道、焊机、J422焊条、割枪、角磨机、强力气动冲击扳手、M30套筒、M24套筒、M24内六角扳手、2t手拉葫芦、20t葫芦、工装保护板、盖板、土仓换刀平台、刀盘刮渣板、溜渣板、油管堵头等。

5.4.1.4 现场准备

模式转换前需要做如下现场准备工作:

①盾构机停机后,在盾尾后5~7环施作止水环,以免管片壁后的地下水进入土仓而影响模式转换施工。

②通过盾体的径向注浆孔向盾体周边注入膨润土,防止盾构机抱死。

③将盾尾10环范围内隧道顶部的螺栓更换为长螺栓,作为辅助吊点。

④清理土仓及中、前盾残留渣土。

⑤安排地面巡查人员,观察地面是否存在异常情况,及时汇报。

⑥对盾构机设备情况每日进行巡查,确保盾构机无异常,准备备用发电机,以避免因断电而引起的停机。

⑦测量组加强现场监测,尤其对转换位置附近的管线及建构筑物,每日上午、下午各通报一次,实时了解地面情况。

5.4.2 盾构机两种模式设备差异分析

双模(TBM-EPB)盾构机集成了土压平衡盾构机、单护盾 TBM 的设计理念与功能,可以采用两种模式出渣,且两种模式可以在洞内进行转换。一种是土压平衡模式出渣(螺旋输送机出渣),适用于软土地层,与土压平衡盾构一样;另一种是敞开模式出渣(主机皮带机出渣),刀盘切削、溜渣、输渣机理与单护盾 TBM 完全相同,刀盘通过刮渣板将切削下来的渣土通过溜渣槽送到主机皮带机,然后通过主机皮带机转运到后配套皮带机运出洞外。TBM 模式、EPB模式下盾构机主机布置分别见图5-75、图5-76。

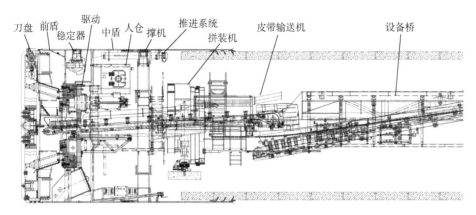

图5-75 TBM模式下盾构机主机布置

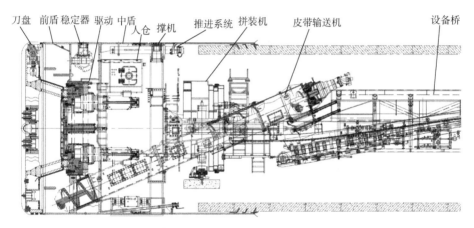

图5-76 EPB模式下盾构机主机布置

双模(TBM-EPB)盾构机在局部软弱地层采用土压平衡模式掘进，保证施工的安全。在全断面硬岩地层采用敞开式掘进(空仓掘进)，避免了渣土对刀具的二次磨损，延长了刀具的一次使用寿命，和复合土压平衡盾构相比，效率相对较高。所以，双模盾构机适用于大部分为全断面硬岩、局部存在软土地层的盾构区间。

盾构机 TBM模式与EPB模式主要差别在于出渣方式不一样。

TBM模式下，洞内出渣方式为：刀盘旋转切削土体→渣土进入土仓→刮渣板捞渣→溜渣槽集渣→主机输送皮带输送→后配套皮带输送→电瓶车运输。

EPB模式下，洞内出渣方式为：刀盘旋转切削土体→渣土进入土仓→螺旋输送机输送→后配套皮带输送→电瓶车运输。

由上述可知，盾构机在 TBM模式下具有刮渣板、溜渣槽、主机输送皮带等装置，未配置螺旋输送机；盾构机在EPB模式下具有螺旋输送机、中心回转接头、被动搅拌棒等装置，未配置刮渣板、溜渣槽、主机输送皮带等装置。

5.4.3 盾构机模式转换难点分析

在留—白区间内计划进行 6 次模式转换,模式转换施工面临如下重点难点问题:

①模式转换位置的合理确定问题。双模盾构机模式转换的前提是模式转换位置的确定,模式转换时盾构机土仓无压力,围岩无管片支护,模式转换位置的选择关系到模式转换过程的安全性,模式转换位置应与风险源保持足够的安全距离,综合考虑安全、经济、环保等众多因素。

②模式转换期间围岩稳定性问题。由于双模盾构模式转换停机时间较长,转换期间围岩无有效的加固措施,且地层地下水丰富,易出现盾构机盾尾涌水、掌子面突水甚至围岩失稳坍塌等问题。

③模式转换施工工艺问题。模式转换工艺复杂,可借鉴经验有限,在该区间模式转换次数多,模式转换工序复杂,且模式转换均需在隧道内及土仓内进行,作业空间小,施工难度大,模式转换过程需要高度协同配合作业,模式转换流程需要优化改进,以提高模式转换效率。

④长时间停机对机械设备的不利影响。双模盾构机转换模式时,停机时间较长,盾尾同步注浆系统长时间闲置,注浆系统管路残留的浆液可能导致注浆设备、注浆管路堵塞、同步注浆浆液流至盾体导致盾尾裹死等风险。

综上,双模盾构机模式转换作为双模盾构施工的关键环节,面临众多难题,其中模式转换位置的合理确定问题以及模式转换期间围岩稳定性问题尤为重要。在现有研究中,模式转换位置的确定仅依赖施工经验,对模式转换期间围岩稳定性问题考虑得不够全面,且对安全性、经济性的研究还不够深入,不能很好地满足工程建设的需要。

5.4.4 TBM 模式转 EPB 模式施工工艺

当盾构机从稳定性较好的硬岩段向地层条件较差的软岩段掘进时,盾构机的掘进模式由 TBM 模式转为 EPB 模式。TBM 模式转 EPB 模式,需要拆除 TBM 模式下的刮渣板、溜渣槽、主机输送皮带,安装 EPB 模式下的螺旋输送机、中心回转体、被动搅拌棒等装置。模式转换工作可分为土仓内作业和盾体内作业,模式转换时土仓内作业和盾体内作业同时进行。TBM 模式转 EPB 模式的流程如图 5-77 所示。

具体施工工序如下:

①拆除主机皮带机上部的除尘风管,断开主机与设备桥之间的管线,拆除主机输送皮带,焊接设备桥移动工装以及固定工装,将台车及设备桥后移 15~20m。

②将设备桥前端皮带机架拉起,拆除主机输送皮带机架并外运,为拆除主机皮带机腾出空间,为已割除的刮渣板及拆除的溜渣槽等腾出运输通道。

③如图 5-78 所示,拆除螺旋输送机盖板,割除 TBM 模式下土仓内的刮渣板、溜渣槽及螺旋输送机筒格栅板,通过螺旋输送机筒将其运出,并安装被动搅拌棒。

④安装中心回转接头及其盖板,将主驱动中心连接法兰和变接法兰运送至洞内,通过螺栓连接驱动中心连接法兰和变接法兰,焊接螺旋输送机固定工装以及移动工装。

⑤螺旋输送机下井,并利用管片运输车将其运输到位,完成螺旋输送机安装。

第5章 盾构模式快速转换工艺及安全控制技术

⑥将平板车以及拼装机上的门字架拆除并外运。

⑦将设备桥前端皮带机架下放,将后配套前移,连接主机与后配套之间的拖拉油缸连接销、管线等,螺旋输送机轴伸出。

⑧调试盾构机。

⑨验收通过后,开始 EPB 模式掘进。

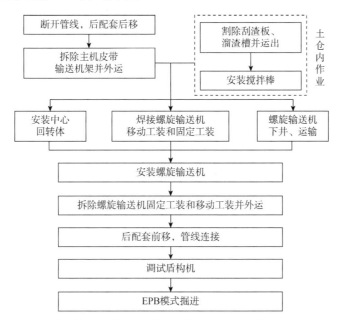

图 5-77 双模盾构机 TBM 模式转 EPB 模式流程图

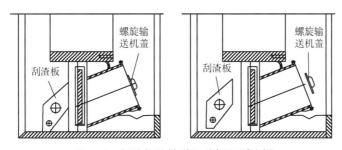

图 5-78 拆除螺旋输送机盖板及刮渣板

5.4.5 EPB 模式转 TBM 模式施工工艺

EPB 模式转 TBM 模式的主要工作是拆除 EPB 模式下的螺旋输送机、中心回转体、被动搅拌棒等装置,并安装 TBM 模式下的刮渣板、溜渣槽、主机输送皮带。EPB 模式转 TBM 模式的施工流程如图 5-79 所示。

具体施工工序如下:

①断开主机与设备桥之间的管线连接,后配套整体后移 20m,将设备桥前端架起,将主机皮带机整体用倒链架起,为螺旋输送机等部件运输留出足够空间,保证运输通道顺畅。

②拆除后配套皮带机尾部总成，由管片运输车运出隧道，割除后配套皮带。

③安装螺旋输送机拆除工装，焊接牢固，并拆除螺旋输送机。

④拆除泡沫管路及其保护结构、中心回转接头、主驱动中心过渡法兰和连接法兰。

⑤割除被动搅拌棒并运出，在除尘口处安装轴流风机，焊接 TBM 模式下的溜渣槽及溜渣板。

⑥安装皮带机主动轮和土仓内从动轮，然后将皮带拉接到位，将传送带复位。

⑦拆除门字架拆除并用平板小车运输至井口吊出。

⑧后配套前移，连接主机与后配套之间的拖拉油缸连接销、管线等，安装后配套皮带机尾部总成。

⑨进行盾构机调试。

⑩验收通过后，以 TBM 模式掘进。

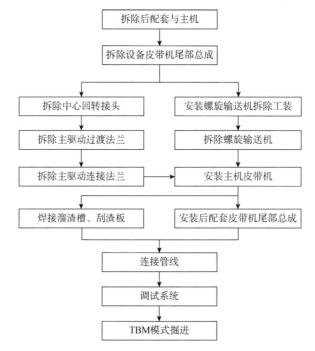

图 5-79　EPB 模式转 TBM 模式的流程

第6章 盾构隧道穿越上软下硬地层时围岩变形及地表沉降分析

6.1 概述

隧道施工的安全性与隧道围岩的稳定性息息相关,上一章对双模盾构机转换位置处的围岩四维稳定性进行了分析,本章依托深圳地铁13号线留—白区间上软下硬特殊地层对盾构隧道掘进过程中的围岩稳定性进行研究。

当隧道掌子面为均质岩土体时,隧道施工完成后的内力变化以及变形特征基本相同,由此引发的围岩稳定性问题易控制在合理范围内;当隧道围岩为非均质状态时,在隧道施工过程中,围岩应力及变形存在一定的不协调现象,导致隧道围岩稳定性极易受到破坏,进而影响隧道施工过程的安全性。在上软下硬地层中进行盾构施工时,软、硬岩交界面与水平方向可能存在一定的倾角,导致上覆岩体可能沿着交界面发生滑移;与此同时,隧道开挖完成后软岩与硬岩的变形不协调,严重影响围岩稳定性。因此,研究上软下硬地层中软、硬岩交界面在不同倾角条件下的围岩破坏机理,分析不同倾角条件下隧道围岩塑性屈服特征、围岩变形以及地表沉降变化规律,总结隧道穿越上软下硬地层时施工安全保障措施,对于保证隧道安全施工具有一定的现实意义。

本章研究内容主要包括:其一,隧道穿越上软下硬地层时在软、硬岩交界面不同倾角条件下的围岩变形、地表沉降变化规律;其二,从上软下硬地层盾构施工安全管理策略和安全掘进措施出发,整理并总结盾构隧道穿越上软下硬地层时保证安全性的相关措施,使得隧道施工的安全性得到保障。

6.2 穿越上软下硬地层围岩应力理论分析

6.2.1 上软下硬地层单元体应力分析

目前,应用最为广泛的岩土体变形破坏理论为Mohr-Coulomb强度理论,该理论认为,岩土体发生的破坏主要为剪切破坏,即当岩土体某一面上的剪应力高于自身所能承受的极限剪应力τ时,岩土体便发生破坏,此时的τ与破坏面上的法应力具有函数关系,如式(6-1)所示:

$$\tau = c + \sigma \tan\varphi \tag{6-1}$$

式中:c——岩体的黏聚力;

φ——岩体的内摩擦角；

σ——剪切面上的法向应力。

在平面应力状态下，假定剪切面法线方向与最大主应力 σ_1 方向的夹角为 α，如图6-1所示，剪切面上的法向应力 σ 与剪应力 τ 表达式分别如式(6-2)、式(6-3)所示：

$$\sigma = \frac{1}{2}(\sigma_1+\sigma_3) + \frac{1}{2}(\sigma_1-\sigma_3)\cos2\alpha \tag{6-2}$$

$$\tau = \frac{1}{2}(\sigma_1-\sigma_3)\sin2\alpha \tag{6-3}$$

对式(6-2)、式(6-3)进行消 α 操作，整理后可得莫尔应力圆公式，见式(6-4)，岩体的莫尔应力圆曲线如图6-2所示。

$$\left(\sigma-\frac{\sigma_1+\sigma_3}{2}\right)^2+\tau^2 = \left(\frac{\sigma_1-\sigma_3}{2}\right)^2 \tag{6-4}$$

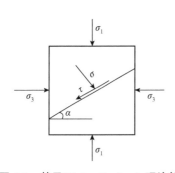
图 6-1 基于 Mohr-Coulomb 理论的单元体受力分析示意图

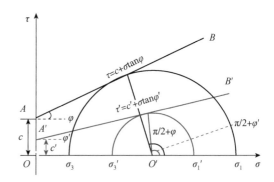
图 6-2 基于 Mohr-Coulomb 理论的岩体莫尔应力圆曲线示意图

根据夹角 α 定义可得：

$$2\alpha = \frac{\pi}{2}+\varphi \tag{6-5}$$

将式(6-5)代入式(6-1)~式(6-3)，整理后可得：

$$\sin\varphi = \frac{\sigma_1-\sigma_3}{\sigma_1+\sigma_3+2c\cot\varphi} \tag{6-6}$$

对式(6-6)进行整理，可得单元体最大主应力 σ_1、最小主应力 σ_3 的计算公式：

$$\begin{cases}\sigma_1 = \dfrac{1+\sin\varphi}{1-\sin\varphi}\sigma_3 + \dfrac{2c\cos\varphi}{1-\sin\varphi} \\ \sigma_3 = \dfrac{1-\sin\varphi}{1+\sin\varphi}\sigma_1 - \dfrac{2c\cos\varphi}{1+\sin\varphi}\end{cases} \tag{6-7}$$

利用三角恒等式 $\dfrac{1+\sin\varphi}{1-\sin\varphi} = \tan^2\left(\dfrac{\pi}{4}+\dfrac{\varphi}{2}\right)$ 对式(6-7)进行整理可得：

第6章 盾构隧道穿越上软下硬地层时围岩变形及地表沉降分析

$$\begin{cases} \sigma_1 = \tan^2\left(\dfrac{\pi}{4}+\dfrac{\varphi}{2}\right)\sigma_3 + \dfrac{2c\cos\varphi}{1-\sin\varphi} \\ \sigma_3 = \dfrac{\sigma_1}{\tan^2\left(\dfrac{\pi}{4}+\dfrac{\varphi}{2}\right)} - \dfrac{2c\cos\varphi}{1+\sin\varphi} \end{cases} \quad (6\text{-}8)$$

由图6-2、式(6-8)可知,当地层单元体逐渐由硬岩转变为软岩时,岩体所能承受的主应力 σ_1、σ_3 及剪应力 τ 均呈现出不同程度的下降,且强度包络曲线分布规律逐渐由直线 AB 转换为直线 $A'B'$,而单元体的自稳能力与强度包络曲线息息相关,这便造成同一掌子面处的不同性质的单元体在同一主应力作用下发生的变形不一致。

6.2.2 上软下硬地层隧道围岩应力分析

根据国内学者[156]的研究可知,在岩体的自重应力场中,当隧道埋深超过3倍隧道洞径时,可以认为隧道上、下岩体中的竖向应力 P_z 相等。为便于计算,按照式(6-9)将围岩总体应力分解成情况1与情况2,以此来保证围岩应力为各向等压状态,如图6-3所示。

$$\begin{cases} P_z = p + p' \\ P_x = p - p' \end{cases} \quad (6\text{-}9)$$

式中:P_z——竖向应力;
p,p'——分解的应力。

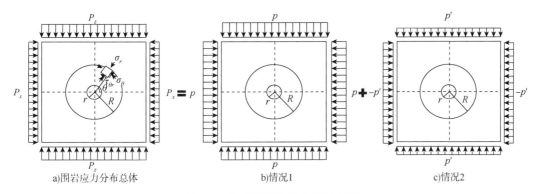

a)围岩应力分布总体　　b)情况1　　c)情况2

图6-3　隧道围岩荷载分解示意图

R-外侧圆半径;r-隧道洞径

求解式(6-9)可得:

$$\begin{cases} p = \dfrac{1}{2}(1+\lambda)P_z \\ p' = \dfrac{1}{2}(1-\lambda)P_z \end{cases} \quad (6\text{-}10)$$

式中:λ——岩体的天然应力比值系数。

根据轴对称圆形隧道弹性理论可知,当其围绕 z 轴对称时,切应力 $\tau_{\theta r}=0$,由此可以推出,围岩所承受的切向应力与径向应力均为主应力。其中,围岩的切向应力与径向应力表达式如式(6-11)所示。

$$\begin{cases} \sigma_\theta = P_z\left(1+\dfrac{r^2}{R^2}\right) \\ \sigma_r = P_z\left(1-\dfrac{r^2}{R^2}\right) \end{cases} \tag{6-11}$$

1) 情况1的围岩应力解

因情况1的荷载为轴对称,求解后可得情况1的切向应力与径向应力表达式:

$$\begin{cases} \sigma_r = p\left(1-\dfrac{r^2}{R^2}\right) = \dfrac{1}{2}(1+\lambda)P_z\left(1-\dfrac{r^2}{R^2}\right) \\ \sigma_\theta = p\left(1+\dfrac{r^2}{R^2}\right) = \dfrac{1}{2}(1+\lambda)P_z\left(1+\dfrac{r^2}{R^2}\right) \end{cases} \tag{6-12}$$

根据该情况下围岩应力为主应力以及 $\sigma_\theta > \sigma_r$ 的特点,可将 σ_θ、σ_r 等效为围岩的最大主应力与最小主应力 σ_1、σ_3。由于隧道掌子面岩体分为硬岩与软岩两种类型,岩体黏聚力 c、内摩擦角 φ 不尽相同,围岩所能承受的 σ_θ、σ_r 数值亦会随之变化,即围岩所能承受的主应力 σ_1、σ_3 数值发生相应变化,特别是软、硬岩交界面位置处,围岩主应力数值有较大的波动,极易引起周边地层率先发生破坏。

2) 情况2的围岩应力解

根据情况2的边界条件可知:

① 当 $R=r$ 时,$\sigma_r = \tau_{\theta r} = 0$。

② 当 $R \to \infty$ 时,根据式(6-4)~式(6-5)、可得 σ_r、$\tau_{\theta r}$ 的表达式:

$$\begin{cases} \sigma_r = -p'\cos 2\theta \\ \tau_{\theta r} = p'\sin 2\theta \end{cases} \tag{6-13}$$

根据上述边界条件以及蔡美峰[156]等人的研究成果,可以得出情况2的围岩应力解,其表达式如下所示:

$$\begin{cases} \sigma_r = -p'\left(1-4\dfrac{r^2}{R^2}+3\dfrac{r^4}{R^4}\right)\cos 2\theta \\ \sigma_\theta = p'\left(1+3\dfrac{r^4}{R^4}\right)\cos 2\theta \\ \tau_{\theta r} = p'\left(1+2\dfrac{r^2}{R^2}-3\dfrac{r^4}{R^4}\right)\sin 2\theta \end{cases} \tag{6-14}$$

整合情况1、情况2的围岩应力,可得总的围岩应力解,其表达式如下:

$$\begin{cases} \sigma_r = \dfrac{1}{2}(1+\lambda)P_z\left(1-\dfrac{r^2}{R^2}\right) - \dfrac{1}{2}(1-\lambda)P_z\left(1-4\dfrac{r^2}{R^2}+3\dfrac{r^4}{R^4}\right)\cos 2\theta \\ \sigma_\theta = \dfrac{1}{2}(1+\lambda)P_z\left(1+\dfrac{r^2}{R^2}\right) + \dfrac{1}{2}(1-\lambda)P_z\left(1+3\dfrac{r^4}{R^4}\right)\cos 2\theta \\ \tau_{\theta r} = \dfrac{1}{2}(1-\lambda)P_z\left(1+2\dfrac{r^2}{R^2}-3\dfrac{r^4}{R^4}\right)\sin 2\theta \end{cases} \tag{6-15}$$

第6章 盾构隧道穿越上软下硬地层时围岩变形及地表沉降分析

根据张年学[170]等人的研究,可以得出岩体黏聚力 c 同内摩擦角 φ 与泊松比 μ 的关系式:

$$\begin{cases} c = \dfrac{\mu\sigma_c}{2(1-\mu)} \\ \mu = \dfrac{\tan\left(\dfrac{\pi}{2}-\dfrac{\varphi}{2}\right)}{1+\tan\left(\dfrac{\pi}{2}-\dfrac{\varphi}{2}\right)} \end{cases} \quad (6\text{-}16)$$

式中:σ_c——岩体的单轴抗压强度。

根据天然压力系数 λ 的定义,可分别得到 λ 同岩体黏聚力 c、内摩擦角 φ 的关系式:

$$\lambda_c = 2c/\sigma_c \quad (6\text{-}17)$$

$$\lambda_\varphi = \tan\left(\dfrac{\pi}{2}-\dfrac{\varphi}{2}\right) \quad (6\text{-}18)$$

将式(6-17)代入式(6-15),可分别得到 σ_r、σ_θ、$\tau_{\theta r}$ 与岩体黏聚力 c 的关系式:

$$\begin{cases} \sigma_r = \dfrac{1}{2}(1+2c/\sigma_c)P_z\left(1-\dfrac{r^2}{R^2}\right) - \dfrac{1}{2}(1-2c/\sigma_c)P_z\left(1-4\dfrac{r^2}{R^2}+3\dfrac{r^4}{R^4}\right)\cos 2\theta \\ \sigma_\theta = \dfrac{1}{2}(1+2c/\sigma_c)P_z\left(1+\dfrac{r^2}{R^2}\right) + \dfrac{1}{2}(1-2c/\sigma_c)P_z\left(1+3\dfrac{r^4}{R^4}\right)\cos 2\theta \\ \tau_{\theta r} = \dfrac{1}{2}(1-2c/\sigma_c)P_z\left(1+2\dfrac{r^2}{R^2}-3\dfrac{r^4}{R^4}\right)\sin 2\theta \end{cases} \quad (6\text{-}19)$$

将式(6-18)代入式(6-15),可分别得到 σ_r、σ_θ、$\tau_{\theta r}$ 与内摩擦角 φ 的关系式:

$$\begin{cases} \sigma_r = \dfrac{1}{2}\left[1+\tan\left(\dfrac{\pi}{2}-\dfrac{\varphi}{2}\right)\right]P_z\left(1-\dfrac{r^2}{R^2}\right) - \dfrac{1}{2}\left[1-\tan\left(\dfrac{\pi}{2}-\dfrac{\varphi}{2}\right)\right]P_z\left(1-4\dfrac{r^2}{R^2}+3\dfrac{r^4}{R^4}\right)\cos 2\theta \\ \sigma_\theta = \dfrac{1}{2}\left[1+\tan\left(\dfrac{\pi}{2}-\dfrac{\varphi}{2}\right)\right]P_z\left(1+\dfrac{r^2}{R^2}\right) + \dfrac{1}{2}\left[1-\tan\left(\dfrac{\pi}{2}-\dfrac{\varphi}{2}\right)\right]P_z\left(1+3\dfrac{r^4}{R^4}\right)\cos 2\theta \\ \tau_{\theta r} = \dfrac{1}{2}\left[1-\tan\left(\dfrac{\pi}{2}-\dfrac{\varphi}{2}\right)\right]P_z\left(1+2\dfrac{r^2}{R^2}-3\dfrac{r^4}{R^4}\right)\sin 2\theta \end{cases} \quad (6\text{-}20)$$

由上述公式可以看出,当隧道掘进地层由均质硬岩转变为均质软岩时,岩体黏聚力 c 与内摩擦角 φ 逐渐减小,径向应力值 σ_r、切向应力值 σ_θ 均呈现出逐渐减小的趋势,由此可说明隧道开挖完成后软岩地层围岩压力释放率较大,特别是拱顶沉降受 σ_r 值的影响较大,其应力释放率越高,隧道开挖引起的沉降越大。由此不难推断出上软下硬地层围岩应力分布情况与均质地层差异较大,具体表现为处于软岩中的隧道围岩应力释放程度明显高于处于硬岩中的隧道围岩,这便造成相同位置处前者的应力值小于后者,发生围岩应力分布不协调现象,进而造成隧道开挖后的围岩塑性区和围岩变形区主要分布在性质较差的围岩中。

隧道横断面地层分布如图6-4所示。软、硬岩交界面围绕图6-4中的铅垂线做逆时针旋转,其与水平线的夹角为 α,变化范围为 $0°\sim 90°$。

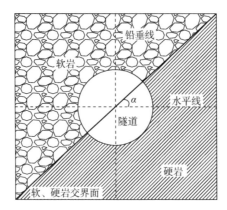

图 6-4 隧道横断面内软、硬岩交界面位置示意图

由图 6-4 可以看出，随着夹角 α 的不断增大，位于铅垂线左侧区域的岩体逐渐变为软岩，导致铅垂线左侧隧道岩体中软岩所占比例逐渐增加，根据式(6-19)、式(6-20)可知，铅垂线左侧隧道围岩所能承受的应力极易达到自身的极限应力值，超过其极限值后围岩应力释放率偏大，导致隧道左侧围岩率先发生破坏，左侧围岩破坏后将对隧道右侧围岩形成新的主动荷载，诱发隧道右侧围岩发生破坏。

6.3 穿越上软下硬地层的数值模型

6.3.1 数值模型的建立及相关参数选取

6.3.1.1 模型尺寸

针对隧道穿越上软下硬地层时引起的围岩变形及地表沉降等问题，采用 Midas GTS NX 有限元软件进行数值模拟分析。

在建立模型前，首先要确定模型的基本尺寸。根据现有理论可知，由于隧道开挖卸荷引起的岩土体的应力变化幅度在距离隧道 3 倍开挖洞径位置处一般在 10% 以下，在距离隧道 5 倍开挖洞径位置处一般在 3% 以下。由此可以推断，距离隧道 5 倍洞径或更远的岩土体受到的隧道开挖扰动影响基本可以忽略不计。故将有限元整体模型的边界范围确定在 3~5 倍开挖洞径内。通过查阅留—白区间的工程资料及相关规范，确定三维数值模型尺寸为 80m×45m×60m(x×y×z)。

考虑所依托工程的实际情况，根据现场考察与工程资料做如下定义：隧道拱顶距地面的距离为 28m，隧道长度为 45m，沿隧道开挖方向设置 30 个开挖长度，开挖长度为 1.5m，盾构隧道衬砌管片的外径为 6.7m，内径为 6m，标准环宽度为 1.5m，管片厚度为 0.35m。几何模型图如图 6-5 所示。

6.3.1.2 模型边界条件

将岩土体认定为半无限空间体，不考虑模型以外的岩土体应力及位移的变化，故在模型边界添加相应的约束,在三维模型底部施加 z 向的固定端约束,对三维数值模型前、后表面(y 轴方向)及左、右表面(x 轴方向)施加侧向约束。考虑隧道管片与隧道围岩间存在一定距离的空隙,故采用三维实体单元模拟该空隙,并将其命名为等代层。隧道衬砌结构采用二维板单元进行模拟。软、硬岩交界面采用界面单元进行模拟。综合考虑了软、硬岩交界面倾角可在隧道横断面与纵断面内发生变化,故分别建立两种情形下的数值模型。又由于软、硬岩交界面倾角在隧道横断面上仅可保证单线隧道穿越时软、硬岩交界面穿过隧道圆心,故上述两种模型仅考虑单线隧道施工时隧道围岩应力及变形变化规律。综上所述,基于深圳地铁 13 号线留—白区间隧道施工模型的三维地质网格如图 6-6 所示。

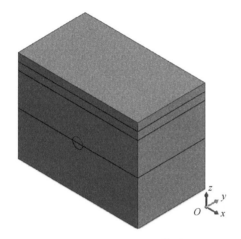

图 6-5　隧道施工几何模型图

图 6-6　隧道施工模型的三维地质网格示意图

6.3.2　模型基本假定

隧道施工过程中遭遇的岩土体类型较为复杂,软、硬岩交界面无法保证一直处于水平状态,导致掌子面岩土体类型及分布位置均具有随机性。当前的数值模拟手段无法完全还原隧道开挖过程中的掌子面岩土体的类型及占比情况,故通过数值模拟手段对隧道施工过程进行还原时,需要在符合工程实际的基础上对现场地质条件及施工方法进行合理的简化与假定。本研究中,做以下简化与假定:

①假定岩土体为连续分布的各向同性材料,假定混凝土材料为连续的线弹性材料,忽略其非线性特征。

②三维数值模型仅考虑岩土体的自重应力,不考虑土体构造应力对隧道施工的影响。

③假定软、硬岩交界面倾角在隧道横断面内发生变化时,软、硬岩交界面穿过隧道圆心,将隧道划分为体积相等的两部分。

④假定软、硬岩交界面倾角在隧道纵断面内发生变化时,隧道轴线中点与软、硬岩交界面的中点重合,确保隧道在施工过程中穿越的地层为上软下硬复合地层。

6.3.3 岩土体及衬砌结构等物理力学参数的选取

选取隧道施工过程中地下水渗流效应较小的区间进行研究,故不考虑地下水对隧道施工的影响。隧道围岩主要包括微风化混合花岗岩、强风化混合花岗岩两种类型,上覆岩土体主要包括硬塑质土和素填土两种类型,岩土体、等代层及衬砌结构的物理力学参数如表6-1所示,界面单元计算参数如表6-2所示。根据徐英晋[171]的研究可知,混凝土等代层的计算公式如式(6-21)所示。根据深圳地铁13号线留—白区间盾构工程实际,取等代层厚度为300mm。

$$\delta = (1+\mu)\Delta \tag{6-21}$$

式中:δ——等代层厚度;

μ——换算系数;

Δ——盾尾空隙值,其值一般在0.7~3.0范围内。

岩土体及衬砌结构的物理力学参数表　　　　表6-1

地层类型	重度 γ/($kN \cdot m^{-3}$)	弹性模量 E/MPa	内摩擦角 φ/°	黏聚力 c/kPa	泊松比 μ
素填土	18.0	40	8	12	0.15
硬塑质土	18.0	41	20	28	0.29
微风化混合花岗岩	27.0	40000	—	—	0.20
强风化混合花岗岩	20.0	1000	27	50	0.27
管片	26.0	34500	—	—	0.20
等代层(弹性-浆液硬化前)	20.0	1200	—	—	0.20
等代层(弹性-浆液硬化后)	23.7	3000	—	—	0.20

界面单元计算参数表　　　　表6-2

界面单元	切向刚度/(kN/m^3)	法向刚度/(kN/m^3)	内摩擦角 φ/°	黏聚力 c/kPa
软、硬岩交界面	3×10^8	2.8×10^8	15	27

6.3.4 模拟工况设定

本区间隧道采用盾构法进行掘进。为更好地还原隧道施工过程中遇到的上软下硬复合地层交界面情况,将软、硬岩交界面倾角变化分为隧道横断面变化与隧道纵断面变化两种情形,并在此基础上将软、硬岩交界面倾角设置为0°、15°、30°、45°、60°、75°、90°七个工况,研究软、硬岩交界面倾角对隧道围岩变形及地表沉降的影响规律。其具体施工步骤如下:

1)情形一

软、硬岩交界面倾角在隧道横断面方向上发生变化时,分析围岩变形及地表沉降。

(1)工况一(软、硬岩交界面倾角为0°)

①根据隧道横断面方向上的软、硬岩交界面,将隧道穿越地层划分为微风化混合花岗

与强风化混合花岗岩两种类型。

②初始应力场模拟。激活岩土体网格单元、自重应力、边界约束,模拟地层的初始应力,并将初始位移清零。

③为更有效地分析地质条件改变对隧道施工的影响,隧道开挖分为 15 个阶段,每一个阶段内的盾构推进环数为 2 环,钝化前 2 环隧道土体单元与等代层单元,并激活相应的衬砌单元,在管片处添加注浆压力;随后钝化注浆压力,改变等代层属性,以此来模拟浆液硬化过程。

④钝化上一步骤施加的掌子面压力,重复步骤③直至隧道开挖完成。

(2)工况二~工况七

将软、硬岩交界面倾角分别设置为 15°、30°、45°、60°、75°、90°,重复工况一的操作,直至隧道开挖完成。

2)情形二

工况设定与情形一相同。

6.4 穿越上软下硬地层的数值模拟结果分析

6.4.1 隧道横断面内软、硬岩交界面倾角对围岩稳定性影响分析

6.4.1.1 隧道横断面内软、硬岩交界面倾角对围岩竖向应力的影响

为研究软、硬岩交界面倾角在隧道横断面内变化对隧道围岩应力的影响,设置截面 Ⅰ-Ⅰ,该截面位于模型沿 x 轴正方向 40m 位置处;与此同时,为方便后期研究倾角变化对隧道围岩变形的影响,将 y 轴方向 21m 处的截面命名为截面 Ⅱ-Ⅱ,如图 6-7 所示。

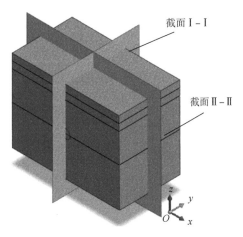

图 6-7 截面 Ⅰ-Ⅰ、截面 Ⅱ-Ⅱ 分布位置示意图

引入 Mises 应力指标,研究不同倾角条件下隧道开挖引起的隧道围岩竖向应力变化情况。由于不同倾角条件下围岩竖向应力变化较为缓慢,故选取倾角为 0°、30°、60°、90°时的围岩竖向应力进行分析,如图 6-8~图 6-11 所示。

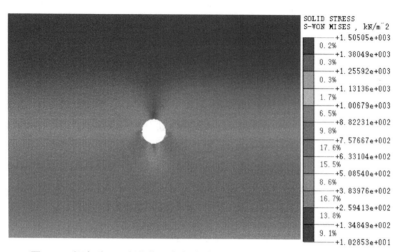

图 6-8 倾角为 0°时隧道围岩竖向应力云图(有限元计算结果截图)

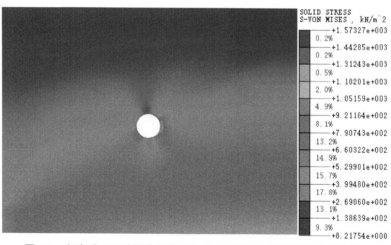

图 6-9 倾角为 30°时隧道围岩竖向应力云图(有限元计算结果截图)

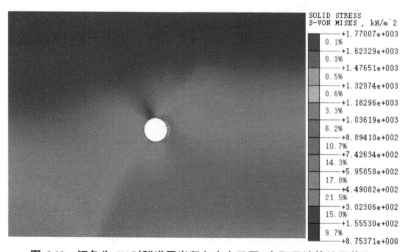

图 6-10 倾角为 60°时隧道围岩竖向应力云图(有限元计算结果截图)

第6章 盾构隧道穿越上软下硬地层时围岩变形及地表沉降分析

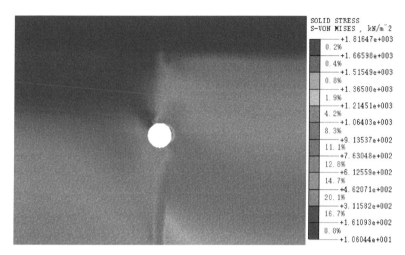

图 6-11 倾角为 90°时隧道围岩竖向应力云图(有限元计算结果截图)

由不同倾角条件下竖向应力云图可以看出:

①当倾角为 0°时,在自重的影响下,地层应力近似呈层状分布,且埋深越深,Mises 应力值越深,截面Ⅰ-Ⅰ左、右两侧软、硬岩交界面对地层应力的分割作用基本一致,如图 6-8 所示。当倾角大于 0°时,相较于截面Ⅰ-Ⅰ右侧软、硬岩交界面,截面Ⅰ-Ⅰ左侧的软、硬岩交界面对地层应力的分割作用更为显著,并在软、硬岩交界面倾角为 90°时分割作用最为显著。

②当倾角为 0°时,隧道开挖完成后的应力释放区域主要位于隧道拱顶、拱底,应力集中区域主要分布在隧道拱腰偏下位置处,应力峰值位于拱腰下方约 0.5m 的位置处。分析认为,隧道拱腰以上位置为软岩,其稳定性较差,其下方为硬岩,稳定性较好,所能承受的应力值较大,导致隧道开挖完成后应力集中区域应力峰值位置向下移动一定的距离。

③当倾角大于 0°时,随着倾角的不断增大,截面Ⅰ-Ⅰ右侧围岩的应力集中区面积呈现出逐渐增大的趋势,其左侧围岩的应力集中区域面积呈现出逐渐减小的趋势。随着倾角的不断增大,隧道左侧围岩应力集中区域呈现出向下移动的趋势,隧道右侧围岩的应力集中区域呈现出向上移动的趋势,隧道围岩应力集中区数量由 2 个变为 1 个,且逐渐向隧道右拱腰处靠近,分析认为上述现象与软、硬岩交界面倾角变化有直接关系。

④当倾角大于 0°时,在软、硬岩交界面倾角相同的情况下,同一埋深处的软、硬岩交界面左侧区域的 Mises 应力一般小于其右侧区域的 Mises 应力。分析认为,软、硬岩交界面左侧为软岩地层,右侧为硬岩地层,隧道开挖完成后软岩的抗扰动能力明显弱于硬岩的抗扰动能力,这便造成隧道开挖引起的软岩地层应力释放率高于硬岩地层。

通过上述描述可以看出软、硬岩交界面倾角变化对围岩竖向应力分布范围的影响规律,但尚未分析倾角变化对竖向应力值的影响规律。故选取隧道截面Ⅱ-Ⅱ处拱顶、拱底、左拱腰、右拱腰竖向应力值,分析倾角对其影响规律,不同特征点的应力曲线如图 6-12~图 6-15 所示。

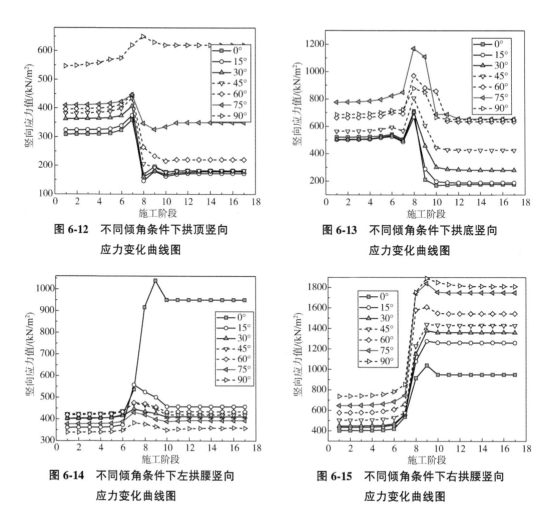

图 6-12 不同倾角条件下拱顶竖向应力变化曲线图

图 6-13 不同倾角条件下拱底竖向应力变化曲线图

图 6-14 不同倾角条件下左拱腰竖向应力变化曲线图

图 6-15 不同倾角条件下右拱腰竖向应力变化曲线图

由图 6-12 可以看出:①随着倾角的不断增大,拱顶竖向应力初始值与最终值均呈现出随着倾角的增大而增大的趋势,并在 75°~90°倾角范围内变化幅度最大;②当倾角在 0°~75°范围内变化时,拱顶竖向应力释放率逐渐由 40%减小至 14.6%,当倾角为 90°时拱顶竖向应力最终值大于初始应力值,分析认为随着倾角的不断增大,拱顶与硬岩地层的距离逐渐减小,导致其应力释放率逐渐降低,当倾角为 90°时隧道左、右两侧地层分别为软岩和硬岩,隧道开挖后竖向应力集中区域主要分布在硬岩地层中,故在倾角为 90°时发生应力集中现象。

由图 6-13 可以看出:①拱底竖向应力释放是由施工阶段 9 引起的,而拱顶应力释放主要是由施工阶段 8 引起的,二者应力释放发生阶段存在一定的差异,分析认为截面Ⅱ-Ⅱ位于施工阶段 8 与施工阶段 9 的交界面处,施工阶段 8 完成后拱顶岩体变形速度大于拱底变形速度[16-17],导致拱顶应力释放较拱底提前一个阶段;②0°~45°范围内的拱底竖向应力释放率明显大于 60°~90°范围内的应力释放率,并在倾角为 90°时应力释放率达到最低(约 9.8%);③隧道开挖完成后,拱底竖向应力最大值、最小值所对应的倾角分别为 75°与 0°,二者间的差值为 520kN/m²,由此可以看出软、硬岩交界面倾角变化对拱底竖向应力的影响较大。

由图 6-14、图 6-15 可以看出:①隧道施工完成后,右拱腰竖向应力值普遍大于左拱腰竖向应力值,且随着倾角的不断增大,左、右拱腰竖向应力差值呈现出逐渐扩大的趋势[44],分析认为倾角越大,左、右拱腰地层性质差异性愈发显著,导致向右拱腰转移的围岩应力大于向左拱腰转移的围岩应力,进而造成上述现象的发生;②隧道开挖完成后,左、右拱腰处应力状态均为应力集中,与拱顶、拱底的应力状态存在较大的差异,分析认为隧道开挖完成后拱顶、拱底发生卸荷作用,围岩应力逐渐向左、右两侧扩散,导致左、右拱腰处应力逐渐增大;③左拱腰处0°倾角与其他倾角的竖向应力值差距较大,分析认为,随着倾角的不断增大,左拱腰处软岩占比逐渐增大,而软岩最大承载力小于硬岩最大承载力,从而导致上述现象的发生。

6.4.1.2 隧道横断面内软、硬岩交界面倾角对围岩等效塑性应变的影响

为研究软、硬岩交界面不同倾角条件下隧道开挖对围岩塑性变形的影响程度,引入"等效塑性应变"指标,分析不同倾角条件下隧道围岩等效塑性应变分布规律,得到隧道围岩的塑性屈服位置。等效塑性应变云图如图6-16~图6-19所示。

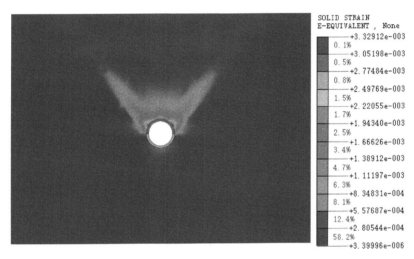

图6-16 倾角为0°时隧道围岩等效塑性应变云图(有限元计算结果截图)

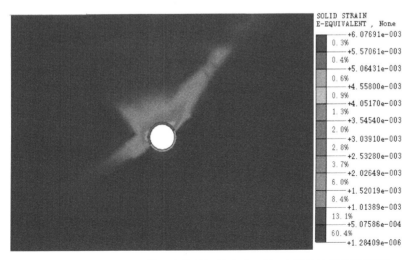

图6-17 倾角为30°时隧道围岩等效塑性应变云图(有限元计算结果截图)

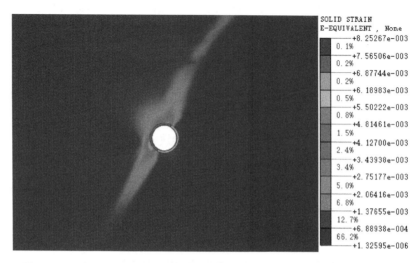

图 6-18 倾角为 60°时隧道围岩等效塑性应变云图(有限元计算结果截图)

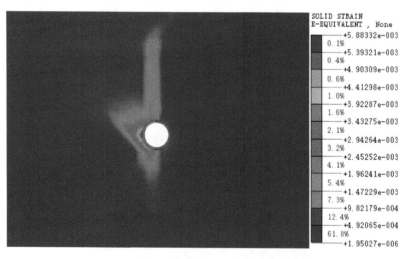

图 6-19 倾角为 90°时隧道围岩等效塑性应变云图(有限元计算结果截图)

由不同倾角条件下隧道围岩等效塑性应变云图可以看出:

①隧道施工完成后,等效塑性应变集中区主要分布在软岩地层与软、硬岩交界面处,截面Ⅰ-Ⅰ左侧应变集中区整体分布特征为宽而短,右侧整体分布特征为窄而长[7-10],由此可说明软、硬岩交界面倾角对围岩等效塑性应变集中区分布特征的影响较为显著[5]。

②随着软、硬岩交界面倾角的不断增大,等效塑性应变在向上传递的过程中逐渐沿着软、硬岩交界面贯通至地表;在向下传递的过程中,其传递距离呈现出先增大后减小的趋势,在倾角为 60°时传递距离达到最大值。

综上所述,隧道左侧等效塑性应变最大值分布位置呈现出先下移后上移的趋势,等效塑性应变峰值与下移距离均在 60°倾角时达到最大值。

6.4.1.3 隧道横断面内软、硬岩交界面倾角对围岩变形的影响

1) 隧道横断面内软、硬岩交界面倾角对 x 向位移影响分析

分析 x 向位移时,选取与第 6.4.1.1 节相同倾角的 x 向位移云图,如图 6-20～图 6-23 所示。

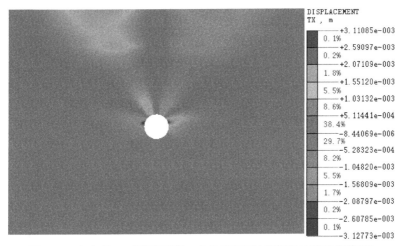

图 6-20　倾角为 0°时隧道围岩 x 向位移云图(有限元计算结果截图)

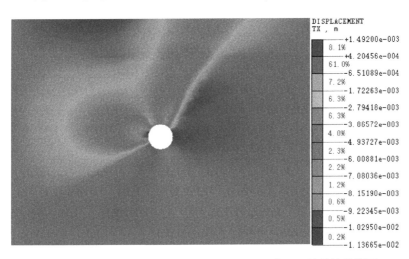

图 6-21　倾角为 30°时隧道围岩 x 向位移云图(有限元计算结果截图)

由不同倾角条件下隧道围岩 x 方向位移云图可以看出:

①随着软、硬岩交界面倾角的不断增大,隧道开挖引起的 x 向位移集中区分布位置发生了较为明显的变化,具体表现为:当软、硬岩交界面倾角为 0°时,隧道开挖引起的 x 向位移主要分布在隧道拱腰上方区域;随着倾角的不断增大,x 负向位移集中区呈现出沿隧道周边逆时针移动的趋势,其分布范围在倾角为 0°～60°时呈现出缓慢增大的趋势,在倾角为 60°～90°时呈现出迅速增大的趋势,与此同时,x 正向位移集中区逐渐由隧道右拱腰上方位置处移动至隧道拱顶左侧区域,与软、硬岩交界面的旋转趋势相同。

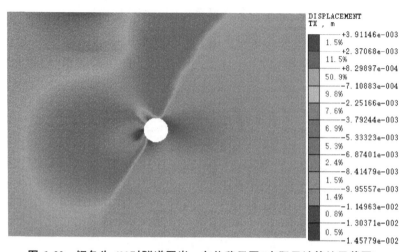

图 6-22　倾角为 60°时隧道围岩 x 向位移云图（有限元计算结果截图）

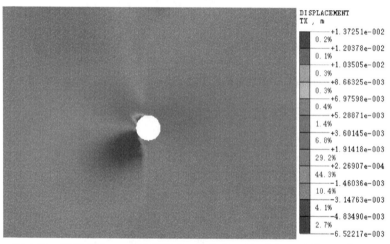

图 6-23　软倾角为 90°时隧道围岩 x 向位移云图（有限元计算结果截图）

②软、硬岩交界面对 x 向位移分布具有较为明显的分割作用。分析认为软、硬岩交界面倾角发生变化时，交界面下方硬岩抗扰动能力较强，上方软岩在自身重力以及交界面倾角的共同作用下，x 向变形值大于硬岩。

通过上述分析可以发现倾角变化时围岩 x 向位移集中区分布位置、分布范围的变化规律，但未对倾角变化引起的 x 向位移值进行研究。故下文以截面 Ⅱ-Ⅱ 为研究断面，研究倾角发生变化时拱顶、拱底、左拱腰、右拱腰四个特征点 x 向位移最终值的变化规律，如表 6-3 所示。

不同倾角条件下围岩各特征点 x 向位移最终值（单位：mm）　　　表 6-3

特征点	倾角						
	0°	15°	30°	45°	60°	75°	90°
拱顶	-0.0640	-1.81	-5.03	-3.96	-0.42	3.99	5.73
拱底	0.0089	-0.24	0.05	0.97	2.14	2.71	2.12

续上表

特征点	倾角						
	0°	15°	30°	45°	60°	75°	90°
左拱腰	−1.26	−4.17	−10.30	−14.10	−14.50	−8.17	−0.45
右拱腰	1.30	1.13	1.05	1.49	2.21	2.83	3.07

由表 6-3 可以看出：

①隧道拱顶、拱底、左、右拱腰处 x 向位移值与倾角的关系不尽相同，具体表现为：左拱腰、拱底 x 向位移值均呈现出先增大后减小的趋势，趋势发生变化时的倾角分别为 60°、75°；拱顶处 x 向位移值呈现出先增大后减小随后又增大的变化趋势，趋势发生变化的倾角分别为 30°、75°；右拱腰处 x 向位移值呈现出不断增大的趋势。

②相邻倾角间 x 向位移值最大降幅位于左拱腰 75°~90°倾角范围内，其 x 向位移值由 −8.17mm 减小至 −0.15mm，变化幅度为 −98.16%；最大增幅位于拱顶 0°~15°倾角范围内，增幅为 272.8%，但其位移值相对较小。

③当倾角在 0°~75°范围内时，左拱腰 x 向位移始终大于同一倾角条件下拱顶、拱底及右拱腰处的位移值，由此可说明在 0°~75°倾角范围内，如果上述四个特征点即将发生破坏，左拱腰将最先破坏。当倾角为 90°时，拱顶 x 向位移值最大，左拱腰 x 向位移值最小，拱底、右拱腰 x 向位移值较为接近，分析认为倾角为 90°时 x 向位移集中区主要分布在截面Ⅰ-Ⅰ左侧区域，拱顶、拱底分别受 x 正向位移集中区、x 负向位移集中区的影响，而左拱腰受到上述两个位移集中区的共同影响，从而导致上述现象发生。

由上可知，隧道开挖引起的围岩 x 向正向和负向位移最大值未全部集中在隧道四个特征点处，而是随倾角的变化而变化。故选取不同倾角条件下隧道开挖引起的 x 向正向位移与负向位移最大值，绘制不同倾角条件下 x 向位移最大值变化曲线，如图 6-24 所示。

由不同倾角条件下 x 向位移最大值变化曲线图可以看出：

①随着软、硬岩交界面倾角的不断增大，x 向负向位移最大值变化曲线呈现出先下降后上升的趋势，并在倾角为 60°时到达最小，由此可说明隧道开挖引起的 x 向负向位移在倾角为 60°时达到峰值；x 向正向位移的最大值变化曲线整体呈现出逐渐增大的变化趋势，且随着倾角的增大，其增大幅度亦呈现出不断增大的趋势。

②当软、硬岩交界面倾角在 0°~60°范围内时，x 向正向位移与负向位移间的差值呈现出逐渐增大的趋势，且随着倾角的不断增大，两者间的位移差值增长幅度有着明显的增大；当软、硬岩交界面倾角在 60°~90°范围内时，x 向正向位移与负向位移间的差值基本保持不变。由此可以看出，60°倾角为 x 向正向位移与负向位移差值变化趋势的分界点。

为进一步研究围岩 x 向位移与软、硬岩交界面倾角之间的关系，以软、硬岩交界面倾角为自变量，以不同倾角条件下 x 向正向位移与负向位移最大值为因变量，研究围岩 x 向正向、负向位移最大值与软、硬岩交界面倾角之间的关系，如图 6-25 所示。

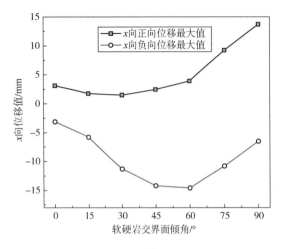
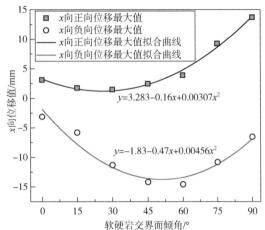

图 6-24　不同倾角条件下 x 向位移最大值变化曲线图

图 6-25　x 向位移最大值与软、硬岩交界面倾角的关系曲线图

由 x 向位移最大值与软、硬岩交界面倾角的关系曲线图可以看出，x 向正向位移最大值 $y_{正}$、负向位移最大值 $y_{负}$ 与软、硬岩交界面倾角 x 的拟合函数分别为：

$$y_{正} = 3.283 - 0.16x + 0.00307x^2 \quad (6\text{-}22)$$

$$y_{负} = -1.83 - 0.47x + 0.00456x^2 \quad (6\text{-}23)$$

对上述函数关系式进行求导并令其等于零，得出：

$$x_{正} = 26.06°$$

$$x_{负} = 51.54°$$

x 向正向、负向位移最大值拟合曲线变化趋势的转折点分别为 26.06°、51.54°。由此可以看出，当倾角在 0°~26.06°范围内时，围岩 x 向正向位移最大值与倾角间的关系为负相关；当倾角在 26.06°~90°范围内时，二者之间的关系为正相关。同理，x 向负向位移最大值与倾角间的关系也有此特征。

2）隧道横断面内软、硬岩交界面倾角对隧道围岩竖向位移影响分析

基于围岩竖向方向应力分析可知，软、硬岩交界面倾角对隧道围岩应力分布情况的影响较为显著。在分析软、硬岩交界面不同倾角对隧道围岩竖向位移的影响时，选取相同倾角进行分析，其竖向位移云图如图 6-26~图 6-29 所示。

由不同倾角条件下隧道围岩竖向位移云图可以看出：

①随着软、硬岩交界面倾角不断增大，隧道拱顶处的沉降区域呈现出逆时针移动的趋势，这与软、硬岩交界面的转动趋势较为接近，具体表现为：当倾角在 0°~30°范围内时，移动趋势相对较缓；当倾角在 60°~90°范围内时，移动趋势明显加快。分析认为，随着倾角的不断增大，截面 I-I 左侧岩土体中的软岩占比逐渐增加，导致截面 I-I 左、右两侧竖向位移的差异愈发显著，进而导致拱顶处沉降区域分布位置发生改变。

第6章 盾构隧道穿越上软下硬地层时围岩变形及地表沉降分析

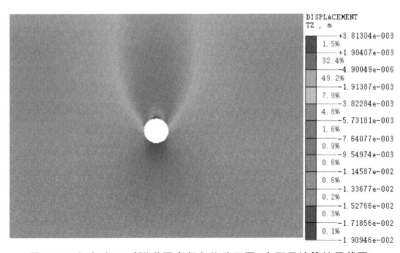

图 6-26　倾角为 0°时隧道围岩竖向位移云图(有限元计算结果截图)

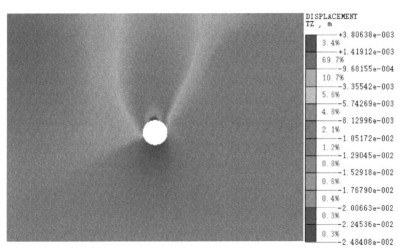

图 6-27　倾角为 30°时隧道围岩竖向位移云图(有限元计算结果截图)

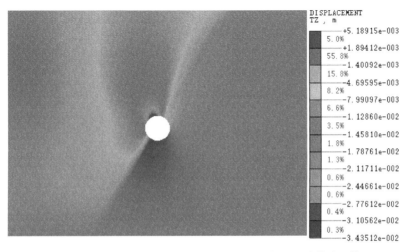

图 6-28　倾角为 60°时隧道围岩竖向位移云图(有限元计算结果截图)

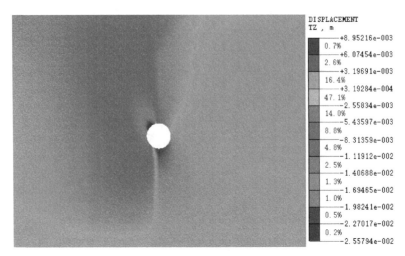

图 6-29 倾角为 90°时隧道围岩竖向位移云图(有限元计算结果截图)

②随着倾角不断增大,隧道拱顶处变形区面积呈现出逐渐增大的趋势,且截面Ⅰ-Ⅰ左、右两侧拱顶变形区面积间的关系逐渐由近似相等转变为左侧大于右侧,而拱底处变形区面积呈现出先增大后减小的趋势,截面Ⅰ-Ⅰ左、右两侧拱底变形区面积间的关系与拱顶恰好相反。

③随着软、硬岩交界面倾角不断增大,截面Ⅰ-Ⅰ左侧围岩变形集中区旋转角度与软、硬岩交界面的旋转角度基本相同,其右侧围岩变形区旋转角度存在一定的差异性,具体表现为:当倾角在0°~30°范围内时,其旋转角度小于软、硬岩交界面的旋转角度;当倾角在60°~90°范围内时,其旋转角度与交界面旋转角度基本一致。

为深入研究软、硬岩交界面倾角对隧道围岩竖向位移的影响特征,选取隧道截面Ⅱ-Ⅱ处的拱顶、拱底、左拱腰、右拱腰四个特征点的竖向位移值进行分析,如图6-30~图6-33所示。

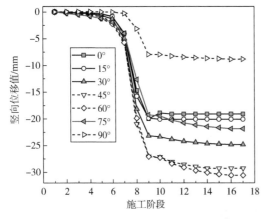

图 6-30 不同倾角条件下拱顶竖向位移曲线图

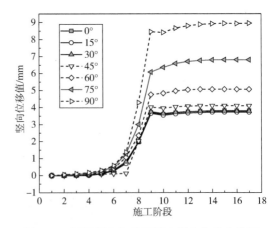

图 6-31 不同倾角条件下拱底竖向位移曲线图

第6章 盾构隧道穿越上软下硬地层时围岩变形及地表沉降分析

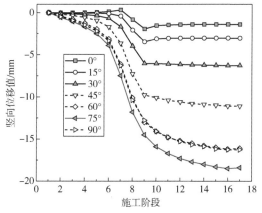

图 6-32 不同倾角条件下左拱腰竖向位移曲线图

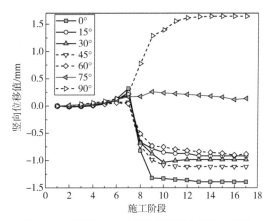

图 6-33 不同倾角条件下右拱腰竖向位移曲线图

由不同倾角条件下围岩竖向位移曲线图可以看出：

①无论交界面倾角为何值，隧道截面Ⅱ-Ⅱ处拱顶、拱底、左拱腰及右拱腰竖向位移曲线拐点均出现在施工阶段 8、施工阶段 9 范围内。分析认为，施工阶段 8 与施工阶段 9 均会对截面Ⅱ-Ⅱ围岩产生直接影响，故在该施工阶段范围内上述特征点竖向位移值会发生较大幅度的变化。

②拱顶竖向位移值均为负值，拱底竖向位移值均为正值，由此可说明拱顶位置发生沉降、拱底位置发生隆起，该现象符合隧道开挖过程中围岩变形的基本规律。

③在施工阶段 1~6 范围内，上述特征点竖向位移变化量远小于施工阶段 7~9 的变化量，且在施工阶段 12~17 范围内上述特征点竖向位移基本处于稳定状态，由此可说明隧道变形主要是由隧道邻近地层开挖引起的。

由图 6-30 可知：①随着倾角不断增大，拱顶竖向位移值呈现出先增大后减小的趋势，在 60°倾角处达到最大值，结合上文分析可知，拱顶竖向位移发生上述变化趋势的原因主要为拱顶处竖向位移集中区分布位置随着倾角变化而变化；②不同倾角条件下，拱顶竖向位移峰值分别为 19.09mm、20.07mm、24.84mm、29.25mm、30.58mm、21.85mm、8.81mm，从上述数据中可以看出，在 15°~30°倾角范围内竖向位移峰值变化幅度最大，变化幅度约为 23.8%，在 75°~90°倾角范围内变化幅度最小，变化幅度约为-59.7%。

由图 6-31 可以看出：①当软、硬岩交界面倾角在 0°~30°范围内时，拱底竖向位移曲线基本重合，竖向位移峰值稳定在 3.75mm 左右，分析认为当倾角在 0°~30°范围内时，拱底左、右两侧岩体中硬岩占比较多，相比于软岩而言，其抗扰动能力较强，导致该倾角范围内拱底竖向位移变化幅度相对较小；②当软、硬岩交界面倾角在 45°~90°范围内时，拱底竖向位移值与倾角呈现出正相关，相邻倾角间的拱底隆起变形差值与倾角间的变化规律亦为正相关，特别是在 60°~90°范围内，相邻倾角间的拱底隆起变形差值明显增大，由此可说明对拱底竖向位移值影响较大的倾角主要在 60°~90°范围内；③结合图 6-30 可知，随着软、硬岩交界面倾角的不断增大，拱顶与拱底竖向位移曲线变化趋势存在一定的差异性，分析认为上述现象与竖向位移集中区分布位置有密切联系。

由图 6-32、图 6-33 可以看出:①随着倾角的不断增大,左拱腰竖向位移值呈现出先增大后减小的变化趋势,并在 75°处达到最大值;②随着倾角的不断增大,右拱腰处竖向位移值逐渐由负值转变为正值,由此可说明右拱腰处竖向位移逐渐由向下转变为向上,分析认为随着倾角的不断增大,隧道开挖引起的隆起集中区逐渐由截面Ⅰ-Ⅰ左、右两侧均匀分布转变为主要分布在截面Ⅰ-Ⅰ右侧区域,而沉降集中区逐渐由截面Ⅰ-Ⅰ左、右两侧均匀分布转变为主要分布在拱顶左侧区域,导致右拱腰处受到的隆起影响大于沉降影响,从而导致倾角为 90°时右拱腰竖向位移为正值;③当倾角为 75°时,右拱腰竖向位移值基本为 0,左拱腰竖向位移值达到最大值,由此可说明 75°倾角是右拱腰最为安全的倾角,亦是左拱腰最为危险的倾角。

根据上述分析可知,隧道开挖引起的围岩向下的沉降与向上的隆起最大值未完全分布在拱顶、拱底处。为准确分析不同倾角条件下隧道开挖对围岩竖向位移的影响程度,选取不同倾角条件下围岩沉降与隆起的最大值,将其绘制成曲线图,如图 6-34 所示。

由不同倾角条件下围岩竖向位移最大值变化曲线可以看出:①随着软、硬岩交界面倾角的不断增大,由隧道开挖引起的隆起变形变化趋势较为缓慢,整体呈现出随着倾角增大而缓慢增大的趋势,由此可说明软、硬岩交界面倾角变化对围岩隆起变形值的影响程度较小;②随着倾角的不断增大,围岩沉降值整体变化幅度远高于围岩隆起值的变化幅度,并呈现出先增大后减小的变化趋势,在 60°倾角处达到最大值,由此可说明,在软、硬岩交界面倾角为 60°的上软下硬地层中隧道施工所引起的地层扰动效应最为显著。

为研究围岩竖向位移与软、硬岩交界面倾角之间的关系,以软、硬岩交界面倾角为自变量,以围岩沉降最大值(隆起最大值变化相对较小,故此处未研究)为因变量,研究倾角与围岩竖向位移最大值的关系,如图 6-35 所示。

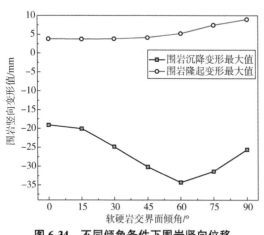

图 6-34 不同倾角条件下围岩竖向位移最大值变化曲线

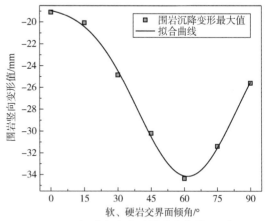

图 6-35 围岩竖向位移最大值与软、硬岩交界面倾角的拟合曲线图

围岩竖向位移最大值与软、硬岩交界面倾角的拟合函数为:

$$y=-18.56-15.58\exp\left[-0.5\left(\frac{x-61.4}{2.5}\right)^2\right] \quad (6-24)$$

对上述函数关系式进行求导并令其等于零,得出:

$$x = 61.4°$$

由上述结果可以看出,拟合曲线变化趋势的转折点出现在倾角为61.4°处,由此可说明,当倾角在0°~61.4°范围内时,围岩竖向位移的最大值与倾角间的关系为正相关;当倾角在61.4°~90°范围内时,二者之间的关系为负相关。

6.4.2 隧道纵断面内软、硬岩交界面倾角对隧道围岩稳定性影响分析

当软、硬岩交界面倾角在隧道纵断面内发生变化时,对隧道开挖的影响主要体现在隧道纵向方向(即 y 方向)上,软、硬岩交界面倾角变化对隧道开挖完成后的 x 向位移影响较小,此处不再进行研究。因此,本节的研究内容主要包括软、硬岩交界面倾角在隧道纵断面发生变化时对围岩竖向应力、围岩等效塑性应变、围岩竖向位移的影响。

6.4.2.1 隧道纵断面内软、硬岩交界面倾角对隧道围岩竖向应力影响

为研究软、硬岩交界面倾角在隧道纵断面内发生变化时引起的地层竖向应力变化情况,选取软、硬岩交界面倾角为0°、30°、60°、90°时的隧道纵向方向的地层竖向应力进行分析,如图6-36~图6-39所示。

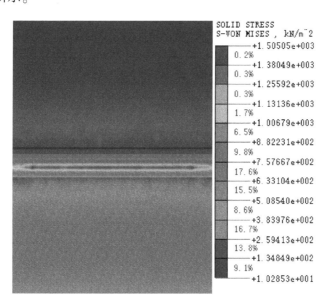

图6-36　倾角为0°时隧道围岩竖向应力云图(有限元计算结果截图)

由不同倾角条件下隧道围岩纵断面竖向应力云图可以看出:①隧道下方的软、硬岩交界面对地层应力存在较为明显的分割现象,而隧道上方的软、硬岩交界面对地层应力的分割作用呈现出随着倾角的增大而越发显著的趋势,分析认为随着倾角的不断增大,软、硬岩交界面的影响范围逐渐减小,但其影响程度逐渐增加,导致分割作用日益显著;②随着软、硬岩交界面倾角的不断增大,隧道开挖引起的竖向应力集中区面积呈现出先减小后增大的趋势,其分布位置由拱腰处移动至软、硬岩交界面处,随后又移动至拱腰处,由此可说明软、硬岩交界面倾角对围岩应力集中区分布特征具有明显影响;③交界面左右两侧竖向应力分布规律存

在明显的差异,分析认为交界面左右两侧地层物理力学性质差异较大,抵抗隧道开挖扰动的能力不相同,导致同一埋深处不同地层的竖向应力值存在一定的差异。

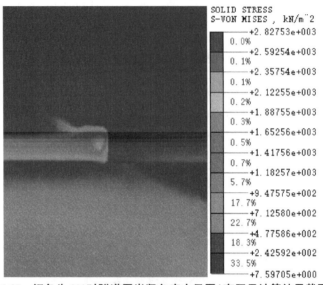

图 6-37 倾角为 30°时隧道围岩竖向应力云图(有限元计算结果截图)

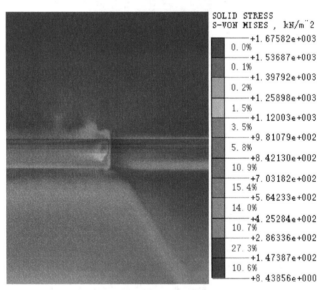

图 6-38 倾角为 60°时隧道围岩竖向应力云图(有限元计算结果截图)

为研究软、硬岩交界面倾角在隧道纵断面内发生变化时对地层竖向应力峰值的影响规律,特选择不同倾角条件下的围岩竖向应力峰值进行分析,如表 6-4 所示。

不同倾角条件下围岩竖向应力峰值　　　表 6-4

软、硬岩交界面倾角	0°	15°	30°	45°	60°	75°	90°
应力峰值/(kN/m^2)	1505.05	2453.53	2827.53	1581.21	1678.52	1533.65	1455.24

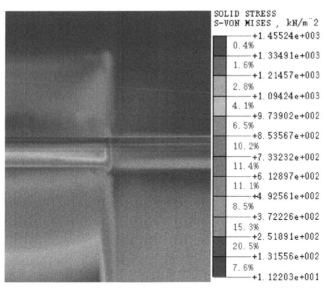

图 6-39 倾角为 90°时隧道围岩竖向应力云图(有限元计算结果截图)

由表 6-4 可看出：当倾角在 0°~15°范围内时，隧道开挖引起的应力峰值增长幅度较为明显；当倾角在 15°~30°范围内时，应力峰值增长幅度相对平缓，在倾角为 30°时应力峰值达到最大值，这与图 6-31~图 6-32 中的结果一致；当倾角在 45°~90°范围内时，应力峰值与倾角为 0°时的应力峰值基本一致，由此可说明软、硬岩交界面倾角在隧道横断面内变化时对围岩应力峰值影响最为显著的倾角范围为 15°~30°。

6.4.2.2　隧道纵断面内软、硬岩交界面倾角对围岩等效塑性应变影响

由于不同倾角间的等效塑性应变分布特征变化较为缓慢，故选取倾角为 0°、30°、60°、90°时的隧道纵向等效塑性应变云图进行分析，如图 6-40~图 6-43 所示。

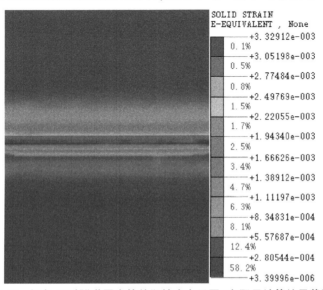

图 6-40　倾角 0°时隧道围岩等效塑性应变云图(有限元计算结果截图)

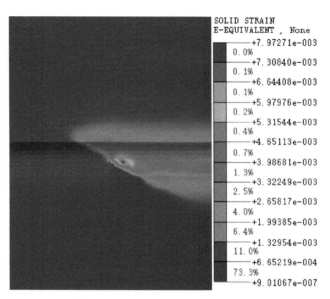

图 6-41 倾角为 30°时隧道围岩等效塑性应变云图(有限元计算结果截图)

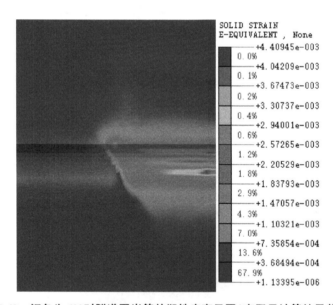

图 6-42 倾角为 60°时隧道围岩等效塑性应变云图(有限元计算结果截图)

由不同倾角条件下隧道围岩纵断面等效塑性应变云图可以看出,随着软、硬岩交界面倾角不断增大,等效塑性应变集中区的分布规律既有相同性又有差异性,其相同性表现在:①硬岩地层的等效塑性应变值明显低于软岩地层,且等效塑性应变集中区主要分布在软、硬岩交界面及其上部区域,分析认为软岩抗扰动能力较弱,隧道施工完成后率先到达塑性阶段,导致其等效塑性应变相对较大,从而导致等效塑性应变集中区随着软、硬岩交界面移动而移动;②随着倾角不断增大,等效塑性应变集中区均呈现出向隧道上、下两侧扩散的趋势,并在倾角为 90°时等效塑性应变集中区的影响范围达到最大值。

第6章 盾构隧道穿越上软下硬地层时围岩变形及地表沉降分析

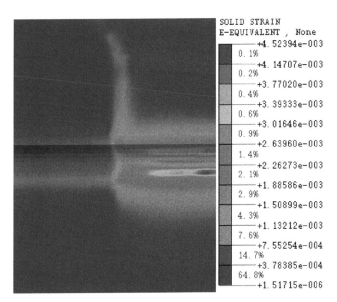

图 6-43 倾角为 90°时隧道围岩等效塑性应变云图(有限元计算结果截图)

其差异性主要体现在：

①当软、硬岩交界面倾角为 0°时,等效塑性应变云图中的正向应变主要分布在隧道拱腰上方区域,如图 6-40 所示；当倾角为 30°时,等效塑性应变云图中的正向应变主要分布在软、硬岩交界面处,与倾角为 0°时相比,其面积呈现出逐渐减小的趋势,如图 6-41 所示；当倾角在 60°~90°范围内时,等效塑性应变云图中的正向应变逐渐分布在软岩地层后半段的拱顶、拱底附近,其面积呈现出逐渐增大的趋势,如图 6-42、图 6-43 所示。

②当倾角为 90°时,等效塑性应变集中区沿着软、硬岩交界面向上传递,基本与地表贯通,而其他倾角传递趋势相对较弱。

6.4.2.3 隧道纵断面内软、硬岩交界面倾角对围岩竖向位移影响

由于不同软、硬岩交界面倾角条件下围岩竖向位移较大的区域大致相同,因此选取 3 个具有代表性的隧道围岩竖向位移云图进行分析,分别为 0°、30°、90°倾角时的竖向位移云图,如图 6-44~图 6-46 所示。

由不同倾角条件下隧道围岩纵断面竖向位移云图可以看出：

①随着倾角的不断增大,拱顶竖向位移集中区在隧道纵向方向上的分布长度呈现出逐渐减小的趋势,其在 z 轴方向上的影响范围呈现出逐渐增大的趋势。分析认为,随着倾角的不断增大,隧道拱顶处软岩占比逐渐由 100%减少至 50%,且软岩地层主要分布在隧道的后半段,导致拱顶沉降集中区发生上述变化。

②隧道拱底竖向位移集中区在隧道纵向上的分布长度呈现出先减小后增大的趋势。分析认为,当倾角为 0°时,不同位置处的拱底隆起变形值较为接近,从而使得拱底竖向位移集中区在隧道纵向上的分布长度最长；在此之后,随着倾角的不断增大,隧道拱底处硬岩占比逐渐由 100%减少至 50%,导致隆起变形较大值主要分布在软岩地层中,进而导致隆起变形

较大值区域长度发生上述变化。

③围岩竖向位移值发生较大变化的分界点主要位于软、硬岩交界面与隧道相交处,由此可说明软、硬岩交界面对地层竖向位移有着较为明显的分割作用。

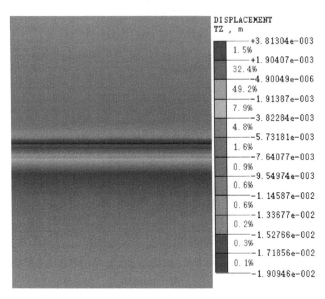

图 6-44 倾角为 0°时隧道围岩竖向位移云图(有限元计算结果截图)

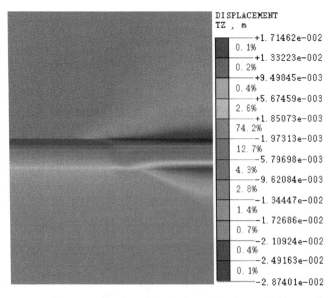

图 6-45 倾角为 30°时隧道围岩竖向位移云图(有限元计算结果截图)

为进一步研究不同倾角条件下隧道开挖所引起的围岩竖向位移变化规律,选取不同倾角条件下的隧道拱顶、拱底、左拱腰(因左、右拱腰围岩竖向位移值基本相等,故仅选择左拱腰)三个特征点处的竖向位移值绘制位移曲线,如图 6-47~图 6-49 所示。

第6章 盾构隧道穿越上软下硬地层时围岩变形及地表沉降分析

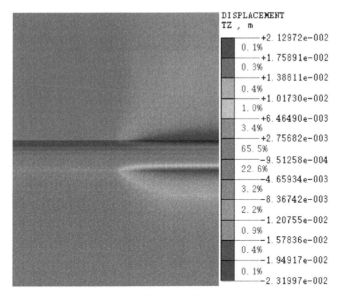

图 6-46 倾角为 90°时隧道围岩竖向位移云图(有限元计算结果截图)

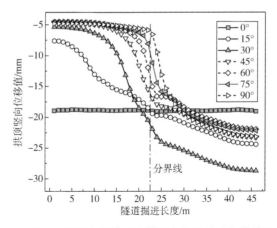

图 6-47 不同倾角条件下的拱顶竖向位移变化曲线图

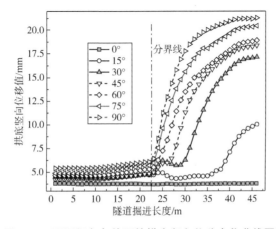

图 6-48 不同倾角条件下的拱底竖向位移变化曲线图

· 163 ·

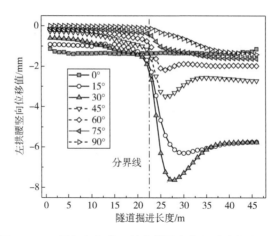

图 6-49　不同倾角条件下的左拱腰竖向位移变化曲线图

由图 6-47 可以看出：

①随着倾角的不断增大，拱顶竖向位移曲线形式发生变化，具体表现为：当倾角在 0°~15° 范围内时拱顶竖向位移曲线整体表现为直线；当倾角在 30°~90° 范围内时拱顶竖向位移曲线表现形式可分为两个阶段，第一阶段整体表现为直线，第二阶段整体表现类似于反比例曲线，变化幅度明显增大。分析认为：当倾角为 0° 时，隧道穿越地层分布情况较为均匀，造成隧道施工完成后拱顶竖向位移基本一致；当倾角为 15° 时，掌子面软、硬岩占比发生变化，但变化较为缓慢，导致隧道拱顶竖向位移曲线近似为斜直线；当倾角在 30°~90° 范围内时，在第一阶段中隧道掘进地层基本为硬岩地层，导致拱顶竖向位移曲线变化幅度不大，在第二阶段中隧道掘进地层软岩所占比例逐渐增加，拱顶竖向位移变化幅度相应增大。

②不同倾角条件下，拱顶竖向位移值均在隧道周边地层均为软岩时达到最大值，由此可说明隧道施工时软岩地层的拱顶变形要大于上软下硬地层。

③从分界线(该处掌子面软、硬岩占比为各 50%)左侧区域的拱顶竖向位移曲线可以看出，拱顶竖向位移平均值与倾角间的关系为负相关，由此可说明倾角越大，隧道施工引起的拱顶竖向位移平均值越小。由分界线右侧位移曲线可以看出，随着倾角的不断增大，拱顶竖向位移值呈现出先增大后减小的变化趋势，并在倾角为 30° 时达到最大值。

④当倾角在 15°~90° 范围内时，在分界线附近拱顶竖向位移均发生了较大程度的变化，说明软、硬岩交界面处围岩变形易发生大幅度变化，在施工过程中应重点关注。

⑤由分界线右侧区域的竖向位移曲线可以看出，在 15°~30° 范围内相邻倾角间拱顶竖向位移值变化量不小于 4mm，在 45°~90° 范围内相邻倾角竖向位移值变化量不大于 1mm，且 15°~30° 范围内围岩竖向位移最大，由此可说明对于分界线右侧区域拱顶而言，最为危险的倾角在 15°~30° 范围内。

由图 6-48 可以看出：①随着倾角的不断增大，拱底竖向位移值呈现出逐渐增大的趋势，分析认为随着倾角的不断增大，拱底处硬岩占比逐渐由 100% 减小至 50%，隧道上方地层硬岩占比随之增大，二者共同作用造成上述现象；②拱底竖向位移最大值主要分布在软岩地层中,即隧道掘进长度大于40m处;③分界线右侧区域位移曲线变化程度明显大于左侧区域,具体表现为分界线左侧区域相邻倾角间拱底竖向位移变化量不超过1.2mm,其右侧区域相邻倾角间位移变化量大多数在2~7mm范围内,呈现出先增大后减小的变化趋势,并在15°~30°倾角范围内达到最大值。

由图6-49可以看出:①左拱腰与拱底竖向位移曲线在分界线左、右两侧的表现形式较为相似,在分界线左侧表现形式均为直线,在分界线右侧表现形式均为曲线;②由分界线左侧区域的竖向位移曲线可以看出,竖向位移值同倾角的关系与拱顶相同,均呈现出随倾角增大而减小的变化趋势,变化幅度相对较小,由分界线右侧区域的竖向位移曲线可以看出,相邻倾角间左拱腰竖向位移值差值大多数处于0.3~4.9mm范围内,并在0°~15°范围内达到最大差值,这与拱顶相邻倾角间最大差值所在的倾角范围一致,由此可以看出,左拱腰处竖向位移曲线变化规律受到拱顶、拱底一定程度的影响;③不同倾角条件下,左拱腰竖向位移峰值分布位置依次为1~45m、30m、28m、26m、26m、45m、45m,其分布位置与拱顶、拱底竖向位移峰值点分布位置存在一定的差异。

通过上述分析可以得出,软、硬岩交界面倾角在隧道纵断面内发生变化时,拱顶、拱底以及左拱腰竖向位移峰值与位移曲线变化规律既有相同点,又有一定的差异。为进一步研究交界面倾角对围岩变形的影响,选取拱顶、拱底及左拱腰位移曲线形式发生变化的转折点位置(竖向位移曲线表现形式发生变化时的掘进长度)以及拱顶、拱底和左拱腰竖向位移曲线移峰值,并绘制成表格,如表6-5、表6-6所示。

不同倾角条件下拱顶、拱底及左拱腰竖向位移曲线转折点分布位置(单位:m)　　表6-5

特 征 点	倾 角						
	0°	15°	30°	45°	60°	75°	90°
拱顶	1	4	8	13	17	19	22
拱底	1	22	22	22	23	23	23
左拱腰	1	16	21	22	21	22	24

不同倾角条件下拱顶、拱底及左拱腰竖向位移峰值(单位:mm)　　表6-6

特 征 点	倾 角						
	0°	15°	30°	45°	60°	75°	90°
拱顶	-19.10	-24.40	-28.70	-23.30	-22.00	-22.20	-23.20
拱底	3.79	10.02	17.14	18.39	18.93	20.46	21.30
左拱腰	-1.32	-6.31	-7.62	-3.49	-2.18	-1.63	-1.41

由表6-5可以看出:①随着倾角的不断增大,拱顶竖向位移转折点位置沿隧道掘进方向逐渐前移,由此可说明软、硬岩交界面倾角越大,隧道施工的安全距离越长;②当软、硬岩交界面倾角在隧道纵断面内发生变化时,不同倾角条件下转折点处的掘进长度均不超过22.5m,由此可说明上述关于隧道施工安全距离分析成立的前提为隧道掌子面软岩占比小于50%;③拱顶竖向位移曲线转折点主要分布在分界线左侧区域,拱底、左拱腰转折点主要分

布在分界线两侧 1.5m 范围内,由此可说明倾角变化对不同特征点的影响不尽相同;隧道开挖后围岩沉降与隆起最大值均分布在拱顶、拱底位置处,由此可说明软、硬岩交界面倾角不会改变围岩竖向位移最大值的分布位置。

为进一步研究竖向位移与软、硬岩交界面倾角之间的关系,以软、硬岩交界面倾角为自变量,以不同倾角条件下围岩沉降与隆起最大值为因变量,分析围岩沉降、隆起最大值与倾角之间的函数关系,如图 6-50、图 6-51 所示。

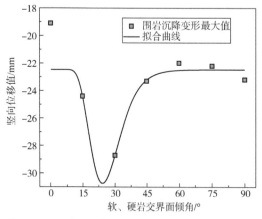

图 6-50 围岩沉降变形最大值与倾角的关系曲线图

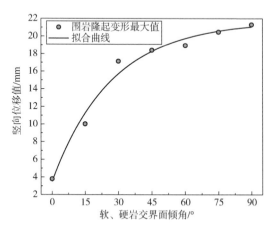

图 6-51 围岩隆起变形最大值与倾角的关系曲线图

由围岩竖向位移最大值与软、硬岩交界面倾角的关系曲线图可以看出,围岩沉降变形最大值、隆起变形最大值与软、硬岩交界面倾角的拟合函数分别为:

$$y_{沉} = -22.47 - \frac{147.5}{\sqrt{2\pi} \cdot 0.282x} \cdot \exp\left\{\frac{-\left[\ln\left(\frac{x}{26.28}\right)\right]^2}{2} \cdot 0.282^2\right\} \quad (6-25)$$

$$y_{隆} = -18.19 \cdot \exp\left(-\frac{x}{27.02}\right) + 21.69 \quad (6-26)$$

对 $y_{沉}$ 进行求导并令其等于零,得出:

$$x_{沉} = 23.28°$$

由上述结果可以看出,围岩沉降拟合曲线变化趋势的转折点为 23.28°,这说明当倾角在 0°~23.28°范围内时,围岩沉降最大值与倾角间的关系为正相关;当倾角在 23.28°~90°范围内时,二者之间的关系为负相关。围岩隆起变形值整体呈现出逐渐增大趋势,但其变化幅度呈现出逐渐减小的趋势。

6.4.3 软、硬岩交界面倾角对隧道上覆地层竖向位移影响规律分析

为研究软、硬岩交界面不同倾角条件下隧道施工引起的上覆地层竖向位移变化规律,选取隧道截面Ⅱ-Ⅱ作为研究断面,对地表、地下埋深 5m(素填土与硬塑质土分界面)、地下埋深 10m(硬塑质土与微风化花岗岩分界面)和地下埋深 24m(靠近拱顶处)的地层竖向位移进行研究。上述测点分布位置如图 6-52 所示。

第6章 盾构隧道穿越上软下硬地层时围岩变形及地表沉降分析

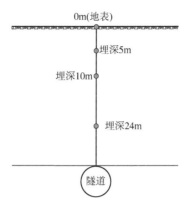

图 6-52 隧道截面 Ⅱ-Ⅱ 处测点埋深示意图

6.4.3.1 隧道横断面内软、硬岩交界面倾角对上覆地层竖向位移的影响

选取隧道截面 Ⅱ-Ⅱ 处不同埋深的竖向位移值并绘制成曲线,如图 6-53~图 6-56 所示。

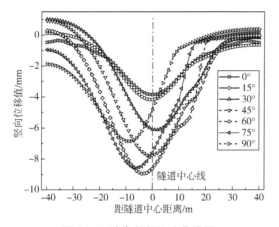

图 6-53 地表竖向位移曲线图

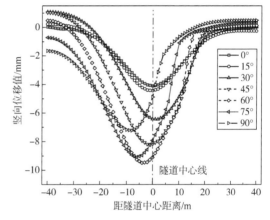

图 6-54 埋深 5m 处竖向位移曲线图

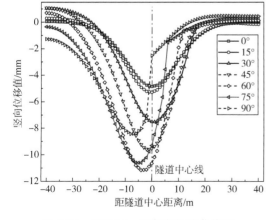

图 6-55 埋深 10m 处竖向位移曲线图

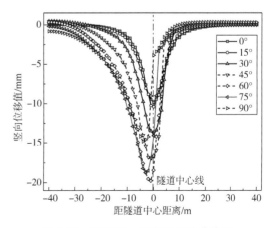

图 6-56 埋深 20m 处竖向位移曲线图

由不同倾角条件下隧道上覆地层竖向位移曲线可以看出：

①不同埋深处的竖向位移曲线走向大致相同，整体的分布形式为"左低右高"的正态分布。

②竖向位移值与埋深间的关系为正相关，沉降槽宽度与埋深间的关系为负相关。分析认为：埋深越大，隧道开挖对地层的扰动作用越明显，导致其发生的变形值较大，但埋深越大则隧道开挖对地层的扰动范围越小，从而导致上述现象的发生。

③在距隧道中心线相同距离的情况下，左侧区域的竖向位移值普遍大于右侧区域的竖向位移值，且随着倾角的不断增大，隧道中心线左右两侧地层竖向位移差值呈现出增大的趋势。分析认为：随着倾角的不断增大，隧道中心线左右两侧地层间的差异逐渐增大，导致隧道开挖引起的地层竖向位移差值逐渐增大。

④不同倾角条件下竖向位移曲线峰值点分布位置存在一定的差异，具体表现为：随着倾角的不断增大，竖向位移曲线峰值点逐渐呈现出向隧道中心线左侧区域移动的趋势，其移动距离与倾角间的关系为正相关。当倾角在0°~45°范围内时，其移动趋势较为缓慢；当倾角在60°~90°范围内时，其移动趋势逐渐加快。此外，埋深对沉降曲线峰值点的移动距离也有一定程度的影响，其移动距离与埋深间的关系为负相关，例如倾角为90°时，埋深28m处的竖向位移峰值点移动距离为4m，而地表处峰值点移动距离为9m。

⑤通过上述四种埋深情况下的竖向位移曲线图可以看出，软、硬岩交界面倾角为60°时地层竖向位移值达到最大值。结合前文分析可知，围岩竖向位移最大值亦在倾角为60°处，二者之间相互呼应。

6.4.3.2 隧道纵断面内软、硬岩交界面倾角对上覆地层竖向位移的影响

为保证研究断面地层性质基本一致，将隧道截面Ⅱ-Ⅱ沿 y 轴方向后移1.5m，并作为新的研究断面，在该研究断面处选取与第6.4.3.1节相同埋深条件下的竖向位移值，绘制成曲线，如图6-57~图6-60所示。

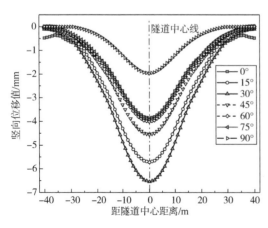

图6-57 地表竖向位移曲线图

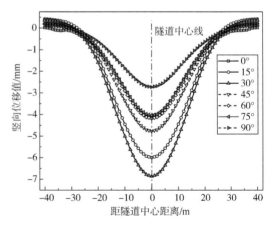

图6-58 埋深5m处竖向位移曲线图

第6章 盾构隧道穿越上软下硬地层时围岩变形及地表沉降分析

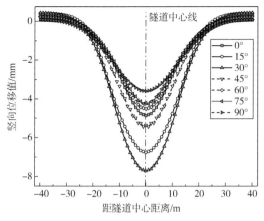

图 6-59 埋深 10m 处竖向位移曲线图

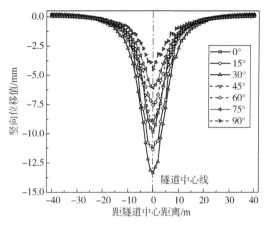

图 6-60 埋深 24m 处竖向位移曲线图

由不同倾角条件下隧道上覆地层竖向位移曲线图可以看出：

①不同埋深处的竖向位移曲线形式基本一致，整体呈现出围绕隧道中心线左右对称的正态分布。

②不论何种埋深条件下，竖向位移曲线最大值、最小值所在的倾角均为 30°和 90°。结合第 6.4.2.3 节的围岩变形分析可知，围岩竖向位移也在 30°倾角达到最大值，二者能够很好相互呼应；但第 6.4.2.3 节中围岩变形最小值出现在倾角为 0°时，与该处倾角为 90°时竖向位移最小难以呼应，分析认为该断面位于隧道掘进长度为 22.5m 处，倾角为 90°时的围岩变形较大值主要分布在该断面后 10m 处，故无法与第 6.4.2.3 节中的围岩变形最小值所在倾角相互对应。

③随着埋深不断减小，倾角为 0°、60°、75°时的竖向位移曲线逐渐重合，由此可说明在上述倾角范围内，倾角变化对地表及埋深较浅地层的影响基本一致。分析认为，当上述软、硬岩交界面倾角在隧道纵断面内变化时，隧道上覆地层性质发生一定程度的改变，导致在不同倾角条件下隧道开挖引起的地层变形向上传递过程中的变形传递值存在一定的差异。

6.5 数值模拟结果与工程监测数据的验证分析

由前文的数值模拟结果分析可知，在软、硬岩交界面不同倾角条件下进行隧道施工时，不仅会改变围岩变形的大小，还会改变围岩变形集中区的分布位置，使得不同位置处围岩变形程度不尽相同。为验证上述结果的准确性，根据现场监测方案与监测数据，结合第 6.4.1 节~第 6.4.3 节的数值模拟结果，从拱顶沉降和地表沉降两个方面出发，对数值模拟结果与现场实测数据进行对比分析，得出软、硬岩交界面倾角对围岩变形及地表沉降的影响规律。

6.5.1 监测的目的与意义

在盾构区间施工过程中，由于地质条件、荷载条件等外界因素的影响，很难单纯从理论和数值模拟等方面预测工程中遇到的问题，必须对周边环境进行周期性观测，以便及时发现隐患并对其进行处理。监测的目的与意义主要在以下三个方面：

①把握施工进度,完善施工工艺。通过将监测数据与模拟值相互比较,判断上一步施工工艺和施工参数是否符合或达到预期要求,同时实现对下一步施工工艺和施工进度的控制,从而实现信息化施工。

②保证地面建(构)筑物等结构的正常使用。通过分析隧道施工过程中地表变形监测数据,可以及时了解隧道施工对地表结构的影响程度是否达到危险状态,若处于危险状态可以及时处理,确保隧道施工期间周边建(构)筑物正常运行和使用。

③保证隧道施工安全。通过监测及时了解隧道围岩的变形,使得整个盾构施工过程能始终安全、可控。

④分析隧道支护结构的稳定性。通过分析地表监测数据与净空收敛变形等数据,判断支护结构的安全状态,为确定是否需要加强支护结构提供参考。

6.5.2 监测的基本流程

根据本项目的特点,监测基本流程如图 6-61 所示。

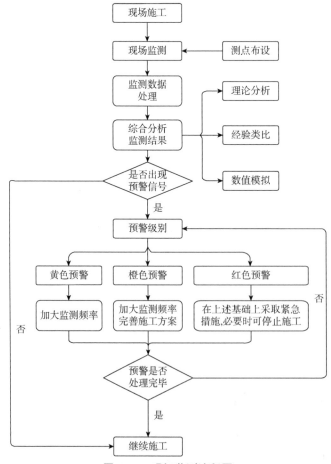

图 6-61 现场监测流程图

6.5.3 监测内容方案

6.5.3.1 隧道施工时监测点的布设

本节针对盾构法隧道穿越上软下硬地层的施工风险问题,参考有限元模拟结果,设置拱顶沉降以及地表沉降两个主要监测项目。地表及拱顶沉降测点布置如图6-62所示。

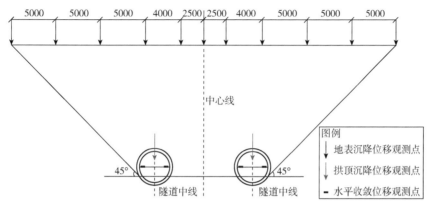

图6-62 地表及拱顶沉降测点布置示意图(尺寸单位:cm)

1)拱顶沉降监测

从地质情况看,拱顶沉降监测断面一般布设在围岩软硬不均、地下水位较高等地质条件复杂区段。按照施工方案的要求,拱顶沉降监测点沿隧道掘进方向每25m设置一个,遇到地质条件较为复杂的情况时可缩短相邻监测点的距离,监测点埋设位置主要分布在封顶管片与相邻管片连接螺栓的突出部位。

2)地表沉降监测

地表沉降监测点的埋设分为如下3步:

①用抽芯钻在地面开直径为162mm的孔,打穿路面硬化层。

②往孔中放置顶端磨平的 $\phi 20mm \times 300mm$ 钢筋,钢筋上端距离地面大约5cm。为防止路面沉降带动测点沉降而影响监测数据,在周围填入细砂或土并夯实。

③在监测点上部设置保护盖加以保护,保护盖低于地面1~2cm。

隧道轴线处地表沉降监测点应沿盾构隧道轴线上方地表布设。盾构始发段与接收段50m范围内,监测断面间距为15m,其余段为25m。地表监测点以两隧道中线为中心线,隧道切线范围以内,布置11个监测点。

6.5.3.2 监测项目的数据采集与控制标准

拱顶沉降、地表沉降两个监测项目的采集方法与控制标准见表6-7。

监测项目现场监控量测信息表 表6-7

监测项目	采集方法	控制标准/mm	预警值/mm	变化速率/(mm/d)
拱顶变形	水准仪	30	21	2
地表沉降	水准仪	30	21	3

6.5.4 计算结果与监测数据的对比验证分析

以深圳地铁 13 号线留—白区间的 ZDK10+544.32～ZDK10+589.32 里程作为监测区间，选取 ZDK10+565.32 作为监测断面。监测断面所处位置，地层由上至下依次为素填土、硬塑质土、强风化混合花岗岩和微风化混合花岗岩，隧道拱顶埋深为 28m，围岩等级为Ⅲ～Ⅳ级，监测断面软、硬岩交界面倾角（倾角在纵断面内变化）为 60°。

6.5.4.1 拱顶沉降结果验证分析

从第 6.4.2.3 节数值模拟结果中提取软、硬岩交界面倾角为 60°时的拱顶沉降数据，并搜集左线隧道 ZDK10+544.32～ZDK10+589.32 开挖完成后的拱顶沉降数据，对上述两组数据进行对比分析，如图 6-63 所示。

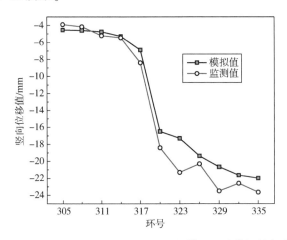

图 6-63 ZDK10+544.32～ZDK10+589.32 区间拱顶沉降模拟值与监测值对比

由图 6-63 可以看出：①模拟值与监测值的变化趋势大致相同，但拱顶沉降监测值略大于模拟值；②在硬岩地层中掘进时，拱顶沉降值远小于在软岩地层中掘进时的拱顶沉降值，且在软、硬交互地层中掘进时拱顶沉降值变化幅度最大；③拱顶沉降模拟值的峰值为 22mm，拱顶沉降最大监测值约为 23.65mm，两者间的误差约为 9.58%，在第 323 环处两者间的差值最大，拱顶沉降模拟值与监测值分别为 17.29mm、21.3mm，误差约为 18.8%，这在一定程度上验证了数值模拟的准确性。

6.5.4.2 地表沉降结果验证分析

从倾角为 60°的模型中提取隧道监测断面处地表沉降值，并搜集左线隧道监测断面处地表沉降值，根据两者的地表沉降值绘制曲线，如图 6-64 所示。

由图 6-64 可以看出：①ZDK10+565.32 断面处监测值略大于数值模拟值，个别数据出现相反的趋势，但并不影响整体趋势；②地表沉降监测值与模拟值的最大值均出现在隧道中心处，且沉降曲线均近似为"√"形分布；③隧道中心处左侧监测点少于右侧，这主要是由于本书主要研究左线隧道的地表沉降，而施工现场监测点要对左、右双线隧道进行监测，故隧中心处左侧监测点少于右侧;④距离隧道中心约 35m 处地表沉降监测值约为 0mm,故本工程隧道施工对地表的影响范围约 70m。

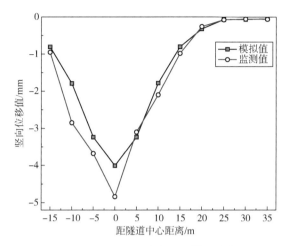

图 6-64　ZDK10+565.32 断面地表沉降模拟值与监测值对比

通过对数值模拟值与现场监测值进行对比分析可以发现,数值模拟的拱顶沉降、地表沉降变化曲线与现场监测数据曲线变化趋势基本一致,但数值模拟值普遍小于现场监测值。分析认为,基于有限元理论建立的岩土体本构模型和选取的参数值均与现场实际情况存在一定的差异,在有限元数值模拟过程中对隧道的施工步骤和支护方式进行了一定程度的简化,上述因素的共同影响导致模拟值小于监测值。但总体来说,由数值模拟计算得到的地表沉降变化规律、拱顶沉降变化规律与现场监测值变化规律基本一致,由此可说明数值模拟在一定程度上具有可行性和合理性。

第7章 复合地层双模盾构施工关键技术

7.1 概 述

在对双模盾构机选型、模式转换、隧道穿越上软下硬地层施工等重难点专项内容进行研究之外,盾构掘进过程中遇到的各种工程难点问题同样值得关注。例如:掘进高强度硬岩地层时,滚刀异常磨损、刀箱变形严重;掘进富水地层时,皮带漏渣严重、螺旋输送机喷涌严重等。因此,本章基于双模盾构机在掘进复合地层时所遇到的工程难点问题,研究解决这些工程难点问题的施工关键技术,并在项目中进行试应用。应用证明,这些施工关键技术对双模盾构机掘进复合地层施工的安全、高效、经济起到了重要的支撑,收到良好效果。

本章主要从四个方面对复合地层双模盾构施工关键技术进行研究:其一,盾构机掘进高强度硬岩地层施工关键技术,其中包括滚刀吊具优化、滚刀参数优化、刀箱修复等技术;其二,盾构机掘进极端软硬不均地层施工关键技术,其中包括含孤石地层的预处理技术、掘进参数控制技术等;其三,富水地层双模盾构施工关键技术,其中包括皮带防漏渣、螺旋输送机防喷涌等技术;其四,长大区间电瓶车运输施工关键技术,其中包括电瓶车轨道的固定优化、洞内道岔铺设等技术。

7.2 高强度硬岩(177MPa)地层双模盾构施工关键技术

7.2.1 盾构机开仓滚刀吊具优化

盾构隧道施工过程中,岩体挤压盾构机造成设备的磨损。频繁开仓换刀对工期影响较大,不利于"机-岩"相互作用的协同。为提高换刀效率,加速刀具吊运,对盾构机开仓更换刀具的吊具进行了优化,见图7-1。

钢丝环上设置有若干个节点,每个节点上均固定设有橡胶垫片,可增加受力面积和防滑;钢丝环一端设有卡钩,另一端设有与卡钩相匹配的卡套;拉环有两个,分别位于卡套的两侧;两个拉环分别通过钢丝绳与钢丝环连接;钢丝环为可折叠结构,折叠后卡钩可勾住卡套以锁紧刀具。吊运过程中,刀具安全、稳定,且钢丝绳具备耐磨性能。将此吊具用于盾构机开仓换刀,将大大提升换刀过程中的吊运安全性,可

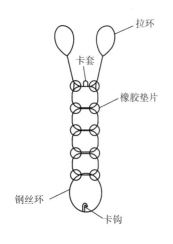

图 7-1 一种优化的盾构开仓滚刀吊具

降低刀具掉落风险,避免安全事故发生。

7.2.2 滚刀参数优化

在高强度硬岩(177MPa)地层中施工时,由于岩石强度极高,使得刀具磨损大,掘进速度缓慢,刀具更换频繁,从而导致掘进工效低,停机换刀时间长。为保证掘进效率,提高"机-岩"相互作用的协同性,采取的措施主要有:

①关注刀盘扭矩波动,勤检查,勤换刀。

②选用更耐磨、性能更优的刀具,减轻刀具磨损,降低开仓换刀频率。

③为加强破岩能力,提升工效,对刀具参数进行了优化:滚刀开口度从20°优化至14°;端盖锁紧方式由螺栓锁紧优化为压块锁紧;滚刀刃宽从25mm优化至19mm;启动扭矩从30~32N·m优化至26~28N·m。

刀具参数优化后,刀具破岩能力明显增强,磨损速度明显降低,异常磨损量减小。

7.2.3 刀箱修复

盾构机的选型与盾构施工区间的地质条件应相互协调,盾构机破岩的刀具也应适应地质条件。为了保证盾构机的破岩系统可以安全高效地工作,刀箱至关重要。以往,定位刀盘上的刀箱需要将体积大且笨重的滚刀与对应的刀箱配合后整体焊接至刀盘上,这样操作能十分准确地保证刀箱位置度,但是存在缺点:刀具体积大,质量大;容易受到刀具厂家供货限制,影响生产计划;操作复杂,花费在组装配合上的时间多。

全断面高强度硬岩地层中的掘进速度低,单环掘进时间长,在推力长期作用下,刀箱变形严重。根据现场实际情况,总结出如下刀箱修复步骤:

①堆焊厚度根据刀座支撑面压溃程度而定,单层堆焊厚度≤4mm,单道焊缝宽度≤12mm。堆焊超过2层时,预热温度与首层堆焊时预热温度一致。

②采用砂轮机或直磨头将堆焊层打磨平整。

③修复完成后,采用直磨头将边角的尖部位置倒圆。

④将新L形垫块与刀座直接焊连。

刀箱修复示意图见图7-2。刀箱修复效果见图7-3。

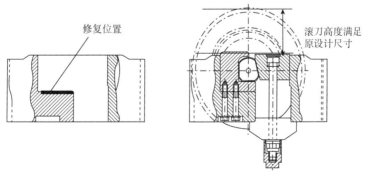

图7-2 刀箱修复示意图

a）修复前　　　　　　　　　b）修复后

图 7-3　刀箱修复效果图

刀箱修复过程中的安全控制极为重要,刀盘掌子面稳定和土仓内作业环境良好是刀箱修复的前提条件。开仓前必须完成相关的开仓申请及审批手续,各项准备和应急措施准备、施工单位自行气体检测、第三方气体检测和活体检测均符合要求后才允许人员进入土仓。进入土仓前,先确认掌子面情况。如掌子面情况稳定情况良好,方可进入。作业过程中通风需持续进行,并每隔一段时间对土仓内空气进行气体检测。完成刀箱修复施工后,及时关闭仓门及相关阀门[172]。

7.2.4　滚刀加固防松脱

盾构机刀盘刀具是保障盾构机高效掘进的关键,其中滚刀是盾构机的主要破岩刀具。若滚刀安装楔块在掘进推力及振动作用下出现松动,容易造成滚刀偏磨、掉落等情况,甚至会造成刀盘刀具的大量损坏,直接影响盾构施工效率。

高强度硬岩地层条件下,刀盘在转动切削岩体的过程中,盾构机的振动明显强于在软土中掘进,且掘进过程中由于掌子面强度较高,对盾构机刀具的磨损也比在软土中更为严重。当刀具因掌子面强度过高而出现严重磨损或因刀具松动而导致非正常磨损(如偏磨)甚至破坏时,应对盾构刀具进行更换。在此过程中,由于盾构机的掘进环境为高强度硬岩,振动造成刀具松动进而导致的刀具偏磨,在刀具损坏原因中占有很大比重。刀具偏磨严重时会造成刀圈崩裂、单个刀具失效,进而导致刀盘上所有刀具的应力重分布,致使其余刀具上的应力激增,刀具接续失效,影响施工进度、降低了施工效率、增加了工程成本。

目前,传统的解决方式为螺栓紧固。然而在盾构机反复振动过程中仍会逐渐松动,有可能造成拉紧块掉落,进而导致刀具松动、偏磨、刀圈崩裂等异常磨损,增加开仓次数以及刀具更换的频率和数量,不仅降低刀具的使用寿命,还会造成工期滞后、成本增加,未从根本上解决问题。

盾构机滚刀更换及加固施工关键技术是针对上述问题提出的一种滚刀更换及加固的施工方法,主要利用了钢板的刚性连接能够增强L块的稳定和拉紧块的紧固,即使一边发生松动,依然能保持另一边的有效连接,确保压紧块、拉紧块、螺栓不掉落。该技术的关键技术流程如图7-4所示。

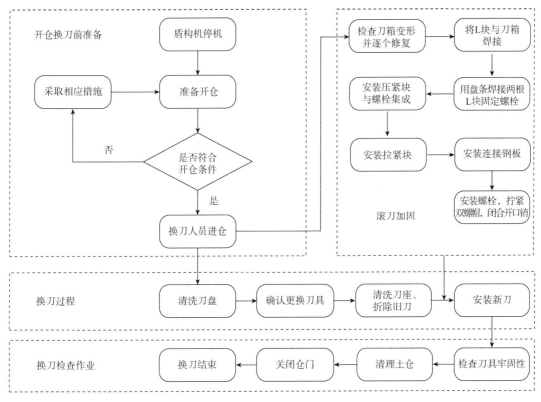

图7-4 滚刀加固及更换关键技术流程

滚刀加固关键技术的工作原理是:在盾构机停机开仓换刀时,同步增加滚刀紧固装置。首先修复刀箱,避免因刀箱变形而引起异常磨损;当刀箱修复完毕后,焊接L块与刀箱,用盘条焊接两根L块固定螺栓。拉紧螺栓焊接在楔块之中,防止螺栓振动引起螺母松动、掉落。楔块与拉紧螺栓集成安装后,将拉紧块及预留打孔的钢板穿入,再将两颗螺母与开口销安装就位。滚刀加固完成后,进行后续换刀操作。此工法高效地解决了盾构机在高强度硬岩地层中刀具更换频繁的问题。

操作流程如下:

①盾构机停机后,做好检查、进仓以及换刀的各项准备工作。

②进入土仓前,首先启动后配套皮带机,再启动主机皮带机,缓慢低速转动刀盘,将土仓内渣土排空后,通过土仓隔板上球阀置换仓内空气。进仓前,采用手持式气体监测仪监测空气质量。

③逐个检查刀箱变形情况并采用"堆焊再打磨平整"的方式逐一修复,确保刀箱变形不大,不会造成异常磨损,如图7-5所示。

图 7-5 刀箱修复前后(左 1、左 2 为修复前,右 1 为修复后)

④将 L 块与刀箱焊接,如图 7-6 所示。

图 7-6 L 块与刀箱焊接

⑤焊接 L 块固定螺栓盘条,清洗刀座,调运、更换刀具。先安装楔块与螺栓的集成、拉紧块,再安装钢板,继而安装双螺母,最后闭合开口销。在拉紧螺栓之间安装钢板。双螺帽、开口销、钢板的布置如图 7-7 所示。

图 7-7 滚刀加固施工

⑥刀具更换完成后,清理土仓,并在试转刀盘若干圈后复紧刀具,如图 7-8 所示。

⑦滚刀加固及更换完成,逐渐增大刀盘转速和千斤顶推力,恢复掘进。

图 7-8 复紧滚刀刀具

该技术极大地改善了 L 块的稳定性和拉紧块的紧固效果,提升了刀具紧固装置整体抗振性能,减少因振动而造成的刀具松动、偏磨、刀圈崩裂等异常磨损。与传统施工方法相比,降低了换刀频率,取得了显著的经济效益和时间效益。

7.2.5 盾构机卡机预防及处理

7.2.5.1 盾构机卡机预防

为了减轻盾构机卡机对隧道施工进度与"机-岩"相互作用的不利影响,在现场施工过程中常采取以下手段进行科学的调控:

①准确掌握地质条件。地质条件是决定盾构机能否顺利掘进的第一大因素,应结合工程实际情况适时进行地质补勘,为确定施工方案提供可靠依据;施工过程中做好超前地质预报,对地质资料进行复核,同时指导施工动态管理,通过技术手段改善不良地质。

②确保盾构机高效连续掘进。在不良地质洞段,应保证盾构机处于较好的性能状态,尽可能避免盾构机长时间停机、减少盾构机停机时间,保持快速均衡掘进,以减小围岩坍塌或塑性变形的影响。

③保证良好的盾构机姿态。盾构机姿态失控或盾构机姿态发生较大偏差,也容易导致盾构机出现卡机现象。在软弱破碎地层掘进过程中,应选择合适的姿态纠偏值,确保盾构机处于良好的姿态,降低出现卡机的概率。

④选择合理的掘进参数。盾构机掘进参数的选取对盾构机姿态、围岩稳定、设备性能等产生直接影响。在不良地质洞段,应根据围岩地质情况选取掘进参数,以确保盾构机姿态、围岩扰动、刀具保护、出渣能力等相互匹配。

⑤加大扩挖量。盾构机掘进通过护盾与围岩最小间隙的时间,如果大于此处围岩收敛的时间,那么盾构机在此处极有可能发生卡机现象。通过扩挖方式增大盾构机护盾与围岩之间的间隙,通过利用垫片使得边刀外伸、刀盘垂直提升,可实现扩挖,提升盾构机通过软岩变形段的能力。

⑥超前加固处理。对于变形比较严重的区段,采取常规措施后仍无法掘进时,应对隧道

前方地层进行超前加固处理,待其强度达到预期后再掘进通过。

⑦设备针对性选型或改造。基于对地质条件的充分掌握,在进行盾构机选型时,应对刀盘扩挖、刀盘扭矩、顶护盾液压油缸、脱困扭矩、推力等方面进行针对性设计。

7.2.5.2 盾构机卡机处理

盾构机发生卡机现象后若不及时采取措施进行控制,围岩的蠕变作用将会导致护盾产生挤压大变形。为使盾构机护盾尽快与围岩脱离接触,阻止大变形的持续快速发展,实际工程中常依据地质条件采取预留围岩变形量、控制掘进速率和超前支护等适当的措施预防卡机,常用侧壁导坑法、超前化学灌浆法、辅助坑道法、设备技术改造法及设备后退法进行卡机脱困。

①侧壁导坑法适用于无水或少量渗水的小型断层破碎带。根据现场经验,断层破碎带不能超过 TBM 盾壳长度。遇见较大的涌水情况时,可结合超前化学灌浆法进行止水加固。

②超前化学灌浆法适用范围较为广泛,适用于节理裂隙较为发育的有水或无水不良地质洞段,在压密性断层破碎带中灌浆效果非常不理想。

③辅助坑道法适用于规模较大的断层破碎带,可以结合化学灌浆进行堵水,但是遇见高埋深、高地应力软弱围岩时则不适用。

7.2.6 盾构机 EPB 模式主动搅拌出渣

深圳地铁 13 号线白芒站—中间风井区间,地层岩石强度较高,最高达 177MPa,地层以微风化黑云母花岗岩为主,全断面硬岩占比达到 70%,切削的渣土主要为碎石和岩石粉末,其主要特点为岩石粉末遇水后黏性较强。盾构机原有土仓隔板的搅拌装置无法搅动沉积在土仓底部的石粉,导致硬岩掘进土仓积仓严重,且刀盘在转动过程中易造成刀具的二次磨损,更会导致盾构掘进参数控制困难,积仓后总推力增大,加剧刀具磨损。盾构机原有土仓隔板的搅拌装置已无法满足现场施工需求,增强搅拌效果、确保出渣顺利是十分必要的。

针对上述问题研发了一种高强度硬岩掘进盾构土仓主动搅拌出渣装置。技术方案为:高强度硬岩掘进盾构土仓主动搅拌出渣装置设于土仓内刀盘的背部,包括 4 组搅拌棒,分别为第一搅拌棒、第二搅拌棒、第三搅拌棒和第四搅拌棒,分别设置在刀盘的 4 根辐条边缘滚刀的背部,并且第一搅拌棒和第二搅拌棒对称布置、第三搅拌棒和第四搅拌棒对称布置,4 组搅拌棒呈"×"形分布。

第一搅拌棒与第三搅拌棒、第二搅拌棒与第四搅拌棒之间的角度为 60°;第一搅拌棒与第四搅拌棒、第二搅拌棒与第三搅拌棒之间的角度为 120°。搅拌棒材质为 Q345B 钢板。每组搅拌棒设于对应辐条上两组刀箱之间的背部。搅拌棒为四棱柱,四棱柱的上侧面和下侧面为相同的等腰梯形。搅拌棒长度长的一个底面为后底面,长度短的一个底面为前底面。搅拌棒的后底面设于土仓内刀盘的背部。

该装置的工作原理是:盾构机在掘进的过程中启动刀盘,转动刀盘的过程中,搅拌棒会跟随转动,当搅拌棒转到最底部的时候会插入土仓内的积渣处,通过刀盘转动带动搅拌棒运动,从而不让渣土沉积,搅动松散的渣土会通过螺旋机输送出去,达到清淤、清渣的作用。

7.2.7 盾构机 TBM 模式防大石块压死主机皮带

TBM 模式穿越岩石质量指标（RQD 值）较低地层时，因双模盾构机开口率比单一 TBM 开口率偏大，经常有大石块砸到主机输送皮带机上，导致主机皮带损坏、滚筒变形等问题，影响掘进连续性。如图 7-9 所示，石块体积较大，质量也相应较大，会压死主机皮带，导致出渣系统异常、主机皮带损坏。

针对上述问题，采取的措施为：

①降低盾构机掘进速度和刀盘转速。

②在刀盘每个大开口位置焊接 3 道格栅板，如图 7-10 所示，防止大石块进入土仓。TBM 模式转 EPB 模式后，再将格栅板割除。

图 7-9　大石块压死主机皮带

图 7-10　格栅板

7.2.8 皮带刮渣板优化

盾构机皮带架一般会设置 1 道聚氨酯刮板及 2 道合金清扫器，但是部分盾构区间地层岩石强度较高，最高可达 177MPa，地层以微风化黑云母花岗岩为主。盾构掘进过程中切削下的片状石块特点是细碎且比较尖锐，片状石块会加速磨损聚氨酯刮板，导致聚氨酯刮板更换频繁，影响施工效率，增加施工成本。盾构机皮带架原厂设计刮板已不满足现场施工需求，需要一种可以调节且满足施工需求的刮板。

为满足工程需求，解决刮板异常磨损的问题，设计一种可调节刮泥装置（图 7-11），设于聚氨酯刮板之前，包括刮泥板以及设于刮泥板两侧的两组安装调节机构。每组安装调节机构包括安装组件和调节组件，安装组件用于安装固定刮泥板，安装组件包括安装基座、固定卡座和锁紧件。安装基座包括底板、第一侧板和第二侧板，第一侧板用于抵住刮泥板的端部，底板用于支撑刮泥板。锁紧件用于将刮泥板的上侧压紧，锁紧件包括固定螺母和螺栓，固定螺母固定在第一侧板上，螺栓与固定螺母依靠螺纹连接。固定卡座固定在安装基座的底板上，固定卡座上设有卡槽，刮泥板能够伸入卡槽内。

具体实施过程为：将刮泥板放置在两组安装调节机构之间，并使得刮泥板穿过固定卡座，刮泥板的两端分别与两块第一侧板相抵;转动丝杆,丝杆在调节螺母的作用下实现转动和移动,从而带动第一固定块、弹性件和第二固定块同步运动,以实现刮泥板张紧程度的调节;最后转动螺栓,螺栓在固定螺母的作用下实现转动和移动,从而实现螺栓对刮泥板上侧的压紧。

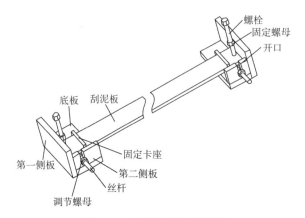

图 7-11 可调节刮泥装置图

7.3 极端软硬不均地层双模盾构施工关键技术

7.3.1 地层(含孤石)预处理

当盾构施工过程中遇到孤石且具备地面施工条件时,对孤石进行深孔爆破处理,具体操作步骤为爆破孔布置、爆破取孔、装药、炮孔堵塞、炮孔覆盖、布置爆破网格。爆破后,监测爆破效果及注浆。下面对此展开详细描述。

1) 爆破孔布置

根据地质勘查情况确定的孤石位置进行爆破孔布孔,孔间距按照 0.6m×0.6m 布置。采用地质钻机打孔,孔径为 108mm。开孔之前挖探沟,调查附近管线情况。钻孔时,钻头钻穿路面水稳层后用洛阳铲往下打 3m,确定下面无管线后继续钻孔。炮孔布置示意图如图 7-12、图 7-13 所示。

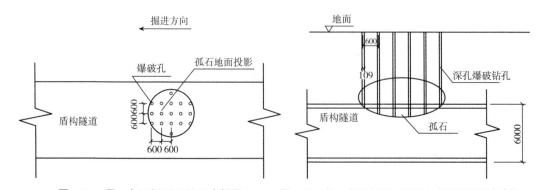

图 7-12 留一白区间孤石处理大样图　　图 7-13 留一白区间孤石处理纵断面图(尺寸单位:mm)

2) 爆破取孔

钻至设计深度后,清除孔中的碎石、泥沙、泥浆,采用 PVC(聚氯乙烯)管护孔,采用胶带密封 PVC 管连接处及底部。向管内注满水,防止 PVC 管上浮。做好施工记录,并留存钻孔中取得的岩石样品,如图 7-14 所示。

3) 装药

将乳化炸药装入 PVC 管中,并安放 2~4 发雷管,装药长度大于需爆破岩层厚度。药包加工好后,将起爆药包用尼龙线绳悬吊于爆破点的位置,且一

图 7-14　岩石样品

端固定于孔口。在绳索上系小红布条等明显标识物作为标记,该标记处到 PVC 管底部的长度等于全炮孔深度(覆盖层厚度+岩石炮孔深度)。2 人配合装药,1 人拎药包,双手交换缓缓放开麻绳,1 人拿炮棍慢慢压送药包,使药包逐步下到炮孔底部,直至绳索上的标记到达炮孔口,则可认为药包已就位。

4) 炮孔堵塞

药包就位后,向炮孔中慢慢倒入沙子,堵塞长度大于 3m。

5) 炮孔覆盖

由于爆破后产生的高压气体可能将炮孔内的泥水压出孔外,为了防止涌出的泥水飞溅和 PVC 护管突起,需对炮孔做架空防护、重型压盖。采用混凝土预制块,将混凝土预制块放在钢筋架上,采用叉车整体搬运,将预制块置于爆破孔上。

6) 爆破网络

炮孔采用正向装药起爆。起爆雷管选用两发瞬发雷管,且分别属于两个电爆网络,两套网络并联后起爆。

7) 炸药单耗

孤石炸药单耗取 $1.8\sim5.0 kg/m^3$。为减轻爆破对地面建(构)筑物造成的影响,应减小爆破孔距,增加爆破次数,控制每组爆破不超过 10 孔。

8) 爆破效果检测

试验爆破结束后,组织地质钻机在爆破区域重新钻孔,对爆破效果进行检测。钻孔深度为盾构区间底标高下 1m,检测频率为爆破钻孔数量的 30%。钻孔取芯时,如发现长度大于 30cm 的岩层,则需对取芯点附近区域重新进行处理。

9) 注浆

因孤石处理爆破施工可能造成原路面损坏、地下土体松动,为避免推进失压,需对爆破区域进行地面钻孔注浆。注浆孔间距与爆破孔间距一致,钻孔深度比原爆破孔深度深 1.0m。注浆完成后恢复原地面。对于沥青路面,应根据现场情况对爆破注浆区域 1~3m 范围内进行清理,重新施作路面结构。

7.3.2 掘进参数控制

针对上软下硬地层未掘进区域,施工单位应进行补勘、地质雷达扫描和超前地质预报等工作。补勘时,沿着隧道轴线每隔 5m 布设一个测点,每隔 50m 钻入岩面 1m 补勘流程如图 7-15 所示。

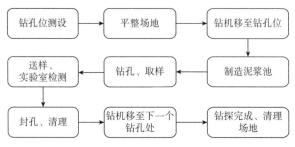

图 7-15 补勘流程图

在上述工作完成后,根据地勘报告和现场实际情况选择合适的盾构机型并更改盾构掘进参数,以此将盾构施工扰动控制在合理范围内。盾构掘进参数间的关系如图 7-16 所示。

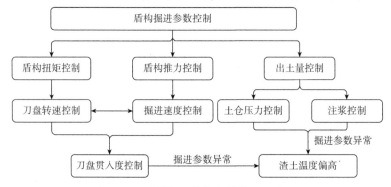

图 7-16 盾构掘进参数间的关系示意图

盾构掘进参数具体控制措施如下:

①刀盘转速控制。在掘进至上软下硬地层前 2 环时,将刀盘转速下降到 1.0r/min,并对每斗渣土进行取样分析,确认是否进入上软下硬地层。当上软下硬地层中硬岩占比超过 60%时,刀盘转速应调整至 1.2r/min;当硬岩占比超过 85%时,刀盘转速应调整至 1.5r/min。通过上述措施来保证滚刀切削量并减轻刀具的冲击破坏。

②掘进速度控制。在进入上软下硬地层前 2 环时,掘进速度主动降至 10mm/min,避免进入上软下硬地层时发生瞬间冲击破坏;当进入上软下硬地层时,将掘进速度控制在 2~10mm/min 范围内,以此来减轻盾构施工对地层的扰动。

③刀盘贯入度控制。在上软下硬地层中掘进时,贯入度应控制在 2~3mm。

④盾构推力控制。根据前期上软下硬地层施工参数统计可知,推力应控制 $1.96×10^7$ ~ $2.45×10^7$ N 范围内。这是由于在上软下硬地层中施工时,若推力显著上升,则刀具可能发生磨损严重甚至损坏现象。

⑤盾构扭矩控制。在上软下硬地层中施工时,刀盘扭矩明显较全段面硬岩大,通常在

1800kN·m 以上。在多次换刀过程中发现,刀具磨损过大会导致扭矩偏大,通常可以达到 2200kN·m 以上。甚至达到 2600kN·m。在一定程度上,可以根据扭矩的大小来判断刀具磨损情况。

⑥土仓压力控制。根据地层埋深、地面监测及出土量综合控制每斗土推进距离不得小于 300mm,否则应调整土仓压力,并记录超方量及超方里程,在超挖位置处加强同步注浆及二次注浆。

⑦注浆控制。上软下硬地层注浆量应控制在 $6.5\sim7m^3$,当发现超挖现象时应对相应位置进行注浆处理。

⑧渣土温度。记录每环出渣温度。如温度异常升高,则可能存在刀具异常磨损问题。

⑨出土量控制。对出土量实行体积和质量双控制措施,在掘进过程中严格控制每斗土掘进长度在 300mm 以上。如单斗不足 300mm,则组织经验丰富的施工人员和技术人员分析原因,并记录超挖位置,在推出盾尾后,及时进行二次注浆填充。如超挖量较大,则在盾壳注入膨润土进行填充;当超挖量超过 $6m^3$ 时应立即采取地面注浆的方式对围岩超挖部分进行填充。

7.3.3 洞内带压更换螺旋输送机

洞内带压更换螺旋输送机工作分为两部分:一是洞内更换前准备工作;二是洞内更换螺旋输送机。

7.3.3.1 洞内更换前准备工作

1)土仓内准备

①根据土仓内仓位高度,将螺旋输送机伸出端范围清理干净,检查螺旋输送机断轴长度,将断轴切割成直径不大于 600mm 的小块,从土仓门运出。

②清理土仓内剩余孤石,螺旋输送机收缩到位。

③将螺旋输送机前仓门伸缩滑道及动作范围内的渣土清理干净,然后进行前仓门关闭调试。若仓门可正常关闭,则进行后续步骤;若仓门无法关闭或完全关闭,则进行如下测试:检查仓门推拉油缸,是否正常加载与卸载,是否存在内泄情况,如有则及时更换推拉油缸;检查前仓门板是否存在毛刺、扭曲、变形等情况,采取打磨、校正、切割等方式进行校正;检查前仓门板滑道是否存在毛刺、扭曲、变形、夹渣等情况,采用錾子、洋镐、气动角磨机等工具进行处理。

④关闭前仓门后,对前仓门密闭性进行检测,保持仓内压力恒定。在螺旋输送机出渣口安排专人观察,操作室点动螺旋机后上闸门及后下闸门开闭,至少记录 2h 内土仓压力值的变化情况。若压降不大于 0.02MPa,则进行下步施工;否则加强密封,在仓内闸门板缝隙处涂抹盾尾油脂,再点动螺旋机后上闸门及后下闸门开闭,通过仓内气压,将盾尾油脂压入闸门板缝隙,再次进行前仓门密闭性检测。

⑤仓内填充分为两种情况:

——前闸门能完全关闭(抹、铺、填、封):在前仓门范围内填充手抹盾尾油脂,填充密实;铺设一层防水板;填充河砂或者渣袋,将土仓底部填充密实,仓内高于螺旋输送机口顶部 50cm;填充 30cm 左右的磷酸+水玻璃的混合物确保密封;向土仓内注入满仓膨润土。主要施工工艺流程如图 7-17 所示。

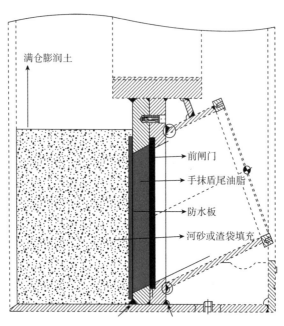

图 7-17 工艺流程

——前闸门不能完全关闭(堆、抹、铺、填、封):采用"十字"形积木堆积封闭前闸门口;在前仓门范围内填充手抹盾尾油脂,填充密实;铺设一层防水板;填充河砂或者渣袋,将土仓底部填充密实,仓内高于螺旋输送机口顶部 50cm;填充 30cm 左右的磷酸+水玻璃的混合物确保密封;向土仓内注入满仓膨润土。主要施工工艺流程如图 7-18 所示。

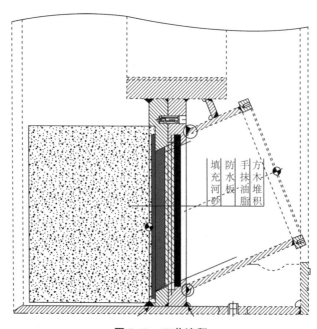

图 7-18 工艺流程

⑥填充完成之后,进行土仓密封性检测。模拟更换螺旋输送机时的条件,关闭所有进仓管路,关闭土仓门及人仓门,打开螺旋输送机下部观察窗,记录24h内土仓压力,确保土仓压力恒定。若无变化,则进行下一步施工,否则采取如下措施:

——气体保压:外接备用空压机,当压力下降时,及时向土仓内加压,保持土仓压力恒定。在土仓隔板上加装多个压力表,安排专人观察、记录压力值,并操作空压机加载及卸载。

——液体保压:提前在盾构机台车上的砂浆罐中储蓄开仓膨润土,连接管路至土仓隔板处。当压力下降时,及时往土仓内加压,保持土仓压力恒定。在土仓隔板上加装多个压力表,安排专人观察、记录压力值,并操作空压机加载及卸载。

2)土仓外准备

①中盾、前盾底部清理。中盾、前盾底部存在施工残留渣土及油脂料,需要进行彻底清理,提供作业条件。

②前仓门密封性监测。打开螺旋输送机前部观察窗,观察螺旋输送机内部是否存在渗漏膨润土现象。在施工过程中持续观察土仓压力是否存在变化,确认前仓门密封性是否良好。

③密封前仓门,加强保护措施。正式施工后,从安装孔拔出螺旋输送机,立即按TBM模式的方式封堵,在螺旋输送机安装孔上安装密封钢板,进行双重保障。

④土仓压力监测。开始进行螺旋输送机更换施工后,盾体处于断电状态,土仓压力传感器无法显示,需要提前在土仓隔板加装6个压力表,分别设置于土仓上、中、下部,进行对比监控。在正式施工时,安排一人负责做好压力记录,及时汇报异常情况。

3)地面准备

①地表围蔽。对地面开仓位置进行临时围蔽,布置标识标牌。

②管线调查。对地面更换螺旋输送机位置,确认无管线、周边无其他重要建构筑物。如果后期有新敷设的管线,施工前邀请管线单位现场确认。

③地面注浆。若地面具备注浆条件,盾构隧道埋深为31.94m,钻孔深度为10m,地面钻孔按照1500mm×1500mm或者2000mm×2000mm布置,注浆工艺采用矿岩钻机单液浆+双液浆混合前进式+回退式注浆。若地面不具备条件围蔽条件,则采用地面铺设2cm钢板的形式进行。

④地表监测。成立监测组,地表加密布置监测点,更换螺旋输送机期间,按照每2h一次的频率进行地面监测。

7.3.3.2 洞内更换工作

1)拆装工艺流程

(1)螺旋输送机洞内拆除

拆除准备→断开设备桥与拼装机连接→拆除后配套皮带机尾部总成→安装门式架→拆除螺旋输送机→运送至井口→吊车就位→吊装范围围蔽警戒→螺旋输送机挂钢丝绳→试吊

装→正式吊装→螺旋输送机吊装出井→摘除钢丝绳→吊车收车→吊装结束。

(2)螺旋输送机井口吊入

吊装准备→吊车站位→吊装范围围蔽警戒→挂钢丝绳→试吊装→正式吊装→螺旋输送机吊装到井口→摘除钢丝绳→吊车收车→吊装结束→螺旋输送机运输至洞内→安装门式架→安装螺旋输送机→恢复台车各管线管路→调试运行。

上述流程见图7-19。

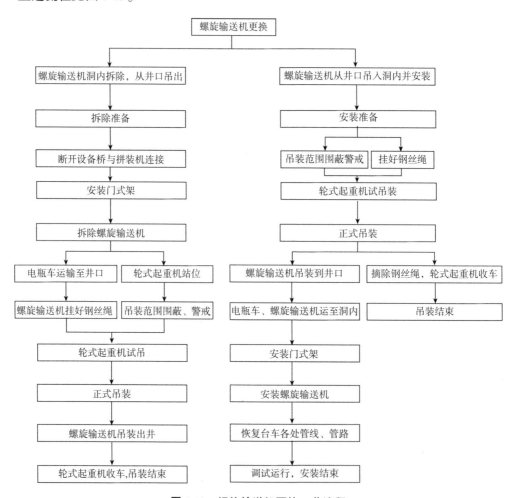

图7-19 螺旋输送机更换工艺流程

2)螺旋输送机洞内拆除

(1)拆除准备

①将盾构机中盾底部清理干净。

②拆除盾尾第1环顶部管片。

③铺设电瓶车及台车轨道。

④焊接制作设备桥支撑。

(2)拆除螺旋输送机

①断开设备桥与拼装机连接。

②将设备桥与拼装机轨道梁之间断开(包括电缆、流体液压管路等),设备桥前端支撑在管片运输车上,电瓶车带动后配套整体后退20m后,将设备桥前端支撑于外导轨上,同时将管片小车前移,保证运输通道顺畅。

③在断开设备桥和主机连接管线前,提前准备液压管路所需专用堵头、标识牌和空油桶,所有断开电缆接头防护到位(拼装机在断开管路前停在最前端)。在后配套后退到位后,将倾斜段皮带机整体用倒链向上平移,为螺旋输送机等部件运输留出足够空间。

④管片机轨道梁前部横梁安装到位,拆除V梁和左、右平台。将之前准备好的材料运输至设备桥前方,确定位置。焊接牢固,无缝隙。

⑤吊装门字架前,先确定各吊点牢固、吊带或钢丝绳无磨损。吊物下方严禁站人。整个吊装过程需要有安全员在现场监督施工。门字架安装示意图如图7-20所示。

⑥通过门架上的4个吊点将螺旋输送机吊起。在螺旋输送机安装过程中注意各倒链受力情况。隧道管片上不可设置承重吊点,必须在后方平台悬臂梁上设置吊装螺旋输送机的承重门架。管片上可设置螺旋输送机平移辅助吊点

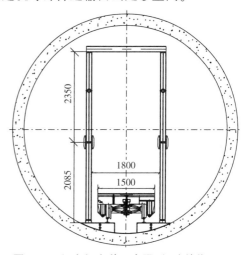

图 7-20 门字架安装示意图(尺寸单位:mm)

或稳定辅助吊点。用起吊门架上的 4 只 1.0×10^5N 的环链葫芦将螺旋输送机吊起。螺旋输送机上的起吊吊耳需按 1.0×10^5N 起吊能力制作,吊耳与螺旋输送机的焊接必须牢固可靠。确认所有葫芦可靠后方可起吊。

3)螺旋输送机运至井口

(1)螺旋输送机准备

将拆除的螺旋输送机运至井口,油管、阀组、线缆等附件应绑扎牢固,表面渣土应清理干净。

(2)用电瓶车运至井口

将螺旋输送机固定在电瓶车平板车上,通过连接板及插销将平板车与电瓶车机头连接(不得采用钢丝绳等软连接),运输至井口。电瓶车行驶速度控制在5km/h。速度不得过快,防止紧急制动时因惯性过大造成螺旋输送机掉落。

4)吊装准备

(1)吊装场地准备

①轮式起重机进场前,清理作业现场,满足轮式起重机的正常工作站位,轮式起重机站位处不能堆放障碍物。

②作业前的准备工作。铺垫作业现场地面,分摊汽车吊对地面压力,增强吊装过程中的平稳性。

③仔细检查吊装所用的绳索器具,合格后方能投入使用,避免造成不必要的事故或对设备结构造成破坏。

④吊装过程中,吊装公司应派专人到现场进行指导和确认,保证设备能准确就位,避免轮式起重机重复起吊。

⑤设置吊装作业区警戒线。

(2)吊车站位

白芒站南端螺旋输送机吊装吊车站位示意图见图7-21。

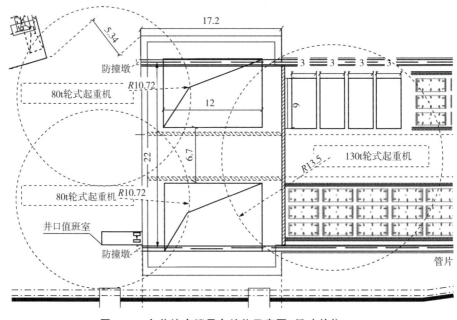

图 7-21 白芒站南端吊车站位示意图(尺寸单位:m)

(3)试吊装

螺旋输送机顶部设置有4个吊耳,通常选择1、4吊耳。根据双机抬吊的规范要求(起吊重量不得超过两台起重机在该工况下允许起重量总和的75%,单机的起吊荷载不得超过允许荷载的80%),选用2根公称抗拉强度为1770N/mm²的6股×37根钢丝绳,直径为30mm,选用$2.5×10^5$N卸扣进行螺旋输送机吊装。

(4)试吊

钢丝绳及卸扣与螺旋输送机绑扎完成后,由一名司索指挥两台吊车动作,两台吊车先同时起钩,将螺旋输送机起升10~20cm,保持10min无异常后,再进行正式吊装。

5)正式吊装

螺旋输送机长度大于井口长度。螺旋输送机长度为13.43m。留仙洞站北端吊装井口长度为11.5m,白芒站南端吊装井口长度为11.5m,arc cos(11.5÷13.43)= 30.68°,为保证安全,吊装时螺旋输送机与水平面夹角至少为32°,如图7-22所示。

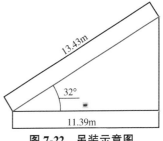

图7-22 吊装示意图

白芒站螺旋输送机采用2台轮式起重机配合吊装。130t轮式起重机站位在中部管片场,吊装螺旋输送机头部(重量大的一端);80t小型轮式起重机站位在吊装井口南端,吊装螺旋输送机尾部(重量小的一端)。起吊后,司索指挥同时起钩。等到螺旋输送机升至半空,130t轮式起重机先起钩,使螺旋输送机与水平面成约32°夹角后,130t轮式起重机与80t轮式起重机同步、同速起钩,直至螺旋输送机完全吊装出井口。放置在地面时,130t轮式起重机先落钩,使螺旋输送机水平,两台轮式起重机同时落钩,将螺旋输送机平稳放置在地面。

6) 螺旋输送机井口吊入洞内安装

吊装下井为吊装出井的反过程。先在地面同时起吊,将螺旋输送机吊至井口上空,130t轮式起重机起钩,待螺旋输送机与水平面成约32°夹角后,130t轮式起重机与80t轮式起重机同步、同速落钩,直至螺旋输送机完全下井。然后130t轮式起重机缓慢落钩,将螺旋输送机调至水平状态,130t轮式起重机与80t轮式起重机同步、同速落钩,将螺旋送机放置在提前做好的支撑架上。

7.4 富水硬岩地层双模盾构施工关键技术

7.4.1 简介

为解决富水硬岩地层皮带漏渣问题,特别研发了一种富水地层盾构机皮带防漏渣施工工法,所用设备包括用于土仓排水的水泵、排水管、手拉葫芦吊以及用于改进后配套皮带挡渣板的钢板。水泵放置在土仓中。排水管一端与水泵连接,一端放置在盾构机台车自带污水箱中。手拉葫芦吊的挂钩与水泵相连,用于水泵的下放与提升。

在盾构机停机拼装管片时,通过手拉葫芦吊将水泵下放至土仓中,利用水泵将汇积在土仓内的积水排至盾构机台车上自带的污水箱中,再通过污水管排至洞口的沉淀池中,最终输送至地面的泥渣分离系统中。盾构机完成管片拼装的同时,排空土仓内积水,当前环管片拼装完成后再通过手拉葫芦吊将水泵提出至人仓与土仓之间的过渡仓。盾构机开始掘进出渣时土仓内无积水,后配套皮带不会漏渣,并通过对后配套皮带的挡渣板进行加高改进,从而高效解决了盾构机在富水硬岩地层中皮带漏渣的问题。

7.4.2 施工工艺流程

富水硬岩地层盾构机皮带防漏渣施工工法流程如图7-23所示。

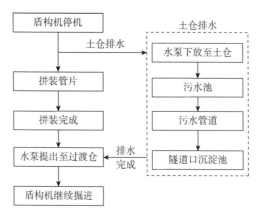

图 7-23 富水硬岩地层盾构机皮带防漏渣施工工法流程

7.4.3 操作要点

7.4.3.1 施工准备

①安装并固定管线。首先将排水管一端与水泵连接,牢固放入土仓中,如图 7-24 所示;再将排水管的另一端放入台车的污水箱中,如图 7-25 所示。

图 7-24 排水管与水泵连接

图 7-25 排水管固定在污水箱中

②排水管、电缆、手拉葫芦吊链等需要足够长,保证水泵和排水管能够到达土仓下部。
③提前准备好排水管路接头以及固定管线的扎带等。
④加高后配套皮带前端的挡渣板,并用橡胶帘布包装挡渣板与螺旋输送机排渣口外表面,防止后配套输送皮带前端漏渣。
⑤为节省空间,下放或提升水泵与开仓换刀共用一个手拉葫芦,需定期检查手拉葫芦吊点是否牢固。

7.4.3.2 操作流程

①盾构机停机拼装管片时,用手拉葫芦吊下放水泵至土仓中,进行排水作业,如图 7-26、图 7-27 所示。

第7章 复合地层双模盾构施工关键技术

图7-26 盾构机拼装管片　　图7-27 下放水泵

②启动水泵进行土仓内排水(图7-28),使土仓的积水顺利排到台车污水箱中,启动台车上的水泵,将污水箱的水通过管道排到隧道口的沉淀池中,如图7-29所示。

图7-28 土仓排水　　图7-29 污水箱排水

③当前环管片拼装完成,土仓内的积水排空后,如图7-30所示,关闭电源,利用手拉葫芦将水泵提出并放置于过渡仓中,盾构机继续掘进出渣,如图7-31所示。

图7-30 土仓内积水排空　　图7-31 提出水泵至过渡仓

7.4.3.3 注意事项

1) 设备方面

水泵的功率应该根据实际情况而定,要保证管片安装完成时排空土仓内的积水。积水排完后在过渡仓内铺设缓冲垫,以免盾构机在掘进硬岩过程中的振动对水泵造成危害。

2) 土仓排水与污水箱中排水相互配合

当土仓中的水泵启动后,如图 7-32 所示,土仓中的积水会通过排水管道排到台车的污水箱中,若排水速度小于进水速度,污水箱中的浆液会溢出并流入隧道中,影响隧道内环境。

3) 管路固定牢固

排水管线路尽量平直,不能影响盾构机其他部件的工作,如图 7-33 所示。管线在各个台车顶部固定牢固,以免对电瓶车的正常行驶造成影响。

 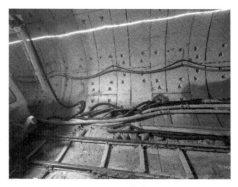

图 7-32　土仓与污水箱同时排水　　　图 7-33　排水管路布置

该工法在盾构机拼装管片的同时将土仓内的积水通过水泵泵送至台车上的污水箱,再由污水管道排到隧道口的沉淀池中。盾构机管片拼装完成的同时,土仓内完成排水作业,一个循环大约需要 1h,且避免了盾构机土仓球阀的堵塞,减少了隧道内泥浆和积水,避免了盾构机再次掘进时皮带机的漏渣现象,取得良好的经济、社会及环保效益。若采用打开土仓下部球阀放水的方式来排出盾构机停机时土仓内的积水,球阀容易被土仓内残余的渣土堵塞,排出的浆液会直接流到隧道内,堵塞的球阀以及排到隧道的泥浆需要人工处理,增加了工程成本,影响了文明施工。

7.5　螺旋输送机防喷涌关键技术

中建隧道建设有限公司针对深圳城市地铁 13 号线盾构施工喷涌现象严重,研究、实施了一种盾构施工喷涌预防关键技术,解决了土压平衡盾构机喷涌问题,高效预防了盾构喷涌现象发生。

7.5.1　压力水头递减模型的建立

假设盾构机土仓内和螺旋输送机内的渗流水体服从线性渗流定律,建立压力水头递减模型,设开挖面上和螺旋输送机出渣口的测压管水头高度分别为 H_1 和 H_2。设土仓的长度和横截面面积分别为 L_1 和 A_1,螺旋输送机的长度和横截面面积分别为 L_2 和 A_2,螺旋输送机与水平面的夹角为 θ。在土仓和螺旋输送机内各取一微小断面,设水头通过微断面的水头损失为 dh,微断面的长度为 dx。模型示意图如图 7-34 所示。

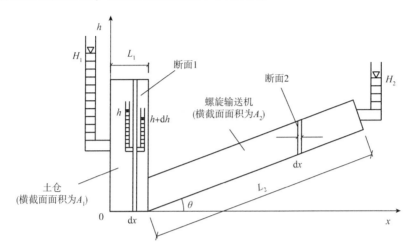

图 7-34 土仓内和螺旋输送机内的压力水头递减模型

7.5.2 螺旋输送机出渣口压力水头计算

根据能量守恒定律,单位时间内通过断面 1 和断面 2 这两个微断面的渗漏水流量相等并设为 Q,设渣土的渗透系数为 K,则经过断面 1 和断面 2 的渗漏水流量分别为:

$$\begin{cases} Q_1 = \left(-\dfrac{dh}{dx}\right) K A_1, 0 \leqslant x \leqslant H_1 \\ Q_2 = \left(-\dfrac{dh}{dx}\right) K A_2 \cos\theta, H_1 \leqslant x \leqslant L_1 + L_2 \cos\theta \end{cases} \quad (7\text{-}1)$$

在开挖面处,压力水头为 H_1,在螺旋输送机出渣口处,压力水头为 H_2,即:

$$\begin{cases} x = 0 \text{ 时}, h = H_1 \\ x = L_1 + L_2 \cos\theta \text{ 时}, h = H_2 \end{cases} \quad (7\text{-}2)$$

由式(7-1)和式(7-2)可得土仓内和螺旋输送机内的压力水头计算公式,分别为:

$$\begin{cases} h_1 = H_1 - \dfrac{Q}{KA_1} x, 0 \leqslant x \leqslant H_1 \\ h_2 = H_2 + (L_1 + L_2 \cos\theta - x) \dfrac{Q}{KA_1 \cos\theta}, H_1 \leqslant x \leqslant L_1 + L_2 \cos\theta \end{cases} \quad (7\text{-}3)$$

利用土仓与螺旋输送机交界处的边界处有相等的压力水头,即 $x = L_1$ 时,h 相等,可以计算得到螺旋输送机出渣口处的压力水头为:

$$H_2 = H_1 - \dfrac{Q(A_2 L_1 + A_1 L_2)}{KA_1 A_2} \quad (7\text{-}4)$$

7.5.3 新型防喷涌装置设计

由以上可知,在土仓长度、截面面积、螺旋输送机截面面积不变的情况下,增加螺旋输送机长度,可以减小螺旋输送机出渣口处的压力水头。基于此,并利用高速气流牵引原理,设计了一种新型防喷涌装置,包括近端闸阀、远端闸阀、气源接入机构以及渣土输送管道等,具体如图 7-35 所示。

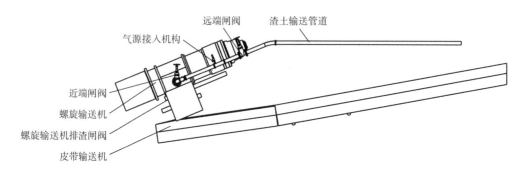

图 7-35　新型防喷涌装置结构示意图

安装步骤为:

①安装气源接入结构。将高压气管顺着出渣方向伸入渣土输送管道内,两管道之间采用焊接密封牢固,如图 7-36 所示。

②安装近端闸阀、远端闸阀及渣土输送管道。由于螺旋输送机侧面排堵口直径与渣土输送管道直径不等,采用变径法兰接头进行连接。安装近端闸阀以及阻挡大颗粒石块进入渣土输送管道的过滤装置。拼装渣土输送管道,将气源接入机构的渣土输送管道接入其中。安装远端闸阀,并将渣土输送管道拼装延伸至皮带输送机上部,如图 7-37、图 7-38 所示。

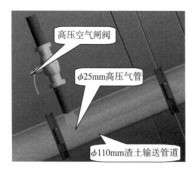

图 7-36　气源接入机构

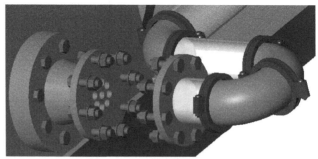

图 7-37　变径法兰接头(带过滤)

③安装气源接入管道,用高压气管将盾构机配套设施的空压机与气源接入机构相连接。整体安装后的防喷涌装置如图 7-39 所示。

第 7 章 复合地层双模盾构施工关键技术

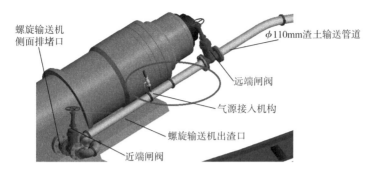

图 7-38 近端闸阀、远端闸阀、渣土输送管道以及气源接入机构连接图

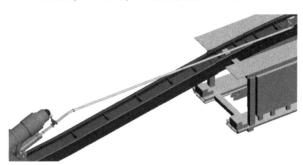

图 7-39 新型防喷涌装置整体

使用方法为：

①当螺旋输送机出渣口压力水头过高时，打开远端闸阀和近端闸阀，开启空压机，向渣土输送管道内输送高压空气，将螺旋输送机输出端部的一部分渣土从渣土输送管道中排出，从而避免螺旋输送机排放渣土时由于压力突然降低而发生喷涌现象。

②当螺旋输送机出渣口压力水头压力降低至正常范围后，关闭近端闸阀，直至渣土输送管内的所有渣土排出后，关闭高压气管阀门和远端闸阀。此时渣土排放处于正常状态。

③当大颗粒渣土堆积于螺旋输送机侧面排堵口时，关闭远端闸阀，保持近端闸阀和高压气管阀门开启状态以及空压机工作状态，利用高压空气的反冲将螺旋输送机排堵口的大颗粒渣土冲散，并将其从螺旋输送机出渣口排出至皮带输送机上。

7.5.4 应用实例

长沙地铁 3 号线朝阳村站—长沙火车站站区间地层为强风化泥质粉砂岩，褐红色，粉砂质结构，厚层状构造，岩芯呈碎块状、短柱状，用手可折断。节理裂隙发育，偶见溶蚀小孔，浸水易软化，失水易崩解。填土层富水性整体较差，岩体裂隙水赋存量小，径流条件差，盾构掘进过程中极易发生喷涌现象。

通过采用本新型防喷涌装置，高效预防了盾构喷涌现象的发生，提高了盾构施工效率，提升了土压平衡盾构机在富水地层的掘进适应能力，对富水地层盾构机防喷涌施工有现实的指导意义，如图 7-40 所示。

图 7-40 应用照片

7.6 长大区间电瓶车运输施工关键技术

7.6.1 电瓶车轨道固定优化

针对运输轨道难以固定的问题,依托深圳地铁13号线工程,研发了一种具备多固定点的盾构区间轨道固定装置,包括第一连接件、第二连接件、固定板、连接杆、第一固定螺栓及第二固定螺栓,如图7-41所示。

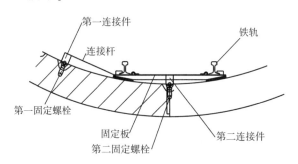

图7-41 电瓶车轨道固定结构示意图

第一固定螺栓的一端设置在铁轨相邻的墙体内部。第二固定螺栓的一端设置在两道铁轨中部地面的内部。固定板设置在两道铁轨的底部,固定板的两端分别连接两道铁轨。第一连接件通过连接杆与固定板的一端连接。固定板通过第二连接件与第二固定螺栓连接。通过第一固定螺栓及第二固定螺栓对固定板进行固定,通过固定板对两道铁轨进行限位及固定,提升两道铁轨稳固性,减少电瓶车跳轨现象。在固定板的两端设置一个或数个第一固定螺栓,第一固定螺栓通过连接杆与固定板连接,且第一固定螺栓的数量与连接杆的数量对应。固定板长度与两道铁轨之间的距离相同。

在实际应用中,根据不同的应用场景,可设置一个或数个第一固定螺栓,在轨道靠近隧道墙壁的一侧可固定一个第一固定螺栓;若轨道两侧均有隧道墙壁,可在两侧墙壁设置2个第一固定螺栓,也可在相邻地面上设置第一固定螺栓;若轨道两侧距离墙壁较远,则将第一螺栓固定在轨道相邻的地面。

相比于现有技术,本装置的优点及有益效果在于能有效提升盾构区间的电瓶车运输轨道的稳固性,减少电瓶车跳轨现象,提升电瓶车运输轨道的安全性,且施工成本低,易于实施。

7.6.2 防电瓶车磕碰盾构机后配套设施校正装置

为解决现有技术中存在的电瓶车频繁磕碰盾构机后配套设施的问题,依托深圳地铁13号线工程,研发了一种防电瓶车磕碰盾构机后配套设施校正装置,包括自动校正电瓶车渣土料斗装置和后配套台车。

防电瓶车磕碰盾构机后配套设施校正装置图7-42和图7-43所示。自动校正电瓶车渣土料斗装置截面为不规则六边形,包括第一条线、第二条线、第三条线、第四条线、第五条线和第六条线;第三条线和第五条线分别通过两个圆弧与第四条线连接,第二条线与第三条线夹角为126°;第五条线与第六条线夹角为126°;自动校正电瓶车渣土料斗装置对称设置在后配套台车的两内侧,至少设置4个。第一条线长度为40mm,第二条线和第六条线长度均为4mm,第三条线和第五条线长度均为13.79mm,第四条线长度为11.77mm。

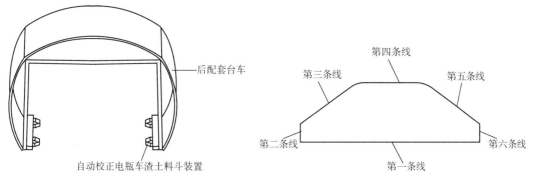

图7-42 防电瓶车磕碰盾构机后配套设施校正装置结构示意图

图7-43 自动校正电瓶车渣土料斗装置结构示意图

自动校正电瓶车渣土料斗装置与后配套台车通过满焊焊接连接。自动校正电瓶车渣土料斗装置材质为150mm×150mm的H型钢。

7.6.3 隧道同步施工

针对施工工期长、成本高、工效低的问题,提供能够满足联络通道与盾构掘进同时施工的一种用于隧道同步施工的装置。该装置包括车头、渣土车厢、砂浆罐车、管片平板车、连接件及联络通道板车,如图7-44所示。车头、渣土车厢、砂浆罐车及管片平板车均通过数个连接件连接,且车头位于连接结构的前端;连接件为方形结构,连接件的数量与车头、渣土车厢、砂浆罐车、管片平板车、联络通道板车的总数量对应。

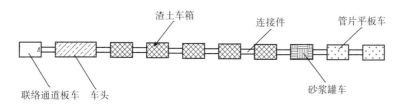

图7-44 结构图

车头提供动力,将数辆渣土车厢、砂浆罐车及管片平板车运送至联络通道处,即可对联络通道进行施工。在车头离开隧道时,通过连接件与车头建立连接,将渣土及车辆运送出隧道,实现联络通道与盾构掘进同时施工的目的。

实际应用中,常规盾构掘进需要配置1个车头、5个渣土车厢、1个砂浆罐车、2个管片平板车。联络通道板车的后端设有插件,车头、渣土车厢、砂浆罐车及管片平板车的前端及后端均设有插件。连接件两端设有连接孔,连接孔与插件契合。车头提供动力,带动其他车辆在轨道上行驶。在车头前增插件,满足在车头装配一辆联络通道板车的需求。当车头行驶至联络通道处,断开联络通道板车与车头的连接,而车头继续向隧道内行驶,满足盾构掘进施工。盾构掘进结束后,车头向外行驶时,与联络通道板车连接后,继续向外行驶。在应用中,每种车辆的数量可根据实际需求进行调整,仅需提供对应的连接件即可。连接件结构统一,在使用时能够快速进行装配。

如图7-45、图7-46所示,连接件采用3cm钢板制作而成,长1700mm,宽500mm,两端各设计两处直径100mm的镂空连接孔。

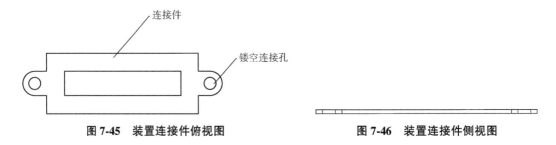

图7-45 装置连接件俯视图　　图7-46 装置连接件侧视图

相较于传统的施工安排,本同步施工方案将大大提高施工的工效,大幅降低施工成本,节约工期。该装置可持续使用,具有取材容易、加工简单的特点(采用盾构施工所用的30mm钢板即可),实用性强。

参 考 文 献

[1] 姚乐.复合地层土压平衡盾构掘进适应性评价[D].北京:北京交通大学,2015.

[2] 刘东.TBM&EPB 双模式盾构复合地层施工关键技术研究[D].成都:西南交通大学,2016.

[3] 黄威然,竺维彬,郭广才.泥水盾构刀盘开裂和解体事故原因分析[J].城市轨道交通研究,2006(1):29-33.

[4] 陈贝贝,刘恒,吕专真,等.土压平衡与 TBM 双模式盾构施工技术[J].建筑机械化,2020,41(4):25-26+39.

[5] 赖理春.浅谈双模式盾构施工模式的选取[J].建筑机械化,2016,37(02):48-49.

[6] 钟礼亮.深埋长距离高磨蚀性岩层盾构设备选型分析[J].低温建筑技术,2020,42(04):141-146.

[7] 叶蕾,袁文征,卓兴建.单护盾-土压平衡双模式 TBM 设计及模式转换分析[J].建筑机械化,2013,34(12):63-66.

[8] 刘泽,王勇,李小锋,等.海域复杂地质双模式 TBM 设备选型与应用关键技术[J].隧道建设(中英文),2020,40(06):868-872.

[9] 陈勇,马勤义.敞开式-土压式双模式 TBM 模式转换分析[J].重庆建筑,2017,16(12):34-36.

[10] 陈荣树,雷军,陈泽,等.双模式盾构 TBM 模式转 EPB 模式施工技术[J].建筑机械化,2020,41(12):13-16.

[11] 姚平,付飞达,张岚,等.双模式盾构机的设计研究与应用[J].机械工程师,2012(08):185-186.

[12] 郑敏杰.快速切换式土压敞开双模盾构机针对性设计[J].工程技术研究,2021,6(16):233-234.

[13] 贾兴民,胡燕伟.土压敞开双模式盾构管片拼装机设计研究[J].建筑机械,2018(04):43-48.

[14] 管会生,张玙,杨延栋.新街台格庙矿区斜井隧道双模式盾构关键掘进参数配置研究[J].隧道建设,2015,35(4):377-381.

[15] 黄威然,竺维彬,郭广才.泥水盾构刀盘开裂和解体事故原因分析[J].城市轨道交通研究,2007(1):29-33.

[16] 石良滨.地铁施工用盾构机选型及施工组织[J].科学之友,2011(20):98,100.

[17] 楼顺峰,刘嘉斌.地铁施工用盾构机选型及施工组织[J].价值工程,2010,29(15):32.

[18] 温法庆.地铁施工用盾构机的选型方案[J].四川建材,2010,36(3):150-151,153.

[19] 房兴红.浅谈地铁施工盾构机的选型[J].科技创业家,2013(2):12.

[20] 杨洲.城市轨道交通盾构法施工盾构机选型原则研究[J].智能城市,2020,6(13):

143-144.

[21] 范海龙.浅谈地铁盾构机的选型[J].机械工程与自动化,2013(5):223-224.

[22] 江华,江玉生,张晋勋,等.大粒径卵砾石地层盾构刀盘选型及适应性评价[J].土木建筑与环境工程,2014,36(5):119-124.

[23] 龚旭东.西安地铁2号线试验段区间盾构机选型及施工经验[J].铁道工程学报,2008(12):91-94,98.

[24] 耿坤,韩清,张自光,等.富水砂层地铁隧道盾构选型及实施效果[J].洛阳理工学院学报(自然科学版),2020,30(2):32-39.

[25] 王凯,赵辉,林宝刚,等.南昌地铁3号线上软下硬地层盾构机选型[J].铁道建筑技术,2020(1):111-114,120.

[26] KOUROSH S,MOSTAFA S,JAFAR K H.Geotechnical risk assessment based approach for rock TBM selection in difficult ground conditions [J]. Journal of Tunneling and Underground Space Technology,2008,23(3):318-325.

[27] XUE Y D,ZHAO F,ZHAO H X.,et al.A new method for selecting hard rock TBM tunnelling parameters using optimum energy:a case study[J].Tunnelling and Underground Space Technology,2018,78:64-75.

[28] 王百泉,左龙,刘永胜,等.土压/泥水平衡双模式盾构适应性设计[J].隧道建设(中英文),2020,40(S2):314-318.

[29] 占传忠.复合地层盾构的适应性及掘进参数的关联性分析[J].中国煤炭地质,2018,30(S1):97-104.

[30] 王焰.沿海复合地层泥水盾构施工适应性分析[J].铁道建筑,2019,59(7):65-68,92.

[31] 郭家庆.成都地铁盾构4标段泥水与土压两种盾构机的适应性分析[J].现代隧道技术,2010,47(6):57-61.

[32] 冯振鲁,杨景超,衣绍彦.北京高水压卵石地层泥水盾构适应性分析[J].建筑机械化,2020,41(6):10-14.

[33] 程池浩,廖少明,彭少杰,等.沈阳富水砂卵石地层泥水盾构适应性研究[J].地下空间与工程学报,2017,13(1):190-196.

[34] HASSANPOUR J,ROSTAMI J,ZHAO J.A new hard rock TBM performance prediction model for project planning[J].Tunnelling and Underground Space Technology,2011,26(5):595-603.

[35] 张志奇,李彤,韩爱民,等.复杂地层盾构掘进速率和刀盘扭矩预测模型及其地层适应性研究[J].隧道建设,2016,36(12):1449-1455.

[36] 龚姝华.地铁盾构掘进参数与地层适应性分析研究[D].上海:上海应用技术大学,2020.

[37] 邓铭江,谭忠盛.超特长隧洞TBM集群试掘进阶段适应性分析[J].隧道建设(中英文),2019,39(1):1-22.

[38] 罗勇,吴圣智,王明年,等.城市轨道交通隧道双护盾TBM施工适应性研究[J].地下空间与工程学报,2019,15(02):525-532.

[39] 黄舰.青岛地铁区间隧道双护盾TBM地质适应性分析[J].现代隧道技术,2016,53(3):42-46.

[40] 何川,陈凡,黄钟晖,等.复合地层双模盾构适应性及掘进参数研究[J].岩土工程学报,2021,43(1):43-52.

[41] 齐红军,祝和意.苏州轨道交通三号线盾构机适应性研究[J].建筑技术,2018,49(8):823-825.

[42] 姚乐.复合地层土压平衡盾构掘进适应性评价[D].北京:北京交通大学,2015.

[43] 吕瑞虎.城市地铁TBM施工适应性评价研究[J].现代隧道技术,2017,54(1):31-39,47.

[44] 陈川.深埋复合地层TBM适应性评价指标体系及方法研究[D].北京:北京交通大学,2016.

[45] 高岩.复合地层TBM掘进安全适应性评价及工程试验验证[D].山东:山东大学,2020.

[46] 詹金武.基于人工智能的TBM选型及掘进适应性评价方法与决策支持系统[D].北京:北京交通大学,2019.

[47] 齐祥.深部复合地层TBM选型与掘进适应性分析及评价软件开发[D].北京:北京交通大学,2017.

[48] 陈伟国.TBM和EPB双模式可转换盾构施工技术在复合地层中的应用[J].路基工程,2015(03):210-212.

[49] 刘东.TBM&EPB双模式盾构复合地层施工关键技术研究[D].成都:西南交通大学,2017.

[50] 喻畅英,钟志全.土压平衡单护盾TBM双模盾构模式转换施工技术探析[J].隧道建设(中英文),2021,41(S1):464-469.

[51] 宋天田,娄永录,吴蔚博,等.城市轨道交通双模式盾构(EPB/TBM)模式转换技术[J].现代城市轨道交通,2020(12):59-64.

[52] 唐崇茂,梅勇兵.煤矿斜井盾构模式转换施工技术研究[J].施工技术,2016,45(23):37-41,61.

[53] 葛传峰.影响隧道围岩稳定性的因素分析[J].公路,2012(05):329-334.

[54] 康石磊,杨峰,张箭,等.基于强度折减和上限有限元的椭圆形毛洞隧道围岩稳定性分析[J].湖南大学学报(自然科学版),2015,42(09):104-109.

[55] 孙辉,苏永华,梁斌.基于强度折减法的围岩自稳能力量化方法[J].水文地质工程地质,2016,43(03):73-78.

[56] 张顶立,陈立平.隧道围岩的复合结构特性及其荷载效应[J].岩石力学与工程学报,2016,35(03):456-469.

[57] 张昱辉,郭吉平,孔凡林.基于块体理论的隧道围岩稳定性分析[J].隧道建设,2015,35

(01):41-45.

[58] 李云龙,刘炎炎,郭牡丹,等.岩体隧道拱顶稳定性数值分析[J].水利与建筑工程学报,2010,8(03):5-7+56.

[59] 吴永波,王婉婷,徐前卫,等.软弱隧道围岩拱顶塌方模型试验及其数值模拟[J].公路,2018,63(06):291-296.

[60] 张自光,曹广勇,李建立,等.上软下硬地层地铁隧道安全覆岩厚度研究[J].现代隧道技术,2021,58(02):71-77.

[61] 张自光,仇文革,孙克国.上软下硬地层地铁车站大跨隧道围岩稳定性与覆岩厚度关系研究[C]//中国土木工程学会隧道及地下工程分会.2016 中国隧道与地下工程大会(CTUC)暨中国土木工程学会隧道及地下工程分会第十九届年会论文集.2016.

[62] 李廷春,李术才,邱祥波,等.三维快速拉格朗日法在安全顶板厚度研究中的应用[J].岩土力学,2004(06):935-939.

[63] 臧守杰.强岩溶区隧道施工中隧底最小安全厚度分析研究[J].隧道建设,2007(05):17-19.

[64] 宋战平,李宁,邓良胜.岩溶隧道岩层垮塌机理及隧道底板最小厚度分析[C]//中国力学学会工程力学编辑部.第15届全国结构工程学术会议论文集(第Ⅱ册).2006.

[65] 徐钟,邓辉,邓书金,等.岩溶隧道涌突水形成机制及岩壁安全厚度研究[J].人民长江,2018,49(03):61-66.

[66] 张军伟,谭阳,陈拓,等.岩溶隧道侧部岩盘突水机制研究[J].公路交通科技,2017,34(05):109-115.

[67] JIANG H M,LI L,RONG X L,et al.Model test to investigate waterproof-resistant slab minimum safety thickness for water inrush geohazards[J].Tunnelling and Underground Space Technology,2017,62:35-42.

[68] 吴祖松,李松,涂义亮,等.统一强度理论下掌子面防突安全厚度理论研究[J].地下空间与工程学报,2020,16(06):1705-1710+1721.

[69] IDINGER G,AKLIK P,WU W,et al.Centrifuge model test on the face stability of shallow tunnel[J].Acta Geotechnica,2011,6(2),105-117.

[70] 陈泽龙,崔江余,王军,等.富水断层带隧道突水突泥的临界判据[J].铁道建筑,2020,60(11):53-55+63.

[71] 周楚良,丁日熙.岩石强度衰减、流变与围岩稳定性分析[J].矿山压力与顶板管理,1993(Z1):7-13+239.

[72] 周德培.圆形隧道衬砌围岩变形压力的时间效应[J].地下空间,1993(01):18-25+78-79.

[73] 范鹏贤,王明洋,李文培,等.深埋隧洞卸荷过程中围岩应力变形的时间效应[J].岩土力学,2010,31(S1):28-34.

[74] 何栋梁,成彦惠,方建勤,等.考虑时空效应的隧道围岩变形分析[J].公路交通科技,

2016,33(07):91-96.

[75] 孙元春,尚彦军.岩石隧道围岩变形时空效应分析[J].工程地质学报,2008(02):211-215.

[76] 王学滨,马冰,潘一山,等.巷道围岩卸荷应力波传播及垮塌过程模拟[J].中国矿业大学学报,2017,46(06):1259-1266.

[77] 杨军平,王沾义,李盛南,等.土质隧道考虑时空效应的施工力学行为分析[J].铁道科学与工程学报,2016,13(10):2009-2017.

[78] 陈馈,洪开荣,焦胜军,等.盾构施工技术[M].北京:人民交通出版社,2016:398.

[79] LEI X Y,SWOBODA G.Application of contact-friction interface element to tunnel application of contact-friction excavation in faulted rock[J].Computers and Geotechnics,1995,17(3):349-370.

[80] YASSAGHI A,SALARI-RAD H.Squeezing rock conditions at an igneous contact zone in the Taloun Tunnels,Tehran-Shomal Freeway,Iran[J].International Journal of Rock Mechanics and Mining Sciences,2005,42(1):95-108.

[81] 王伟,邓华锋,潘登,等.软硬相接岩层分布对隧道围岩稳定性的影响[J].公路交通科技,2019,36(7):106-113,120.

[82] 张自光,仇文革.青岛城市地下空间稳定性三度区域划分研究[J].地下空间与工程学报,2018,14(4):881-892.

[83] 吴波,王鸣涛,邓政.上软下硬地层隧道稳定性因素及影响研究[J].地下空间与工程学报,2019,15(2):589-600.

[84] 吴波,黄惟,吴兵兵.复合地层隧道稳定机理及量化评价研究进展[J].科学技术与工程,2020,20(33):13529-13537.

[85] 吴波,王鸣涛,黄惟.上软下硬地层隧道围岩稳定性量化评价标准研究[J].现代隧道技术,2019,56(1):114-123.

[86] 吴波,黄惟,王汪洋,等.基于PRA方法的上软下硬地层隧道施工风险评估研究[J].自然灾害学报,2018,27(4):26-33.

[87] STERPI D,CIVIDINI A.A Physical and numerical investigation on the stability of shallow tunnels in strain softening media[J].Rock Mechanics and Rock Engineering,2004,37(4):277-298.

[88] 任松,欧阳汛,姜德义,等.软硬互层隧道稳定性分析及初期支护优化[J].华中科技大学学报(自然科学版),2017,45(7):17-22.

[89] 任松,李玉,欧阳汛,等.水平软硬互层隧道围岩动态模拟方法及施工方法优选[J].西安建筑科技大学学报(自然科学版),2018,50(3):317-323.

[90] 李长城.软硬丛生地层围岩变形规律研究[J].建筑技术开发,2017,44(7):160-161.

[91] 何祥凡,申兴柱,王帆,等.盾构隧道穿越上软下硬地层施工力学特性分析[J].铁道标准设计,2017,61(2):89-95.

[92] 张顶立.隧道围岩稳定性及其支护作用分析[J].北京交通大学学报,2016,40(4):9-18.

[93] 张顶立,孙振宇.复杂隧道围岩结构稳定性及其控制[J].水力发电学报,2018,37(2):1-11.

[94] 李静.上软下硬地层隧道围岩破坏机理及评价研究[D].福州:福州大学,2017.

[95] 陈红军,刘新荣,王成,等.倾斜软硬互层隧道破坏过程的围岩应力研究[J].现代隧道技术,2017,54(4):68-76.

[96] 杨仁树,薛华俊,郭东明,等.复杂岩层大断面硐室群围岩破坏机理及控制[J].煤炭学报,2015,40(10):2234-2242.

[97] 李元海,刘德柱,杨硕,等.深部复合地层TBM隧道围岩应力与变形规律模型试验研究[J].岩土力学,2021,42(7):1783-1793.

[98] 赵文娟,吴波.上软下硬地层隧道围岩稳定性量化评价标准研究[J].建井技术,2017,38(1):35-38,47.

[99] 张霞,于相坤,修玲芳.浅谈复合顶板巷道围岩变形机理[J].山东煤炭科技,2013(1):103,105.

[100] 杜建明.复合地层盾构隧道围岩变形规律的透明岩土试验研究[D].北京:中国矿业大学,2018.

[101] 郑世杰,杨锐,马明杰,等.上软下硬复合地层双线平行隧道施工影响分析[J].公路,2021,66(8):350-354.

[102] 刘五一,李艳霞.上软下硬地层小间距盾构隧道施工安全分析[J].交通科学与工程,2019,35(4):85-91.

[103] 何小辉,周纯择,王海波,等.上软下硬复合地层盾构隧道变形特征研究[J].现代城市轨道交通,2019(2):49-52.

[104] 赵先鹏.穿越上软下硬地层盾构隧道施工控制技术研究[D].成都:西南交通大学,2012.

[105] 武科,张文,吴昊天,等.上软下硬地层地铁隧道下穿既有城市道路的变形规律及控制措施研究[J].现代隧道技术,2017,54(6):126-135.

[106] 王文,张拥军,黄舰,等.青岛上软下硬复合地层矿山法隧道施工地表沉降规律分析[J].低温建筑技术,2020,42(1):100-105.

[107] 王俊.土压平衡盾构掘进对上软下硬地层扰动研究[D].成都:西南交通大学,2017.

[108] 刁志刚,李春剑.大断面隧道在上软下硬地层中施工方法研究[C]//第六届海峡两岸隧道与地下工程学术及技术研讨会论文集.2007:445-448.

[109] 庞伟军,夏种康,焦海平.岩层与隧道的走向夹角对围岩变形特征的影响[J].铁道工程学报,2019,36(7):52-57.

[110] 柳厚祥,郑智雄,胡勇军,等.层状岩体不同倾角对高地应力隧道稳定性影响分析[J].交通科学与工程,2014,30(2):46-50.

[111] 刘红兵.岩层倾角对层状岩体隧道稳定性影响分析[J].公路工程,2013,38(4):167-

169,182.

[112] 邵远扬.层状岩体隧道围岩稳定性及破坏模式研究[D].成都:西南交通大学,2013.

[113] 李烁,汪海波,赵孝学,等.层状岩体隧道变形特征数值模拟研究[J].安徽理工大学学报(自然科学版),2019,39(6):65-72.

[114] 王晓.断层破碎带地段隧道稳定性分析与施工参数优化研究[D].北京交通大学,2017.

[115] 杨清浩.考虑层状围岩蠕变效应的隧道结构受力特性研究[D].成都:西南交通大学,2018.

[116] 王敏.陡倾角节理主控的隧道近水平状沉积围岩变形特征[D].湘潭大学,2013.

[117] 赖天文,雷浩,刘志强,等.不同岩层倾角深埋硬岩隧道围岩开挖变形研究[J].铁道工程学报,2020,37(7):69-76.

[118] 陈高奎.层状岩体隧道围岩稳定性综合研究[D].福州大学,2014.

[119] 周星.层状软岩隧道稳定性及受力变形特性研究[D].成都:西南交通大学,2019.

[120] 王志杰,李振,徐海岩,等.倾角对土砂互层地层围岩稳定性的影响探究[J].铁道工程学报,2019,36(9):54-59,84.

[121] 杨超峰.基于离散元的层状岩体隧道围岩稳定分析[J].洛阳理工学院学报(自然科学版),2018,28(2):28-32.

[122] 王睿,赵志清,邓祥辉,等.不同倾角层状围岩隧道开挖松动圈的范围与分布[J].铁道建筑,2019,59(9):65-67.

[123] 刘科.层状与非均质岩体中隧道围岩变形和衬砌结构力学特性研究[D].成都:西南交通大学,2016.

[124] 李天勇.软硬互层隧道围岩变形破坏机理研究[D].重庆交通大学,2019.

[125] PECK R B.Deep excavations and tunneling in soft ground[C]//Proceedings of 17th International Conference on Soil Mechanics and Foundation Engineering.1969:225-260.

[126] 刘重庆,曾亚武,朱泽奇,等.厦门地铁上软下硬地层盾构施工引起的地表沉降研究[J].铁道科学与工程学报,2018,15(2):444-449.

[127] 王文,张拥军,黄舰,等.青岛上软下硬复合地层矿山法隧道施工地表沉降规律分析[J].低温建筑技术,2020,42(1):100-105.

[128] 朱洪威,宋臻,关天浪.上软下硬地层盾构法隧道地表沉降的数值模拟预测[J].江西理工大学学报,2017,38(1):1-8.

[129] 周力军,张孟喜,王维,等.广州上软下硬复合地层中盾构隧道施工影响分析[J].铁道标准设计,2018,62(10):113-117.

[130] 陈福斌,蔡鑫,钟长平,等.深圳春风隧道超大直径盾构机选型研究[J].广州建筑,2021,49(4):21-26.

[131] 夏鹏举,包世波,任浩,等.软硬不均地层泥水盾构施工关键技术[J].现代隧道技术,2021,58(S2):134-141.

[132] 吴煊鹏.盾构工程投标中的盾构机选型原则[J].铁道建筑技术,2003(1):36-38.

[133] 张顶立.隧道及地下工程的基本问题及其研究进展[J].力学学报,2017,49(1):3-21.

[134] 安永林,李佳豪,曹前,等.上软下硬地层隧道掌子面稳定性及塌方形态[J].中国铁道科学,2019,40(1):79-87.

[135] 池恒天,吴振宇,刘小志.基于Midas GTS NX 土的三种本构模型工程应用实例[J].岩土工程技术,2020,34(3):143-149.

[136] 曹日跃,吴德义.不同本构模型下某隧道的FLAC3D数值分析研究[J].河南城建学院学报,2016,25(3):15-19.

[137] 郭朝.复合地层φ7m盾构的刀盘适应性及施工引起地层变形规律分析[D].北京:北京交通大学,2014.

[138] 孙亭帅.基于数据挖掘的土压平衡盾构掘进参数研究[D].烟台:鲁东大学,2021.

[139] 褚东升.长沙地铁下穿湘江土压平衡盾构隧道掘进参数研究[D].湖南:中南大学,2012.

[140] 陶洋,祝小钧,杨柳.基于皮尔逊相关系数和信息熵的多传感器数据融合[J].小型微型计算机系统,2022,1(7).

[141] 盛骤.概率论与数理统计[M].北京:高等教育出版社,2001.

[142] 张井井.基于熵权TOPSIS法的孚日集团财务风险评价研究[D].河北:河北师范大学,2021.

[143] 宋志成.双护盾TBM开挖隧道围岩稳定性研究[D].成都:西南交通大学,2017.

[144] 江倩.基于模糊集及其度量模型的多聚焦图像融合研究[D].昆明:云南大学,2019.

[145] 孙剑萍,汤兆平.盾构刀盘系统的设计适应性研究与评价[J].现代隧道技术,2020,57(4):27-36.

[146] 毋晨,林金华,冯德威,等.复合地层EPB/TBM双模盾构风险分析及针对性设计[J].工程技术研究,2021,6(23):17-19.

[147] 雷军,朱向飞,彭斌,等.双模盾构TBM转EPB的关键技术与应用研究[C]//2021年工业建筑学术交流会论文集(下册).2021.

[148] 刘东亮,康峰.EPB和TBM双模盾构选型探讨[J].建筑机械化,2021,42(08):26-28.

[149] 喻波.压力拱理论及隧道埋深划分方法研究[M].北京:中国铁道出版社,2008.

[150] 宋玉香,张亚辉,刘勇.基于压力拱理论的围岩压力计算研究[J].防灾减灾学报,2017,33(03):21-27.

[151] 王丽庆.穿越土石界面富水的单线隧道设计与施工[J].石家庄铁道大学学报(自然科学版),2013,26(S2):288-290+294.

[152] 梅卫锋,黎浩.考虑岩墙厚度的大断面隧道掌子面稳定性分析[J].公路工程,2020,45(02):200-206.

[153] 祝江林.浅埋破碎段大断面隧道掌子面稳定性研究[D].湘潭:湖南科技大学,2019.

[154] 杨子汉,杨小礼,许敬叔,等.基于上限原理的两种岩溶隧道岩墙厚度计算方法[J].岩土力学,2017,38(03):801-809.

[155] 陈育民,徐鼎平.FLAC/Flac3D 基础与工程实例[M].北京:中国水利水电出版社,2013.

[156] 蔡美峰.岩石力学与工程[M].北京:科学出版社,2002.

[157] 孙钧.岩土材料流变及其工程应用[M].北京:中国建筑工业出版社,1999.

[158] 刘学军,毛伟,如黑艳·木合买尔,等.基于时间效应的公路浅埋隧道围岩稳定性数值分析[J].现代隧道技术,2019,56(S2):209-215.

[159] 李铀,朱维申,白世伟,等.风干与饱水状态下花岗岩单轴流变特性试验研究[J].岩石力学与工程学报,2003(10):1673-1677.

[160] 万志军,周楚良,马文顶,等.巷道隧道围岩非线性流变数学力学模型及其初步应用[J].岩石力学与工程学报,2005(05):761-767.

[161] 徐平,夏熙伦.三峡工程花岗岩蠕变特性试验研究[J].岩土工程学报,1996(04):66-70.

[162] 张强勇,杨文东,陈芳,等.硬脆性岩石的流变长期强度及细观破裂机制分析研究[J].岩土工程学报,2011,33(12):1910-1918.

[163] 陈文玲.黑河水库坝肩边坡云母石英片岩三轴蠕变机理及蠕变模型研究[D].西安:长安大学,2009.

[164] 丁秀丽.岩体流变特性的试验研究及模型参数辨识[D].武汉:中国科学院研究生院(武汉岩土力学研究所),2005.

[165] 赵晓军.锦屏大理岩时效性力学试验及本构模型研究[D].焦作:河南理工大学,2012.

[166] HOEK E, WOOD D, SHAH S.A modified Hoek-Brown criterion for jointed rock masses[C]//HUDSON J A.Proceedings of the Rock Characterization, Symposium of ISRM.London: British Geotechnical Society,1992:209-214.

[167] HOEK E, CARRANZA-TORRES C, CORKUM B.Hoek-Brown failure criterion[C]//HAMMAH R, BAWDEN W F, CURRAN J, et al.Proceedings of the North American Rock Mechanics Society NARMS-TAC 2002.Toronto: University of Toronto Press,2002:267-273.

[168] HOEK E, BROWN E T.Practical estimates of rock mass strength[J].International Journal of Rock Mechanics and Mining Sciences,1997,34(8):1165-1186.

[169] MARINOS P, HOEK E.Estimating the geotechnical properties of heterogeneous rock masses such as flysch[J].Bulletin of Engineering Geology and Environment,2001,60(2):85-92.

[170] 张年学,盛祝平,李晓,等.岩石泊松比与内摩擦角的关系研究[C]//中国科学院地质与地球物理研究所第11届(2011年度)学术年会论文集(中).2012:112-122.

[171] 徐英晋.同步注浆条件下盾构施工引起的隧道和地表沉降及其控制研究[D].北京交通大学,2019.

[172] 米晋生,刘坤,黄威然.掘进中盾构中心刀箱损坏原因分析及修复[J].广东土木与建筑,2012(6):3.